COMO SER VOCÊ MESMO

Ellen Hendriksen, Ph.D.

COMO SER VOCÊ MESMO

Como Silenciar seu Crítico Interno e Superar a Ansiedade Social

Tradução

Maria Silvia Mourão Netto

Editora Cultrix
SÃO PAULO

Título do original: *How To Be Youself — Quiet Your Inner Critic and Rise Above Social Anxiety.*

1ª edição 2025.

Editor: Adilson Silva Ramachandra
Gerente editorial: Roseli de S. Ferraz
Preparação de originais: Kicila Ferreguetti
Gerente de produção editorial: Indiara Faria Kayo
Editoração eletrônica: Join Bureau
Revisão: Adriane Gozzo

Dados Internacionais de Catalogação na Publicação (CIP)
(Câmara Brasileira do Livro, SP, Brasil)

Hendriksen, Ellen
Como ser você mesmo: como silenciar seu crítico interno e superar a ansiedade social / Ellen Hendriksen; tradução Maria Silvia Mourão Netto. — 1. ed. — São Paulo: Editora Cultrix, 2025.

Título original: How to be yourself: quiet your inner critic and rise above social anxiety
ISBN 978-65-5736-368-3
1. Ansiedade 2. Fobia social — Tratamento — Obras populares I. Título.

25-258839 CDD-616.85225

Índices para catálogo sistemático:
1. Ansiedade: Fobia social: Ciências médicas 616.85225
Cibele Maria Dias — Bibliotecária — CRB-8/9427

Direitos de tradução para o Brasil adquiridos com exclusividade pela EDITORA PENSAMENTO-CULTRIX LTDA., que se reserva a propriedade literária desta tradução.
Rua Dr. Mário Vicente, 368 — 04270-000 — São Paulo, SP — Fone: (11) 2066-9000
http://www.editoracultrix.com.br
E-mail: atendimento@editoracultrix.com.br
Foi feito o depósito legal.

Este livro é dedicado a
(e não existiria sem)
Nicolas

SUMÁRIO

PARTE 3

Partindo para o mundo

PARTE 4

Desmistificando a ansiedade social

PARTE 5

Tudo de que você precisa é ser gentil

Prólogo

Moe era capaz de combater uma injustiça como um tigre encurralado, desde que uma condição fosse cumprida: que não precisasse falar o que pensava.

Formado em Direito, era dono de uma inteligência impressionante e considerado genuinamente respeitoso. Apesar de ter aparência modesta — baixinho, magricela, quase calvo, com um par de óculos de aros redondos e um bigodinho fino, bem aparado —, era de uma dedicação incansável a causas sociais, como os direitos dos idosos ou a proteção a mulheres em condição de vulnerabilidade. Sua experiência profissional incluía atuação internacional; a essa altura da carreira, já tinha trabalhado em três países, em três continentes diferentes.

No entanto, parte da cruzada idealista por justiça o levava a estar na menos idealista das situações: reuniões. Era nesse tipo de encontro, realizado em centros comunitários e porões de igrejas, com cheiro constante de café velho no ar e pilhas e mais pilhas de cadeiras de armar pelos cantos, que a história de Moe se desenrolou. Segundo ele, foi assim: "Um dia, eu estava em uma dessas reuniões, e alguém da organização se virou para mim e disse que, quando estávamos só nós dois, eu conversava normalmente, mas em grupo ele não se lembrava de ter me visto abrir a boca".

Moe ficou muito constrangido. No fundo, sabia que o colega tinha razão. Ele sempre era atento e agradável, mas aquilo era verdade: nunca dizia nada. E agora tinha a confirmação de que seu silêncio era algo óbvio, que ele simplesmente não podia mais disfarçar.

"Não é que eu não queira dizer nada. Só não sei como fazê-lo", Moe comentou. "Todo mundo parece muito confortável, muito confiante, mas, assim que reúno coragem para falar, o assunto já é outro, e isso acontece o tempo *todo*", concluiu.

Não saber o que dizer não acontece apenas com Moe. Acontece com muitas pessoas, especialmente no mundo de hoje, com todas essas mensagens de texto enigmáticas, que sempre nos deixam na dúvida sobre como devemos responder a elas ou a exigência subentendida de que a legenda na foto do Instagram deve ser perfeita. Se você é do mesmo time que Moe ou foi criado da mesma maneira que ele — daqui a pouco, explicarei melhor esse ponto —, a tecnologia e a internet garantem que tenha mil razões para duvidar de si mesmo, além de ainda ter de enfrentar as aflições de uma interação social *cara a cara*.

Como Moe, talvez você sinta na pele a agonia extrema que é estar prestes a ter de falar em público. É como estar na ponta de um trampolim de dez metros, a piscina lá embaixo, o coração querendo sair pela boca diante do salto iminente. Continuar calado é sentir frustração — "*Sei* a resposta certa", "Droga, essa ideia foi *minha*" —, mas a possibilidade de saltar no abismo para entrar na conversa é petrificante. Depois do comentário do colega, porém, Moe pensou que era realmente pior ficar calado que dizer alguma coisa. Manter um silêncio contínuo acaba pesando na pessoa como uma pilha de tijolos que vai aumentando um a um. Alguns momentos de silêncio podem ser facilmente neutralizados, mas horas e horas de boca fechada são praticamente impossíveis de romper, em especial sem provocar viradas de cabeça, exclamações de susto e comentários surpresos e esmagadores do tipo "Nossa! Esqueci que você estava aí".

Depois disso, Moe resolveu que falaria alguma coisa logo.

"Então, apareci na reunião seguinte com algumas ideias anotadas no celular. Pensei que seria mais fácil se levasse por escrito o que queria dizer, mas não consegui. O pior foi quando o rapaz do meu lado pegou meu telefone e leu minhas ideias para o grupo. Pensei que ele poderia estar achando que me fazia um favor, mas eu só queria morrer. Que tipo de pessoa não consegue ler nem as próprias anotações?"

Uma vez humilhado, duas vezes mais tímido. Levou um tempo até Moe reunir coragem para tentar outra vez, mas, enfim, conseguiu. Antes da reunião seguinte, ele corajosamente fez algumas anotações, mas ainda não foi capaz de abrir a boca.

"Eu tentei", ele disse, "mas meus olhos ficaram embaçados e comecei a tremer. Foi horrível. Por que isso continua acontecendo comigo? Por que não consigo fazer o que os outros fazem com tanta facilidade?"

Como trabalhava com política, Moe estava acostumado a ter de tentar de novo. Assim, decidiu que devia fazer um esforço e insistir mais uma vez.

"Eu tinha um jantar para ir, só com amigos, então pensei que podia tentar fazer um brinde. Ensaiei mentalmente muitas vezes o que iria dizer, mas, quando fiquei em pé, não consegui passar da primeira sentença. Tinha até uma piada para contar, mas, depois das primeiras palavras, não consegui mais me lembrar do restante da anedota nem do queria dizer, então só agradeci por terem vindo e me sentei de volta, pensando em como era idiota."

A experiência pela qual Moe passou é tão comum que tem nome: *ansiedade social*, que é o nível extremo de timidez. Primeiro, vem a sensação de estar chamando a atenção, de estar se destacando como uma unha inflamada. Depois, a necessidade aguda de se esconder, de sumir, de desaparecer totalmente; às vezes, a pessoa até se expõe, mas fica calada o tempo todo ou olhando para o chão, e pronto. A preocupação é que vamos dizer a coisa errada, fazer algo descabido e ser completa e merecidamente criticados por isso. Por essa razão, tanta gente se sente estressada na sala de aula, em festas, em eventos de grupo, com desconhecidos, nas redes sociais. Estamos convencidos de que somos demais: estranhos demais, chatos demais, desajeitados demais. Ou de que não somos o suficiente em outros sentidos: não somos confiantes, nem socialmente hábeis, nem competentes. Além disso, o corpo nos trai: seguramente, todo mundo repara como estamos enrubescidos, com as mãos suadas e trêmulas.

Tudo isso pode lhe parecer bastante familiar. Você percebeu quanto se identifica com a história de Moe? Notou como balançou a cabeça, reconhecendo-se nesse relato? Também aposto que Moe e você têm outra coisa em comum: em algum momento dessa longa, ansiosa e atrapalhada jornada — talvez antes de um encontro, de uma entrevista, de um primeiro dia de aula —, alguém lhe deu um conselho consagrado pelo tempo: "Seja você mesmo!".

Essa sempre é uma recomendação bem-intencionada, mas com a capacidade de provocar uma irritação fenomenal, por parecer tão simples e, por ora, impossível. Qualquer um que já tenha se sentido como Moe sabe a dificuldade que é pensar com alguma clareza quando a ansiedade toma conta e sequestra nossa capacidade de raciocinar, de falar, de reagir. Além disso, "seja você mesmo" implica que você nem tinha considerado essa opção: "Ah, então era só isso? Que tolice a minha!".

Apesar disso, também é um bom conselho. Seu verdadeiro eu é o que vem à tona quando você está com amigos próximos, com a família, em abençoados momentos de paz a sós consigo mesmo. Por baixo de toda a ansiedade, você está equipado com tudo de que necessita. Não precisa fingir nada, nem forjar nenhuma imagem. Você é suficiente do jeito que é. Aliás, imagine *esse* eu se mostrando no trabalho, nos relacionamentos, no mundo. Seria possível? Você poderia expor suas ideias e opiniões e finalmente se sentir à vontade. Teria uma banda larga maior para interagir com o mundo; iria se sentir mais à vontade consigo próprio. Sentiria a sensação de "lar, doce lar" de conforto, conexão e proximidade, onde quer que estivesse.

Portanto, em *Como ser você mesmo*, você (finalmente!) aprenderá a colocar esse conselho em prática. Aprenderá *por que* se sente desse jeito, e, mais que isso, *o que fazer a respeito*, e terminará o livro com um repertório de recursos novos em folha para pôr à prova. Vamos desbancar mitos nos quais você nem sabia que acreditava, e romper hábitos que nem sabia que tinha.

São tantas as pessoas que se sentem socialmente ansiosas que foram criados questionários padronizados para mensurar essa experiência. Se você acha que tem um pouco (ou mais que um pouco) de ansiedade social, analise as 25 situações a seguir, extraídas de dois questionários de ansiedade social amplamente utilizados.[1] Provavelmente, você sofrerá de mais ansiedade social quanto mais forem os itens com os quais concorda.

1. Fico nervoso se tenho de falar com alguma figura de autoridade (professor, chefe etc.).
2. Para mim, é difícil olhar uma pessoa nos olhos.
3. Fico tenso se preciso falar de mim ou do que sinto.
4. Para mim, é difícil socializar com o pessoal do trabalho.
5. Fico tenso se estou sozinho com apenas mais uma pessoa.
6. Fico preocupado de me expressar e parecer esquisito.

1 Como editei alguns itens para evitar repetições e atualizei outros usando a tecnologia e termos atuais, as escalas apresentadas não são oficiais.

7. Fico ansioso se preciso devolver algo em uma loja.
8. Acho difícil discordar da opinião de alguém.
9. Fico preocupado de não saber o que dizer em situações sociais.
10. Fico ansioso de socializar com pessoas que não conheço direito.
11. Acho que vou dizer bobagem quando converso.
12. Quando estou em grupo, fico me preocupando com a possibilidade de ser ignorado.
13. Não sei ao certo se devo cumprimentar alguém que só conheço de vista.
14. Fico incomodado de dar um telefonema quando podem me ouvir.
15. Fico constrangido de comer ou beber em público.
16. Fico ansioso de atuar, representar um personagem ou falar para uma plateia.
17. Fico incomodado de trabalhar, escrever ou fazer contas quando tem alguém me olhando.
18. Fico ansioso de ligar, mandar e-mail ou mensagem a alguém que não conheço bem.
19. Para mim, é difícil falar em sala de aula ou em uma reunião.
20. Fico ansioso de usar um banheiro público (síndrome da bexiga tímida).
21. Para mim, é difícil falar com uma pessoa que considero atraente.
22. Fico ansioso quando faço uma prova ou um exame.
23. Fico estressado e ansioso quando recebo convidados ou vou a um evento.
24. Acho difícil resistir a um vendedor ou a um pedido de donativo.
25. Não gosto de ser o centro das atenções.

Esses são apenas 25 exemplos, mas existem muitíssimos mais. Veja: mulheres socialmente ansiosas preferem muito mais depilar a virilha e fazer um tratamento de canal ao mesmo tempo que conversar brevemente com várias pessoas, durante um evento, para fazer novos contatos de trabalho. Podemos chamar o colega da mesa ao lado e pedir-lhe que leia um e-mail que vamos mandar para que nos diga se tem alguma coisa estranha. Podemos ficar um pouco aflitos na academia, no supermercado, na fila ou onde quer que alguém possa ficar de olho em nós. Somos conhecidos por ensaiar o que vamos pedir antes de chegar nossa vez no balcão, o que vamos dizer para a pessoa do serviço de atendimento ao consumidor, ou a história que vamos contar na festinha daquela noite. E, naturalmente, tentamos sair de fininho dessa mesma festa, sem nos despedir de ninguém.

E isso é apenas na vida real. Se a ansiedade social vinha em banho-maria alguns anos atrás, a tecnologia acabou jogando lenha na fogueira. Por quê? A ansiedade brota da incerteza, e o que é mais incerto que a comunicação moderna? "Por que esses três pontinhos e mais nada?", "Por que meu chefe me mandou um e-mail de resposta com uma única palavra?", "Por que ela me manda mensagem perguntando se pode me ligar?", "Hum, por que ele me escreveu dizendo que é o Batman?".

As redes sociais pioram ainda mais as coisas. Um estudo realizado na Universidade de Pittsburgh pesquisou quase dois mil jovens adultos, com idades entre 19 e 32 anos, e descobriu que, quanto mais redes sociais usavam, maior era a ansiedade. E não por causa do *tempo* que passavam nas redes; havia algo específico sobre esses meios. O que, exatamente? Bem, as redes sociais são uma espécie de julgamento social *em público*, incluindo a contagem numérica da aprovação dos outros. Especialmente para adolescentes e jovens adultos, as tarefas de construir a própria identidade e firmar a autoestima já são difíceis de realizar, mas ter amigos observando e comentando sua vida 24 horas por dia, todo dia, faz do mundo das redes sociais um ambiente hostil para se crescer.

Quer estejamos sentindo o peso do julgamento social *on-line* ou na vida real, acabamos fazendo uma coisa ou outra: *evitando* ou *aguentando*. Diferentemente da maior parte do jargão psicológico, esses dois termos significam exatamente o que você está pensando. *Evitar* é equivalente a enfiar um dedo em cada ouvido e repetir ritmicamente "Não estou te ouvindo, não estou te ouvindo". A evitação pode dar muito trabalho; fingir que está doente implica lembrar de tossir de vez em quando no dia seguinte; ir pelo caminho que tem menos gente e é mais longo é perder tempo; aparecer para a reunião só quando ela está prestes a começar para não ter de jogar conversa fora exige precisão extenuante. A evitação pode ser explícita:

GEMMA CORRELL

por exemplo, não aparecer na festa, deixar as ligações caírem na caixa de mensagens, mas também pode ser velada — e talvez nem nos demos conta. Evitar olhar para a outra pessoa é um exemplo clássico. Ou podemos, sim, ir à festa, mas passar quase o tempo todo com o gato da casa; ou ir para a sacada ver se tem alguma notificação nova no celular, antes de voltar para casa sem se despedir de ninguém e pegar uma tigela de cereal para assistir à Netflix. Porém, apesar do alívio imediato que a evitação oferece, isso quase sempre é seguido de um sentimento amargo de culpa, vergonha, decepção ou frustração.

Por outro lado, *aguentar* é atravessar o salão onde está acontecendo um evento de confraternização de funcionários, encarar uma apresentação ou uma festa de casamento com os punhos tão cerrados que os nós dos dedos ficam brancos. Que Deus tenha piedade da noiva bem-intencionada que tenta nos arrastar para a pista de dança — nossa vontade é pegar um garfo e partir para cima dela em vez de entrar na dancinha do YMCA. Aqueles de nós que aguentam geralmente voltam para casa com os nervos à flor da pele, dor de estômago terrível e bochechas doloridas de tanto forçar sorrisos. Ou bêbados, mas disso falaremos mais adiante.

A maioria vem se sentindo assim há muito tempo. Para 75% das pessoas que sofrem de ansiedade social, essa viagem longa e tão esquisita começou em algum momento entre 8 e 15 anos de idade, abrindo a porta para várias décadas de busca por mensagens de celular em vez de conversas ao vivo com pessoas. Para muitos de nós, é tão parte de quem somos, como a cor dos olhos ou o tipo de cabelo. É do que nos lembramos desde o Primeiro Dia.

A essa altura, você já deve ter notado que falo no plural. No ambiente acadêmico, costuma-se dizer que pesquisar é buscar por si mesmo. Muitos cientistas escolhem sua área de estudos porque o assunto parece significativo tanto para eles mesmos quanto para sua vida pessoal. O pesquisador determinado retoma a investigação após sofrer contratempos. O especialista em traumas sobreviveu a uma experiência que quase lhe custou a vida. Quem estuda casos de déficit de atenção e hiperatividade trabalha cercado de pilhas de papel assustadoras. No meu caso, é revelador que eu trabalhe no Centro de Ansiedade e Transtornos Afins (CARD, na sigla em inglês) da Universidade de Boston, nos Estados Unidos. Se a ansiedade fosse uma religião, o CARD seria a igreja matriz, e eu, membro vitalício da congregação.

Minha primeira lembrança na vida mostra como meu cérebro funciona. Tenho 3 anos e estou no maternal, descansando com mais outras quinze crianças, todas deitadas em colchonetes no chão. Estamos no início dos anos 1980, e a professora, a senhora Fish, tem cabelo castanho repartido ao meio e está tocando canções de ninar ao violão, para nos acalmar e deixar quietinhos por alguns minutos. Eu me lembro disso: abro os olhos, e a senhora Fish está inclinada sobre o instrumento, olhando para mim com atenção e um sorriso no rosto. Estava claro que ela me olhava havia algum tempo. Então ela diz: "Olha quem acordou! Bom dia, querida!".

Quando eu me sento, esfregando os olhos, percebo, com sobressalto, que todas as outras crianças estão olhando para mim. Fico paralisada como um coelho diante dos faróis acesos de um carro. Algumas dão uma risadinha, mas não para zombar. Mesmo assim, para uma garotinha sensível de 3 anos, foi como se tivessem atirado uma peça grande de Lego no meu peito. Ainda estou um pouco zonza do cochilo involuntário, o que só piora a humilhação que eu sentia de estarem rindo de mim. Quero arrancar meus olhos, então os fecho com toda força, mortificada na escuridão por trás das pálpebras.

Chama minha atenção que essa seja minha primeira lembrança, não, por exemplo, jogando pipoca na água para alimentar os patos da lagoa do bairro, ou a revelação de que bater à porta das casas equivale a ganhar doces no meu primeiro Halloween. Em vez dessas recordações, minha cabeça ansiosa decide se lembrar da humilhação diante de uma professora simpática e de coleguinhas de classe que acharam graça de eu ter caído no sono.

Daí em diante, foi um desfile de outras situações semelhantes. No primeiro ano escolar, lembro-me de que ia para a cama com dor de barriga e a sensação aflitiva de que "tinha me esquecido de alguma coisa", de não ter as palavras para dizer como me sentia esmagada sob o peso de um dia difícil no colégio, todos os dias. No terceiro ano, eu sabia de cor as tabuadas, mas ficava evitando minha vez de falar, até ser a última. No início do ensino fundamental — aquele período de completo desespero para ser aceita pelo grupo e do sentimento de intensa vergonha —, conheci o fundo do poço do quinto dos infernos da ansiedade social, mas isso não é nenhuma surpresa. No fim do ensino médio, consegui me entender um pouco e formar um grupo de amigos próximos e exercer alguma liderança, mas então veio o choque da vida universitária. Enquanto os outros calouros iam às famosas Festas dos Pelados e debatiam com acadêmicos eruditos nas palestras, eu evitava fazer contato visual em festas nas quais todo mundo estava vestido e levantei a mão para falar em classe pouquíssimas vezes nos quatro anos de faculdade.

Contudo, depois de muitos anos e de um doutorado em Psicologia Clínica, algo foi mudando lentamente. Hoje, não só consigo falar durante uma reunião como sou capaz de conduzi-la. Consigo oferecer um jantar incrível a alguns convidados, sentir-me confiante ao dar uma aula para uma sala lotada de alunos e realmente aguardo, com alegria, a oportunidade de dançar em festas de casamento. Assim como meus pacientes, já fiz todo tipo de coisas constrangedoras, a título de exercício, para tentar superar a ansiedade social, como pedir um maço de cebolinha em uma loja de ferragens, derrubar de propósito o café na lanchonete lotada, perguntar como chegar a algum lugar e ir no sentido oposto. Quando falo do meu passado de ansiedade, as pessoas me olham sem acreditar e dizem "Jamais poderia imaginar!", "Mas você parece tão à vontade!". Hoje posso dizer, de verdade, que me sinto bem sendo quem sou, mesmo que nem sempre tenha sido assim, e sei que você também pode. Como foi que cheguei aqui? E como você pode chegar ao mesmo resultado? Vou dar todas as respostas nas próximas páginas.

Ainda tenho meus momentos de ansiedade, não há dúvida. Cumpro uma agenda razoável de eventos nos quais preciso falar em público, mas as lágrimas enchem meus olhos — às vezes, discretamente; outras, nem tanto — sempre que tenho de falar diante de uma plateia maior. Aprendi a pensar nisso como um vazamento da ansiedade. No enterro da minha avó, gaguejei muito ao fazer meu discurso fúnebre, o que se poderia considerar razoável. Claro que eu estava triste, mas o que me deixou mesmo apavorada foram todas aquelas pessoas olhando para mim. Porém, também fiquei com os olhos cheios de água na defesa da minha tese de mestrado. Razoável? Nem tanto.

Meu calcanhar de Aquiles é ser filmada. Sutilmente, saio da cena quando meus filhos gravam um vídeo com o meu celular. Detesto fazer chamada de vídeo. Quando a fotógrafa do casamento do meu irmão apareceu de repente na minha frente, com a câmera a postos, e me perguntou que conselho eu daria aos recém-casados, devo ter feito como o Papa-léguas do desenho animado: pernas rodopiando e nuvenzinhas de pó aparecendo na barra do meu vestido longo. Ela ficou de queixo caído e com as sobrancelhas tão erguidas que pareciam brotar do cabelo no alto da testa. Aquela luzinha vermelha de gravação na câmera parecia um tambor de revólver carregado. Tudo isso para dizer que continuo trabalhando para lidar melhor com minha ansiedade.

Esse é justamente o argumento: você pode trabalhar nisso. Isso é possível. Você pode se sentir bem sendo quem é, conversando, sendo visto por outras pessoas, na companhia dos outros. Fica mais fácil à medida que o tempo vai passando. Muito do que causa ansiedade é aprendido, o que significa que pode ser desaprendido. E não será preciso muitas décadas nem fazer faculdade para superar a ansiedade social. Para mim, foi trabalhoso, mas é por isso que você agora tem este livro.

Como ser você mesmo foi escrito para todos nós — e somos muitos — que nos vemos presos nas malhas da ansiedade social, de tempos em tempos ou quase o tempo todo.

Na realidade, existem níveis. A ansiedade social tem larga amplitude. A primeira ocorrência do espectro da ansiedade social, e também a mais comum, consiste em momentos de constrangimento social. Mesmo as pessoas mais tranquilas acabam se sentindo desconfortáveis ou envergonhadas, pelo menos às vezes. É quando dizemos "Você também!" ao garçom que nos entrega a comida e nos deseja "Bom apetite!". Ou quando, sem querer, esbarramos a mão no seio de uma mulher que vamos abraçar. Ou quando nos despedimos calorosamente de um amigo antes de seguirmos juntos na mesma direção. Fiz tudo isso mais de uma vez. Essas situações são uma verdadeira agonia, mas inescapáveis; além disso, acabam virando boas histórias, que serão motivo de risadas depois.

O nível seguinte é o que se costuma chamar de *timidez*. Eu chamo de ansiedade social do dia a dia. Se você sentiu uma pontada de identificação com a palavra "timidez", *Como ser você mesmo* foi escrito para você. Muita gente sabe do que se trata. Ficamos colados na pessoa com quem viemos à festa, o namorado, a melhor amiga. Almoçamos sozinhos na mesa onde trabalhamos, de frente para o computador. Não levantamos a mão na aula, mesmo sabendo a resposta. Todos temos alguma coisa que detestamos fazer — um bate-papo à toa, entrar no elevador com o chefe, pedir que a pessoa saia da sala de cinema para continuar falando ao telefone. Quando estamos apenas com poucas pessoas conhecidas, ou lidando com coisas que conhecemos, nos sentimos perfeitamente bem, mas nosso coração quase sai pela boca quando todo mundo fica olhando para nós na sala de reunião, e, de repente, perdemos a capacidade de calcular a gorjeta enquanto os amigos terminam o drinque e nos observam. Ficamos suados e corados quando tentamos estacionar em uma vaga apertada e a calçada na frente do café está cheia de gente. Ficamos aflitos de parecer inconvenientes ou incompetentes e depois nos sentimos frustrados de ter essa preocupação. *Isso é idiotice! Por que não tenho mais confiança? Qual é o meu problema?*

Por fim, como Moe, em algum momento da vida, 13% dos estadunidenses vão se considerar aquilo que as avós chamavam de "dolorosamente tímidos" ou sentir o que chamo de Ansiedade Social Severa. Ansiedade Social Severa é o medo de ser avaliado, julgado e condenado por falta de atitude ou desempenho em situações sociais. Esse sentimento, que atrapalha quando se trata de fazer as coisas que você quer ou precisa fazer, recebe a dúbia honraria de ser o terceiro transtorno psicológico mais comum, atrás apenas dos quadros de depressão e alcoolismo. A Ansiedade Social Severa deixa de ser um aborrecimento para se tornar um problema quando provoca *sofrimento* ou *prejuízo*, termos técnicos para falar que você fica apavorado ou não consegue viver do jeito que gostaria. Um exemplo de sofrimento é ficar obcecado, por semanas, com uma apresentação que você vai fazer no trabalho, a ponto de perder o sono e alimentar fantasias sobre se seria possível escapar dali pela janelinha do banheiro. O prejuízo consiste em você não aceitar uma promoção que o levaria a coordenar reuniões ou supervisionar outros funcionários, e sua carreira profissional estagnar. O prejuízo aparece também quando você aceita diminuir em 20% sua nota naquela disciplina, porque não abre a boca nas aulas. Ou quando sua melhor amiga pede que você diga algumas palavras na festa de casamento dela, e você não tem coragem, o que deixa as duas de coração partido. Também existem os 21% de pessoas com Ansiedade Social Severa nas quais esse sentimento se manifesta como raiva ou irritabilidade, para quem o prejuízo se manifesta em comentários sarcásticos e julgamentos críticos. Para elas, significa perder amigos e relacionamentos por causa de ataques de raiva.[2]

---

2 Uma resposta atravessada bem comum ao conselho "Seja você mesmo" é dizer "E se eu for um completo idiota?". No meu modo de ver, repito que agir como um idiota é causado por medo e insegurança. Quando o medo desaparece, a pessoa para de *se* comportar como idiota.

Bem, se você tem certeza de que vive na zona de sofrimento ou de prejuízos causados por Ansiedade Social Severa, este livro realmente é para você, mas não pare por aqui. Você merece muito mais. Um profissional criterioso que trabalhe com terapia cognitiva-comportamental pode criar um programa sob medida para você. Um bom terapeuta é como um bom sutiã: os dois colocam você para cima, da melhor maneira possível.

No entanto, seja qual for o ponto do espectro no qual você se encontre, a ansiedade social — seja por um momento ou pela vida inteira, seja encurralado em um canto ou puxando briga — é o medo de que as pessoas enxerguem algo ruim em você e o rejeitem por causa disso. Seja qual for o modo como se manifesta, a ansiedade social atrasa nossa vida profissional, impede que o amor e as amizades se aprofundem e nos deixa infelizes e solitários.

Qual é o preço que pagamos por essa solidão? A verdade é que nos custa muito mais que algumas noites de sábado com as cortinas fechadas. A solidão se revela doentia. Solidão é uma percepção. Você pode se sentir ligado aos outros, mesmo quando estiver só; ou desesperadamente só, mesmo quando rodeado de pessoas. Parece que muitas pessoas se percebem na segunda situação: de 15% a 30% da população se sente cronicamente isolada.

A solidão é considerada um impulso tão fundamental quanto a fome ou a sede. Esse sentimento nos diz que nos falta algo vital para nossa sobrevivência e nos impele a ir em busca de conexões. A solidão descontrolada nos deixa desesperados e inseguros. Acaba com a qualidade do nosso sono, do nosso humor, do nosso otimismo e da nossa autoestima. A solidão crônica tem sido associada ao risco mais elevado de cardiopatias, mal de Alzheimer e até de mortalidade. Para ter em mente: conexões sociais são essenciais. Parece que nossa própria vida depende disso. A ansiedade não consegue matar uma pessoa, mas a solidão, sim.

Bem, se você tem menos vida social do que gostaria, essa ideia é assustadora. Vencer a ansiedade social pode parecer impossível ou desoladora. Porém, quero que você saiba disso: há muitos pontos a seu favor. E como sei? Conforme os resultados das pesquisas vão se acumulando, vai ficando claro que a ansiedade social é um pacote completo, que contém recursos poderosos. Ela vem acompanhada de traços e tendências que serão muito úteis neste mundo culturalmente diverso do século XXI (habilidades que não vão desaparecer, mesmo que seu medo e sua vergonha, sim). Inclusive, tanto minha experiência de trabalho com pessoas tímidas e socialmente ansiosas como pesquisas sobre o assunto demonstram que costumamos ser:

- pessoas cautelosas, que ponderam o que vão dizer;
- pessoas escrupulosas, com princípios morais firmes e ética profissional sólida;
- pessoas com facilidade para lembrar fisionomias;
- pessoas profundamente empáticas;
- pessoas pró-sociabilidade — quer dizer, positivas em relação aos outros, prestativas e altruístas;
- pessoas que respeitam os direitos, as necessidades e os sentimentos dos outros.

Como esses traços se manifestam em nossa vida e no mundo? Nós que temos ansiedade social frequentemente:

- omitimos palavras desnecessárias; em um mundo de gritos e disputas acirradas por atenção, deixamos de lado a abordagem "quanto mais, melhor" em relação à fala;
- nos empenhamos para garantir o conforto dos outros;
- vemos e ouvimos com cuidado, uma arte quase perdida na atual cultura do "olhe para mim";

- temos padrões elevados, o que leva a uma atuação profissional respeitável;
- respeitamos outras culturas e histórias de vida; somos os diplomatas e os embaixadores da vida.

Tudo isso lhe parece familiar? Muitas pessoas que sofrem de ansiedade social também contam com esses pontos fortes. Mesmo que você pertença aos 21% dos que sofrem de Ansiedade Social Severa, para as quais a ansiedade se mostra como sarcasmo e críticas, sei que, por baixo de todos os seus "espinhos", você, provavelmente, tem muitas dessas qualidades também. Tal qual o baiacu, você incha e mostra os espinhos só porque está com medo.

Dê uma nova olhada na lista. Nela, estão habilidades para o século XXI que visam a uma sociedade global, cada vez mais interconectada. A maioria das pessoas como nós vive com sensibilidade e cuidado em um mundo multicultural. De fato, quem não se importa com o que os outros pensam compromete as próprias chances de formar relacionamentos por ignorar os direitos e os sentimentos de terceiros. Talvez você já faça naturalmente muitas coisas dessa lista; com um pouco de prática, talvez possa se sentir confortável sendo quem é, ao mesmo tempo que tem as atitudes listadas.

A seguir, lembremos que você está em boa companhia. Cerca de 40% da população se considera tímida, o que é a maneira resumida de dizer que são socialmente ansiosas. Você pode ir um pouco mais adiante na indagação e perguntar às pessoas se *alguma vez* elas se sentiram tímidas em algum momento da vida, e a porcentagem subirá para incríveis 82%.[3]

---

3 Por quê? O tempo está do nosso lado. A ansiedade social diminui de modo gradual com a idade. Não podemos evitar tudo e todo mundo. Conforme a pessoa fica mais velha, ela naturalmente passa a se preocupar menos com o que os outros vão pensar. Mas, por que esperar que o tempo passe, quando já podemos fazer alguma coisa agora?

Além disso, temos a espantosa porcentagem de 99% das pessoas que afirmam que se sentem socialmente ansiosas em situações específicas. Somente 1% das pessoas (estou falando de vocês, psicopatas) nunca sentiu ansiedade social. Com estatísticas assim, eu arriscaria dizer que a ansiedade social cotidiana é *normal*. Suas experiências são mais comuns do que imagina, apesar de, às vezes (ou até mesmo sempre), você se sentir sem jeito ou chamando a atenção.

Porém, apesar de ser algo normal, você está com este livro em mãos porque a ansiedade social está atrapalhando sua vida de alguma maneira. Ela pode ser específica — nos afligimos para redigir um texto, rezando para o professor não nos chamar. Também pode ser por causa de uma consequência que tememos — nosso receio é ofender alguém ou ter um "branco" de repente. Pode ser que você se sinta incapaz de se mexer. Seja qual for a versão da sua ansiedade, há esperança.

Considere este livro um guia para mudar, remover as camadas externas de nervosismo e revelar sua essência confiante e tranquila. Não importa como você está se mostrando para o mundo — uma pessoa sarcástica e rígida, superlegal e agradável ou tensa e desajeitada, sei que seu melhor "eu" está aí dentro. É esse "eu" que vem à tona quando você está com pessoas com as quais se sente à vontade — seus confidentes, a família — ou desfrutando de uma solidão pacífica. É você de verdade nesses momentos. Assim, quando digo "seja você mesmo", estou me referindo a esse eu *verdadeiro. Esse eu que você é sem medo.* E, acredite se quiser, é seguro mostrar esse eu de verdade para o restante do mundo. Mas não basta apenas dizer isso a você. Em vez disso, nos próximos capítulos, vamos iluminar o interior de sua cabeça com uma luz direta para conservar o que está funcionando, descartar o que não está e equipar você com recursos e ferramentas capazes de estimulá-lo a seguir no rumo que quiser tomar.

Você é alguém em constante mudança; é um ser vivo que respira e não é a mesma pessoa de 10, 20, 30, 40, 50 anos atrás ou mais. Você mudou com o tempo e continuará mudando. Mas uma coisa é certa: você pode escolher em que sentido mudará. Bem, não estou prometendo um "novo eu" porque, acredite ou não, não há necessidade de mudar sua personalidade. Você só precisa enxergar que quem você é já é perfeitamente suficiente. No fundo, a ansiedade social é *ver nosso verdadeiro eu de maneira distorcida e acreditar que essa distorção é a real*. Vemos com lente de aumento nossos pontos ruins (ou simplesmente os imaginamos). Nos preocupamos com nossas falhas aparentes, ao mesmo tempo que nos esquecemos da infinidade de dons que temos a oferecer. Não é preciso cooptar a confiança de alguém quando você pode descobrir a sua. A única coisa que você precisa desenvolver é a disposição de tentar.

Aprender a ser quem você é e superar a ansiedade social vão melhorar todas as áreas de sua vida: trabalho, relacionamentos e vida cotidiana. Ser quem você é, seu eu autêntico e verdadeiro, mesmo que seja só ficar na fila do caixa, cumprimentar pessoas em uma festa, participar do curso de quinta à tarde, o ajudará a aproveitar ao máximo essa vida bagunçada, imperfeita, mas gloriosa, que você recebeu. Se tem uma coisa que sei de todo coração é que não há nada errado com você. Repito: *não há nada errado com você*, mesmo que você pense que é a única exceção a essa frase. Este livro vai ajudá-lo a se sentir à vontade quando for flagrado sendo quem realmente é. Não há limites para até onde você pode chegar a partir desse ponto.

Conforme for aprendendo a ser quem é, vamos nos inspirar com o exemplo de vida do melhor de todos: esse homem inspirou uma mudança revolucionária e discursou perante plateias imensas sem ser nada mais que ele mesmo. Com seu jeito discreto, calado, Mahatma Gandhi abalou os alicerces do imperialismo britânico, levou a Índia à independência e inspirou movimentos pelos direitos civis por todo o mundo. É uma criatura que tem muito a nos ensinar.

Em 1930, em um de seus maiores atos de desobediência civil, Gandhi liderou uma marcha de protesto contra o monopólio exercido pelo governo imperialista britânico sobre o sal, considerado item de primeira necessidade. À época, os indianos não só tinham de comprar sal do governo, pagando um preço exorbitante, como também eram obrigados a pagar imposto — um ônus que pesava mais no bolso dos pobres. Quando Gandhi iniciou sua marcha de cerca de quatrocentos quilômetros rumo ao Mar Arábico, partiu com poucas dezenas de seguidores, para os quais fazia discursos notoriamente sábios, defendendo a paz e a não violência, que sempre terminava com uma simples declaração: "Desejo que minhas palavras alcancem cada canto desta terra".

Dia após dia, enquanto Gandhi seguia andando, e sua mensagem, se difundindo, aumentava o número de seus apoiadores. O grupo caminhou durante três semanas e meia, reunindo centenas e depois milhares de seguidores. Quando finalmente alcançaram o litoral, Gandhi entrou na água rasa e lamacenta e tirou um punhado simbólico de sal diante dos milhares de indianos que o observavam.

Não muitos anos depois, Martin Luther King Jr. viria a escrever que o ato de desobediência civil de Gandhi, com sua quietude, representou o método de reforma social que ele estava buscando. O método de Gandhi resultou na liderança que King conquistou na campanha pelo fim da segregação em Birmingham, no boicote aos ônibus em Montgomery, na Marcha em Washington e finalmente foi o catalizador da Lei dos Direitos Civis de 1964.

A mensagem de não violência de Gandhi de fato alcançou todos os cantos da terra, de Ahmedabad ao Alabama e a Washington, DC. Porém, ele nem sempre quis ser ouvido e visto por milhares de pessoas. Você se lembra de Moe do início deste prólogo? "Moe" é diminutivo de "Mohandas", como em "Mohandas Gandhi". Em sua autobiografia, Gandhi dedica um capítulo inteiro à sua ansiedade social; o que você leu no início deste livro foi minha adaptação desse capítulo. Gandhi contou que, quando jovem, hesitava toda vez que precisava falar diante de uma plateia de pessoas desconhecidas e evitava fazer discursos sempre que podia. Sua ansiedade não se limitava a falar em público: "Mesmo quando eu visitava alguém, a presença de meia dúzia ou um pouco mais de desconhecidos me deixava atordoado", ele disse. A mesma pessoa que não conseguia sequer fazer um brinde discursou, em 1947, diante de mais de vinte mil pessoas.

Refletindo sobre sua vida, Gandhi escreveu que "devia deixar claro que, além de me expor de vez em quando a algumas risadas, minha timidez natural não significou nenhuma desvantagem. Na realidade, vejo que, ao contrário, tem sido vantajoso ser tímido. Minha hesitação para falar, que antes foi um incômodo, agora é um prazer".

Ansiedade social um prazer? À primeira vista, não parece haver nada de bom em dar importância ao que os outros pensam de nós, mas vamos refletir um pouco sobre isso. Gandhi tinha razão. Há certa força em conservar a medida justa de ansiedade social para conferir peso e respeito às opiniões e ideias dos outros. Chame de empatia, consideração ou igualdade, não importa; principalmente neste ponto da história, é crucial que tenhamos cuidado e nos preocupemos com nossos companheiros de jornada.

Também em sua autobiografia, Gandhi falou sobre sua ansiedade social: "Com ela, pude crescer. Isso me ajudou a discernir a verdade". Espero que este livro ajude você a discernir a verdade que já está em você. Você é suficiente. Vamos juntos superar a ansiedade social e descobrir o poder de ser quem você é.

PARTE 1

Pensei Que Fosse Só Comigo! Apresentando a Ansiedade Social

1

A Origem de Tudo: Como a Ansiedade Social se Instala

Jim nunca deixava de ir ao estúdio de dança no domingo à noite.

Na rua, as últimas folhas de tom alaranjado continuavam balançando, esparsas, nos galhos das árvores, trêmulas ao vento de outono da Nova Inglaterra. No estúdio, a sala ampla parecia mais uma festa de casamento, mas com as proporções invertidas. De um lado, estavam mesas redondas de jantar, cobertas com toalhas de linho branco e alguns copos de água pela metade, enquanto praticamente todo o espaço era uma grande pista de dança de piso de madeira brilhante. O equipamento de som tocava uma música de Marvin Gaye, "How Sweet It Is".

O salão estava animado, com cerca de vinte casais formando, mais ou menos, uma fila, treinando passos de dança sob o comando de Tomas, o garboso professor brasileiro dono do estúdio. Todo domingo à noite, Tomas dava uma aula em grupo de vários ritmos de dança de salão, e ele chamava a atividade de "treino para festas". Tomas usava o microfone para anunciar cada música: "Senhoras e senhores, agora um foxtrote. A seguir, rumba!".

Os alunos tiravam uns aos outros para dançar. Conforme iam repetindo os passos, os instrutores circulavam pelo salão corrigindo detalhes em cada par, como onde colocar a mão no ombro do jeito certo, deixar o queixo no ângulo adequado. Desde que tinha começado a fazer aulas de dança de salão, havia quatro anos, Jim, 56 anos, corpo atlético de quem pratica corrida e cabelos ruivos bem cortados, revelando os ancestrais irlandeses, tinha se tornado aluno assíduo.

Naquela noite, quando soaram os acordes finais de "A Wink and a Smile", de Harry Connick Jr., e os pares davam os passos finais da dança, Tomas pegou o microfone e, com brilho nos olhos, anunciou: "Por favor, todos saiam da pista, exceto Mayumi". Jim ficou intrigado. Tomas geralmente emendava uma música na outra para que todos seguissem dançando. Daquela vez, tinha alguma coisa diferente. Mayumi era a instrutora de Jim, então ele bateu palmas educadamente, depois se virou para pegar uma cadeira dobrável e continuou falando: "Temos uma surpresa para vocês esta noite: uma apresentação especial, um número de aniversário!". Jim ficou imóvel. Aquele dia era seu aniversário. Como tinham descoberto? Ele não dissera nada a ninguém. Virando-se de frente para a pista de dança, viu todas aquelas pessoas. Entre elas estava Mayumi, com sorriso no rosto e a mão estendida para ele.

Quanta diferença fazem o tempo e a prática. Quatro anos atrás, nem em seus sonhos mais delirantes, Jim teria imaginado estar em qualquer tipo de festa, muito menos em um baile em que convidava uma mulher para dançar um chá-chá-chá, tudo isso diante de espelhos e dezenas de outras pessoas.

Jim crescera nos anos 1960 e 1970 na região de Dorchester, ocupada por irlandeses católicos, bairro originalmente operário da região central de Boston. Seu pai, um sujeito calmo e equilibrado, trabalhava como zelador de Harvard, onde permanecera por trinta anos. A mãe era secretária em uma empresa de seguros. Jim e o irmão, Ryan, cresceram no piso do meio de um imóvel conhecido em Boston como "três andares". O apartamento da família ficava espremido entre outros dois idênticos, com uma escada de madeira servindo de acesso. Depois da escola, Jim e Ryan zanzavam pelas ruas com outras crianças do bairro, muitas delas seus primos. Exceto durante o inverno, quando montes de neve cobriam a cidade, os meninos jogavam hóquei de rua trocando insultos de brincadeira uns com os outros e se revezando para recuperar o disco que havia ido parar debaixo de algum carro, do tamanho de um barco, com teto de vinil. Entre as partidas, quase todos os dias iam em bando até a mercearia da esquina, com os trocados que ganhavam da mãe por tarefas simples, comprar seus doces prediletos.

Nesse bairro, os lares eram muito próximos, literal e figurativamente. Jim se lembrava de que, se quisesse, podia sair pela janela do próprio quarto e entrar por outra no apartamento ao lado. "As casas eram muito próximas, e essa proximidade se refletia na comunidade. Se um desconhecido aparecia por ali, o pessoal logo ia perguntar se precisava de ajuda. Tinha gente de olho na rua e na molecada", Jim dizia, lembrando-se de como era seguro viver ali, embora, às vezes, também o colocasse em apuros." Meu irmão e eu saíamos para brincar, e mamãe dizia que não passássemos de certo ponto. E é claro que íamos mais longe. Então, quando voltávamos, a gente ficava de castigo. Eu perguntava como ela ficava sabendo, e ela dizia que uma vizinha tinha telefonado para avisar. Não conseguíamos esconder nada. Mas isso queria dizer que estávamos seguros aonde quer que fôssemos. Eu não queria ter crescido em nenhum outro lugar."

Porém, enquanto os olhos irlandeses curiosos, enxergando o mundo pelas janelas do prédio, significavam segurança para Jim e os amigos, para a mãe do garoto, Maeve, representava algo completamente diferente. Quando Jim e Ryan iam para a escola, a igreja, um encontro de família ou apenas jogar hóquei na rua, antes de descerem a escada a galope e sumirem porta afora, Maeve fazia as recomendações de sempre. Jim se lembra de que ela chamava a ele e ao irmão para a vistoria final da aparência. Encarava cada um separadamente, examinando-o de cima a baixo, arrumando um cabelo rebelde e limpando alguma mancha no rosto. Jim disse que tinham de estar sempre com boa aparência." Sempre havia o medo: de sermos julgados, do que os vizinhos iriam dizer. De que as mulheres se juntassem e ficassem balançando a cabeça em desaprovação, estalando a língua e dizendo "Credo, vocês viram os filhos da Maeve ontem?"

Quando os irmãos voltavam para casa, era outro ritual. Enquanto os dois vasculhavam o armário procurando qualquer coisa para comer, a mãe perguntava se tinham encontrado alguém, topado com algum vizinho. Jim disse que a sensação era de estar em um aquário o tempo todo. De ser vigiado. "Mamãe vivia com medo de que alguma vizinha nos visse brincando na rua de terra, ou desrespeitando alguém, ou qualquer outra coisa. Mas nunca falava disso abertamente."

Maeve ficava ainda mais insegura quando saía de casa desacompanhada. Jim se lembra de que ficar com ela na fila do banco era o pior de tudo." Porque ela se via sem saída. Alguém podia vê-la, e ela não poderia fazer nada. Era como estar em uma vitrine e andar passo a passo entre os cordões que levavam até a janela do caixa."

Com o passar do tempo, a agonia dessa mãe só aumentou, até que ela decidiu não sair mais de casa. Mandava os filhos para a igreja, mas ela mesma nunca ia. Segundo Jim: "Ela sentia medo demais de ir à igreja e ver as pessoas, então nos mandava no lugar dela para as vizinhas não falarem nada. Há anos que tento entender e ser generoso. Antes, achava que era só questão de orgulho, mas agora sei que era medo."

Sem sombra de dúvida, a ansiedade é genética. Se você tem um parente de primeiro grau, no caso de Jim, a mãe, que sofre de algum transtorno de ansiedade, tem de quatro a seis vezes mais chance de ter o mesmo distúrbio. Em si, a genética psicológica é um enigma, um cubo mágico maluco até para o mais dedicado dos cientistas. Por quê? Em primeiro lugar, diferentemente da doença de Huntington, ou da anemia falciforme, a ansiedade não é controlada por um único gene, mas não está claro se resulta de grandes efeitos de poucos genes ou de pequenos efeitos de muitos. Também existe outro problema chamado *complexidade fenotípica*, que significa que a ansiedade é como a hidra mitológica, com muitas cabeças. A ansiedade social é certamente "ansiedade", porém pode ter várias formas de manifestação, como quadros de transtorno obsessivo-compulsivo, ataques de pânico e até mesmo fobia de aranhas. Às vezes, é difícil imaginar como flores tão diferentes podem brotar de uma mesma semente genética.

Além disso, a ansiedade não é uma condição de saúde objetiva, pelo menos por ora. Não existem exames laboratoriais para ansiedade. Não podemos examinar o sangue de Jim ou de Maeve e identificar a ansiedade. Até este momento, tudo se baseia em depoimentos pessoais. Embora nossos genes venham expressando a ansiedade há milênios, o Transtorno de Ansiedade Social Severa, uma versão da ansiedade social, foi descrito pela primeira vez na literatura em 1966 e só ganhou definição própria como transtorno em 1980. Nesse sentido, não está claro se nossos diagnósticos humanos modernos sequer correspondem ao nosso genoma ancestral.

Uma complicação final é o entrelaçamento entre genética e experiência, cujos ingredientes são impossíveis de ser separados, como uma xícara de café com leite. Nosso temperamento está na base de nossas escolhas cotidianas, mas será que a preferência por ficar em casa e ler um livro reflete uma constelação genética específica, ou gostamos disso porque estamos bem treinados? Em suma, *apesar* de estar claro que a ansiedade é genética, ninguém ainda tem noção de *como* isso se dá.

Além do aspecto genético, as sementes da ansiedade social também são plantadas pela aprendizagem. Em algum momento, assim como Jim, aprendemos a ter medo do julgamento dos outros e a mascarar o que pode ser humilhante. Essa lição pode nos ter sido incutida por meio de uma única experiência, como vomitar na frente da escola inteira durante a colação de grau, ou ter um ataque de pânico em um restaurante lotado, levando a garçonete bem-intencionada a chamar o corpo de bombeiros. Pode ter sido uma cena horrível que presenciamos, como ver o amigo ser espancado por valentões ou o colega de sala ser ridicularizado, dia após dia, por uma professora maldosa. Pode ser o resultado de ter crescido em uma família isolacionista que não via sentido em ter contatos sociais. Seja como for, as lições da ansiedade social foram aprendidas e criaram o medo de ser flagrado fazendo algo idiota ou inadequado; o medo de ser exposto. As lições costumam ser sutis e impossíveis de ser identificadas com precisão; para mim, como para muitas outras pessoas, não houve um começo propriamente dito: sempre foi assim.

Para Jim, as lições de Maeve de que ele estava sendo vigiado e julgado aonde quer que fosse, combinadas com vizinhas fofoqueiras, moldaram-no ao longo dos anos como um riacho que cava um sulco no leito rochoso por onde escoa. Nas palavras dele, cinquenta anos depois: "Sempre tive a sensação de que as pessoas estavam me vigiando. Que veriam alguma coisa errada. Isso ela enfiou na minha cabeça e na do meu irmão".

Como esponjas, absorvemos as lições de nossa família sem realmente nos darmos conta de que uma crença fundamental está se consolidando no âmago do nosso ser. Em outros lares, lições muito diferentes podem estar sendo moldadas, por exemplo, que ficar conversando com os vizinhos na escada pode ser o melhor jeito de passar uma tarde no fim de semana, ou que exibir alguns passos de dança no meio da roda, durante uma aula, é algo excitante, não uma crise. Meu marido cresceu achando que era obrigatório convidar o moço que veio consertar o telhado ou o encanamento para jantar com a gente. Mas, se crescemos em uma casa como a de Jim, ou mesmo em um lar com uma versão mais sutil dessa vigilância, porém nas mesmas linhas, aprendemos a esperar que as pessoas não só nos julguem, mas o façam sem dó nem piedade. E esse medo parece um fato. Pensamos que o mundo é assim, e esse mundo nos faz sentir cercados de julgamentos e, ao mesmo tempo, sozinhos e com medo.

Esse medo custa caro: torna difícil conhecer pessoas, nos aproximar delas, nos divertir. Torna difícil pedir o que precisamos. Pode fazer os outros pensarem que somos esnobes, hostis, frios, quando, no fundo, só estamos nervosos. Na pior das hipóteses, esse medo pode nos deixar deprimidos e isolados. E, claro, nos impede de ser quem realmente somos.

Certa noite de verão, quando Jim estava com14 anos, a notícia se espalhou. Em um bairro com 90% de meninos, uma família com duas meninas havia se mudado para aquele quarteirão. Deena e a irmã tinham chegado. Deena, também com 14 anos, tinha longos cabelos castanhos e sorriso largo. Era muito bonita e, como os garotos do bairro logo notaram, era bem desenvolvida para a idade (isso mesmo que você pensou).

A casa de Deena ficava na esquina e era a última do quarteirão, antes da avenida principal. Também ficava do outro lado da rua de uma prima de Jim chamada Rosaleen. Para Jim ir a qualquer lugar — à escola, à casa de Rosaleen, à mercearia, voltar para casa —, tinha de passar pela porta de Deena, onde ela e a irmã mais nova costumavam ficar sentadas, com as longas pernas dobradas. Apesar de Jim se sentir tão intimidado quanto a maioria dos garotos heterossexuais, passar a pé por ali cinco, seis vezes ao dia significou acabar dizendo "oi!" para a simpática Deena e sua irmã caçula. As idas e vindas naquele percurso enfim o levaram a mostrar a ela seu prédio azul baixo, de três andares, na mesma rua, e a fazer piadinha das vizinhas enxeridas. Certo dia, os olhos de Deena estavam vermelhos, pois a avó tinha caído e quebrado o quadril. Jim ouviu com atenção as palavras atropeladas da garota, tomada pela aflição, sem saber o que dizer, mas desejando poder fazer alguma coisa para que ela se sentisse melhor. Conforme os meses passavam, os dois jovens iam se sentindo mais à vontade um com o outro, tanto quanto é possível para adolescentes na puberdade e com o desejo desesperado de se encaixar, típico dos 14 anos.

Jim se lembrava: "Um dia, um amigo da escola se virou para mim e disse que Deena realmente gostava de mim. E isso foi o começo do fim. Eu não sabia o que fazer nem o que dizer. Daí em diante, toda vez que eu a via, me escondia. Podia ser atrás das plantas, de um carro, o que fosse. Fugia dela todas as vezes. Nunca tinha fugido de ninguém antes. Por causa dela, aprendi a evitar as pessoas e as situações".

Esse foi um momento decisivo. Se a genética e a aprendizagem tinham carregado o revólver, o amigo de Jim havia, sem querer, puxado o gatilho. Bem, todos nós já vivemos aqueles momentos de frio na barriga, injeção de adrenalina, bochechas em chamas típicos de quando nos sentimos agoniados em uma situação social. Mas o que faz esse sobressalto de um instante se transformar em uma ansiedade social que arde continuamente no peito? A evitação. Em suma, evitar é dar as costas ao que nos torna ansiosos, na tentativa de nos sentirmos melhor. E aqui está o "x" da questão: a evitação *de fato* permite que nos sintamos melhor, pelo menos no curto prazo. Faz a ansiedade desaparecer por algum tempo. No caso de Jim, durou até a vez seguinte em que viu Deena vindo na rua, e ele se escondeu atrás de um carro estacionado ali perto.

Contudo, no longo prazo, a evitação é um desastre e se converte no inimigo número um do bem-estar emocional, perpetuando todas as ansiedades, e não somente as sociais. Para que a ansiedade social se torne um problema, a genética e a aprendizagem não são suficientes, pois a ansiedade tem de crescer e ser cuidadosamente cultivada. A evitação proporciona justamente isso, atuando à perfeição.

Claro que um adolescente não poderia saber dos efeitos de longo prazo da evitação. Jim só sabia que adiava o momento em que teria de dizer a Deena que realmente gostava dela, muito mesmo. Adiava o estranhamento do primeiro amor. E, o mais importante, adiava a possibilidade de que, se ela chegasse mesmo a conhecê-lo, se desse conta de que havia cometido um tremendo erro e partiria seu coração na calçada de Dorchester.

Esse medo é a essência da ansiedade social. Trata-se do sentimento de que alguma coisa embaraçosa, incapacitante ou defeituosa em nós ficará evidente para todo mundo. Jim tinha medo do que chamo de Revelação. A ansiedade social não é somente o medo do julgamento alheio: é o medo de que os juízes *tenham razão*. Achamos que há algo errado em nós e recorremos à evitação para esconder isso. Na nossa cabeça, se a Revelação realmente acontecer, seremos rejeitados, humilhados ou denunciados.

Mas do que é que temos medo exatamente? O dr. David Moscovitch, psicólogo da Universidade de Waterloo, no Canadá, e grande pensador, aventa a hipótese de que a Revelação pode se referir a uma de quatro categorias:

1. **Nossa ansiedade**. Em primeiro lugar, temos medo de que as pessoas percebam os sinais físicos da ansiedade em si, como suar tanto a ponto de a camiseta fica toda molhada, corar como se alguém nos tivesse flagrado assistindo a um vídeo pornô ou gaguejar na apresentação da escola quando nos fazem uma pergunta diante da plateia. Com isso, nosso guarda-roupa tem pilhas de blusas de gola alta, e, no banheiro, o armário está lotado de desodorantes antiperspirantes com eficácia clínica comprovada. Não usamos caneta a *laser* em uma palestra nem bebemos água em um copo porque não queremos que ninguém veja como nossa mão treme. Nunca deixamos que vejam nosso suor, mas só porque jamais tiramos o *blazer*. Ou porque tomamos um calmante.
2. **Nossa aparência**. Em segundo lugar, podemos achar que há algo errado com nossa aparência e sentir vergonha: não somos atraentes o bastante, não nos vestimos do jeito adequado, nosso cabelo é um desastre. Somos gordos. Todo mundo vai reparar nas manchas da nossa pele e pensar que parecemos estranhos. Seja pelo motivo que for, nossa aparência não corresponde às expectativas.
3. **Nosso caráter**. Esse é um grande problema. Podemos nos preocupar com nossa personalidade em geral: não somos "descolados" nem engraçados; somos burros, perdedores, idiotas, preguiçosos, desqualificados, inadequados, incompetentes ou cheios de defeitos. Em momentos de raiva, resmungamos para nós mesmos, questionando o que há de errado conosco. Se responder a essa indagação, você vai encontrar seu maior medo. Seja qual for ele, a Revelação vai mostrar para todas as pessoas que, no fundo, temos deficiências básicas.
4. **Nossas habilidades sociais**. Isso também é complicado. Podemos achar que não temos personalidade ou somos desastrados e desajeitados. Ficamos preocupados de não saber o que dizer, de não

fazer sentido, de ter um branco, de ficarmos muito em silêncio, de sermos cansativos, de nos emocionar, de ficar confusos, de ninguém entender o que estamos dizendo e de que, depois de ficarem nos olhando sem entender nada, nos peçam para repetir, usando aquele tom de voz reservado a crianças de 3 anos.

Assim, para não correr o risco de sermos alvos de uma Revelação, nós nos escondemos. Às vezes, de maneira direta, como Jim correndo para trás das plantas. Outras, de modo indireto: pregando os olhos na tela do celular para evitar olhar para as pessoas ou ficando em silêncio quando os amigos estão falando conosco.

Jim aprendeu duas coisas escondendo-se de Deena: uma, que interagir com ela era arriscado, até mesmo perigoso. Corria o risco de ser humilhado; havia a chance de que começassem algo e ela perdesse o interesse, deixando o adolescente Jim no olho do furacão, causado pela agonia de um coração partido. E, embora tudo isso fosse completamente *possível*, se ficasse longe, bem longe, ele nunca chegaria a confirmar se as coisas realmente terminariam desse jeito.

A segunda coisa que a evitação ensinou a Jim foi que ele não era capaz de lidar com o interesse de Deena. A evitação é o equivalente mental da mãe superprotetora: ela tem ótimas intenções, mas, ao proteger o filho de uma situação, ela, sem querer, transmite a mensagem de que ele não consegue enfrentar aquilo. Quando o protege de uma ameaça, a evitação impede que você aprenda — "Bem, nem foi tão ruim", "Olha só, não aconteceu nenhuma desgraça" — e bloqueia a confiança subsequente, resultado de termos que lidar com desafios ainda maiores.

Em suma, cada vez que evitamos ir ao barzinho com os colegas de trabalho depois do expediente (*Não vai dar, preciso terminar isso aqui, não esperem por mim*), não dizemos à cabeleireira que não queríamos um corte tão curto (*Não quero que ela fique ofendida, ainda está com a tesoura na mão*) ou desistimos de devolver o jogo de roupa de cama que veio do tamanho errado (*Quem sabe consigo fazer a devolução* on-line), fica gravado em nosso cérebro, em destaque, que essa conversa, essa situação, essas pessoas são, no fundo, e de fato, perigosas, além de que não conseguimos lidar com nada disso. Para piorar o problema, perdemos a chance de reunir evidências em contrário. Nunca chegamos a descobrir que, apesar de um silêncio embaraçoso no começo, com os colegas no bar, eles gostam da gente, afinal. Ficamos imóveis na cadeira do salão, em silêncio, pensando em quanto tempo vai levar para a franja crescer de novo. Acabamos nos deitando na cama, que não traz conforto com aquele excesso de tecido, nos sentindo ridículos por não termos tomado nenhuma atitude. Para a mente propensa à ansiedade, esse custo todo é um preço pequeno que pagamos para evitar o perigo e a rejeição. Porém, depois de pagarmos esse preço várias vezes, acumulamos um débito de experiências e de confiança, isso sem falar da quantidade de cortes de cabelo desastrosos.

Depois de mais ou menos um ano pegando o caminho mais longo até em casa e de se esconder atrás dos carros, um outro garoto do bairro contou a Jim que Deena e a família tinham se mudado no fim de semana anterior. Jim ficou aliviado e, ao mesmo tempo, profundamente decepcionado. Decepcionado consigo mesmo e de pensar que aquele era o fim da história. Agora que havia descoberto a evitação, esse passaria a ser seu modo preferencial de ação diante dos desafios da adolescência e do início da idade adulta. A herança genética e as lições de Maeve amplificadas pela evitação tornaram-se modelos de ação profundamente enraizados na cabeça de Jim, pela vida afora.

Vamos avançar quase quatro décadas. Pouco depois de completar 50 anos, Jim estava vivendo uma fase difícil: após um casamento longo, mas repleto de conflitos, a esposa de Jim fez as malas e foi morar com outro homem, deixando Jim sozinho com sua ansiedade. Ele se lembra de que ela costumava chamar sua ansiedade de "Aquela Coisa": "Ela brigava comigo dizendo que eu precisava de ajuda, mas, quando finalmente fui consultar um médico, ela detestou o fato de que tive de procurar ajuda profissional".

Depois do divórcio, Jim trabalhava e tomava as providências necessárias do dia a dia, mas não fazia mais nada. Ficava em casa de sexta depois do trabalho até segunda de manhã. Lia romances históricos, em parte porque gostava desse tipo de livro, mas principalmente porque tinha receio de fazer qualquer outra coisa. De vez em quando, aparecia em reuniões familiares especiais, como um batizado ou um funeral, mas desde o momento em que chegava o convite, com duas ou três semanas de antecedência, começava a se afligir e a ficar remoendo sobre o que iria falar, como iria se sentir, o que iria acontecer. Às vezes, cancelava a ida, forçando uma tosse ao telefone para dizer que havia ficado doente.

Rosaleen, prima de Jim, reparou que ele estava sumido e ficou preocupada. Disse que ele precisava sair de casa ou acabaria apodrecendo. Sugeriu que ele se tornasse membro de alguma congregação; então, para fazer a vontade dela, ele foi, mas desistiu após algumas semanas. Em seguida, ela martelou a ideia de um clube do livro, dizendo que ele adorava ler, mas Jim não queria ir. Ela insistiu dizendo que ele tinha de sair de casa. Então, Jim começou a ir até a casa do lago, que era da família, nos fins de semana em que nenhum parente a estivesse usando. Sozinho, à beira d'água, ele via as pessoas, mas não falava com ninguém. Rosaleen ficou impaciente. Isso não era o que ela tinha em mente.

Muitas pessoas têm uma Rosaleen na vida. Os incentivos para a pessoa socialmente ansiosa vão dos comentários levemente paternalistas (*Você consegue!*) aos ameaçadores (*Você quer morrer sozinho?*), mas essas tentativas de remediar uma vida social apagada e marcada por dificuldade maciça de socializar, com a bem-intencionada e inútil recomendação "vai fazer bem a você", são tão sedutoras quanto comer todas as verduras. Mesmo tendo a incômoda e persistente sensação de que "seria bom dar as caras", quanto mais querem nos forçar a ir, mais fincamos os pés. Além disso, não parece valer a pena. Por que ceder e acabar indo a um encontro, a uma reunião, a uma ação voluntária? Para suar em bicas e se sentir um fracasso? É com profundo suspiro de alívio que finalmente estamos de volta em casa, dando graças a Deus que enfim acabou.

Porém, certo fim de semana, com a insistência de Rosaleen ecoando na cabeça, apesar da relutância, Jim foi à casa da prima participar de um churrasco de fim de tarde. Sentado no sofá na sala, via as pessoas circulando por ali, conversando, segurando pratinhos com hambúrguer e maionese. As crianças corriam atrás de cachorros estafados e irmãos menores. Alguém veio andando às suas costas e parou. Após um segundo, uma mulher perguntou a Jim o que *ele* estava fazendo ali.

Jim se virou e viu Deena, mulher feita. Ficou espantadíssimo. A velha reação de precisar sumir de vista voltou à tona, mas, em vez disso, ele se ouviu responder, de bate-pronto, que Rosaleen era prima dele.

"E o que *você* está fazendo aqui?", Jim perguntou a Deena.

"Lembra-se de que eu morava do outro lado da rua, em frente à casa de Rosaleen? Somos amigas. "Deena deu a volta no sofá e sentou-se ao lado de Jim, equilibrando o pratinho no colo.

Ambos começaram a conversar — o de sempre — sobre como estavam indo, onde estavam morando, há quanto tempo não se viam, como o tempo estava passando. Deena levara uma vida difícil, mas agora tinha um emprego estável na empresa de transportes municipal e um relacionamento firme com um bom sujeito após uma série de namorados ruins. Jim falou de seu divórcio. Deena disse que sentia muito e perguntou se, antes que Jim fosse embora, eles poderiam conversar em particular.

Jim sentiu o coração quase sair pela boca quando disse que sim, claro.

Foram até a escadinha da varanda da frente da casa e se acomodaram lado a lado em um degrau, a luz do dia já no fim. Ela acendeu um cigarro e educadamente soprou a fumaça para longe do rosto dele. Depois de um instante, disse: "Sabe de uma coisa? Achei que você não gostava de mim, e isso me magoou, porque eu o achava uma pessoa *realmente* legal e gostava de você. Eu não era boba. Todos os meninos ficavam me rodeando, os mais velhos, e só queriam uma coisa. O tempo todo tinha algum dando em cima de mim. Era uma chateação. Mas com você eu sabia que podia conversar. Você sabia ouvir e era um cavalheiro, e era isso que eu queria. Eu sabia que você era a pessoa certa para mim".

Jim ficou sem palavras.

E Deena acabou perguntando: "Você pensou que eu não gostava de você? Era o contrário!".

Deena se virou para ficar de frente para ele, olhando para Jim por longo tempo. Depois sorriu e beliscou de leve o braço dele. Deu uma tragada funda e, então, disse: "O que poderia ter acontecido...".

Conheci Jim naquela ampla construção que é o Hospital Geral de Massachusetts, em Boston, em um dia de céu claro de fevereiro. Após meses se recriminando depois do churrasco de Rosaleen, ele terminou marcando uma consulta. Jim poderia facilmente ter continuado a viver como estava: um amor perdido, um casamento fracassado, só sair de casa depois do fim de semana, apertando os olhos para enfrentar o sol de mais uma manhã de segunda-feira. No entanto, após conversa com Deena, resolveu que bastava. Era hora de mudar. Quando me contou sua história, perguntei o que achava que teria acontecido com Deena se as coisas tivessem sido diferentes. Ele deu uma risadinha e olhou pela janela. Então disse: "Se naquele tempo eu tivesse feito o contrário, poderíamos estar celebrando trinta anos de casamento. Quero me sentir menos ansioso para poder viver a vida".

"Com toda certeza", respondi. "Vamos fazer isso, mas invertendo a ordem. Você vai se sentir menos ansioso *vivendo* a vida."

Eu gostaria de poder gritar essa última sentença do alto dos edifícios. Com um megafone. Muitas vezes. É praticamente impossível se retirar do mundo e reaparecer transformado, como a lagarta que sai do casulo transformada em borboleta. Em vez disso, os seres humanos aprendem e mudam *fazendo*. Em outras palavras, em vez de ler sobre como andar de bicicleta, temos de subir em uma e pedalar. No início é muito difícil manter o equilíbrio. Caímos. Mas após um tempo os músculos e a mente aprendem, e, depois disso, nunca mais esquecemos. Assim, Jim e eu começamos a trabalhar.

Se isso fosse um filme, estaríamos no ponto em que poderíamos esperar uma cena com a montagem da transformação provocada por treinos suados, com a trilha sonora "Eye of the Tiger". No entanto, embora lidar com a ansiedade exija o mesmo nível de comprometimento, é um processo bem diferente. No nosso filme, Jim passaria a fazer coisas cotidianas simples, como ficar um tempinho na sala de xerox do trabalho, sempre cheia de gente, conversando; fazer esteira na academia para trabalhar o ritmo cardíaco; almoçar com o pessoal do escritório e entrar no estúdio de dança para sua primeira aula de dança de salão. Tudo isso parece muito corriqueiro, mas, na verdade, tem efeito mais profundo. Se déssemos um *zoom* no cérebro de Jim, veríamos mudanças radicais, como a ressignificação das lições dos anos 1970 em Dorchester, a descoberta da fé em si mesmo e, melhor de tudo, o desejo de formar um grupo de amigos e a confiança para fazê-lo.

Para que não restem dúvidas, o caminho de Jim não foi algo que fiz brotar magicamente do nada. Eu e outros especialistas em ansiedade nos valemos plenamente do trabalho de estudiosos magistrais que nos precederam. Pesquisadores diligentes e dedicados permaneceram, por décadas, investigando a ansiedade em seus laboratórios e clínicas, e as descobertas que fizeram mudaram vidas. Atualmente, cientistas decididos a dar continuidade a esse trabalho — muitos dos quais vocês conhecerão nas próximas páginas —, enfrentam problemas de financiamento, burocracia regulatória cada vez maior e ritmo de trabalho implacável, desconhecido dos estudiosos do passado. Apesar de todos os pesares, os novos conhecimentos produzidos no laboratório dos pesquisadores de hoje são nada menos que inestimáveis. Neurocientistas usando tecnologia cada vez mais potente são capazes de investigar o cérebro de pessoas socialmente ansiosas e observar as redes neuronais que disparam e cessam conexões como se fossem fogos de artifício. Psicólogos especializados em evolução apresentam hipóteses sobre o motivo de a ansiedade social estar atuando há milhares de gerações. Psicólogos do desenvolvimento trabalham em múltiplas frentes, de alas de maternidade a alojamentos universitários, no intuito de mapear o trajeto da ansiedade social no decurso da vida. E, naturalmente, psicólogos clínicos continuam a descobrir o que fazer com nossos pensamentos, atos e corpos para recuperar uma vida por vez, incluindo a de Jim.

Voltemos ao estúdio de dança de salão, naquela noite de domingo. Mayumi está no meio da roda, com a mão estendida. Educadamente, Jim abre caminho entre os demais alunos e chega à pista de dança. Poucos anos antes, ele não teria nem aberto a porta de casa em um domingo à noite, que dirá atravessar um salão lotado. Nunca na vida teria tirado para dançar uma mulher desconhecida, em um ambiente forrado de espelhos, diante de tantos olhares. Mas essa cena não está se passando anos atrás. Está acontecendo agora.

Jim parou diante de Mayumi e estendeu a mão. Ela a tomou, e Tomas ligou o som. "Moon River" começou a tocar. Uma valsa. Um-dois-três, um-dois-três, Mayumi e Jim começaram a dançar. Enquanto giravam pelo salão sob os olhares amigos de quarenta colegas de aula, um coração — o de Jim — se enchia de orgulho e contentamento. Quando a música terminou, ouviu-se uma estrondosa salva de palmas. Alguém assobiou. Alguém gritou "Parabéns, Jim!", e a roda se fechou em volta da dupla. Jim se viu envolvido por um mar de apertos de mão, abraços e tapinhas nas costas. Tomas falou ao microfone: "Foi lindo, Jim. Parabéns! E muito bem, senhoras e senhores. É hora do chá-chá-chá".

Conforme os pares se formavam, Jim foi andando até uma mesa e se acomodou em uma das cadeiras dobráveis, pensando: *Conheci mais gente nos últimos quatro anos que nos primeiros 52*. Olhando à volta, respirou fundo e pensou: *Ainda não consigo acreditar que estou aqui*.

Se você nunca quis fazer dança de salão, tudo bem. A atividade em si não é o mais importante. O principal está no íntimo da pessoa: desenvolver a capacidade e a vontade de tentar qualquer coisa que deseje fazer. Saber, no fundo do coração, que você está bem sendo como é, inclusive naqueles momentos nos quais a ansiedade pode tentar convencê-lo de que não está. Você pode ter a opção de dar um giro pelo salão, dizer o que pensa na reunião, falar com quem quiser, e a força de saber que, mesmo que as coisas não saiam como você esperava, é possível lidar com a situação.

Como Jim, você pode desafiar as lições que teve quando criança e ressignificar no cérebro as trilhas traçadas como em pistas de esqui. E este é o paradoxo: você pode crescer e ampliar horizontes sem mudar quem é. Continuará sendo a mesma pessoa e conservará todas as qualidades que o fazem ser como é. Em nenhum momento, Jim mudou o que era em essência. Continua sendo o sujeito que se preocupa com a avó que caiu, tem curiosidade de conhecer o que há além das ruas do bairro e se importa profundamente com pessoas próximas. A única coisa que mudou foi o medo.

Outra noite, Jim estava assistindo ao programa de TV *Modern Family*. O personagem de Sofia Vergara, Gloria, estava consolando Phil, personagem de Ty Burrell. Phil estava se lastimando, decepcionado consigo mesmo. Após uma confusão em público, Phil tentara consertar as coisas dando uma de super-herói, mas só tornou a situação ainda mais embaraçosa. Gloria lhe disse: "O importante é que você fica à vontade consigo mesmo e também deixa os outros à vontade. As pessoas sentem que podem falar com você. Esse é seu superpoder".

Jim disse que, então, se deu conta de que agora também era assim.

Sempre se sentira à vontade com algumas poucas pessoas, como o irmão e a prima, Rosaleen. Agora, todavia, era muito maior o número de pessoas com quem se sentia à vontade: o pessoal do trabalho, a turma da academia, os colegas da aula de dança de salão. Conforme se sentia mais à vontade, mais aumentava seu círculo social. Mas o contrário era igualmente verdade: quanto maior o número de pessoas com quem Jim interagia, mais ele se sentia à vontade.

Isso quer dizer que ele nunca ficava ansioso? Claro que não. Quer dizer que se sentia confiante em todas as situações? De jeito nenhum. Mas isso importa? Mais uma vez, vamos perguntar a Jim: "Toda vez que saio de casa, ainda sinto aquele frio familiar. Isso está muito enraizado, mas sei que posso ficar nervoso e, ainda assim, fazer o que quero".

O objetivo não é dançar no balcão do bar, nem pendurar uma melancia no pescoço, mas se desafiar um pouco, nos próprios termos. Você começa vivendo do jeito que quer *com* a ansiedade, levando-a consigo. E o surpreendente é que, com isso, a ansiedade acaba retrocedendo.

Nada vai mudar. E tudo mudará.

Jim teve pneumonia durante aquele inverno terrível de 2015, em Boston. Na cidade, o pessoal apelidou aquele ano de "O pior inverno de todos os tempos". Imagens de ruas cobertas de neve chegando ao telhado das casas e de autoridades municipais estressadas estampavam todos os noticiários nacionais. Rosaleen e pneus próprios para neve levaram Jim ao médico.

No consultório, após auscultar os pulmões do paciente e examinar sua garganta, o médico indagou sobre seus hábitos de vida. O especialista ficou espantado quando soube que Jim estava com 56 anos, trabalhava de segunda a sexta, ia à academia todos os dias e dançava com muitas mulheres nos fins de semana.

Jim nunca havia pensado na vida por esse ângulo: "É, parece que sou ativo, sim".

O médico olhou para ele e falou algo no sentido de ouvir o corpo, mas Jim estava atento ao que estava sentindo. Era o Momento.

Aos meus clientes, prometo isso: o Momento. Vi a mesma coisa acontecer muitas vezes. É assim que funciona: conforme você cresce, pratica e se desafia, vai perceber que sua ansiedade está mudando em tempo real. Somente depois da transformação é que você vai olhar para trás e notar que alguma coisa está diferente. O Momento acontece quando você se dá conta disso: *Puxa, nunca teria chamado o garçom para pedir outro guardanapo. Espera aí, acabei de ir a uma comemoração de feriado sem pensar em mil desculpas para ficar em casa. Caramba, nem me lembro da última vez em que fiquei em casa um fim de semana inteiro.* Ou quando o médico olha para você, espantado, e lhe diz para não exagerar demais.

2

A Ansiedade Social é Como Uma Macieira (ou Por Que a Ansiedade Social Existe Há Milênios)

A pessoa gaga nunca é inútil. A fisiologia pode lhe dizer por quê: é um excesso de sensibilidade à presença de um semelhante que a faz gaguejar.

—THOMAS CARLYLE, EM CARTA A RALPH WALDO EMERSON, 1843

A ansiedade social pode dar a impressão de que não serve para nada além de alavancar as vendas de desodorantes e a audiência do programa de humor *Saturday Night Live*. Mas os números — lembre-se de que 40% das pessoas se consideram "tímidas" e 13% sofrerão de Ansiedade Social Severa em algum momento da vida — indicam que a ansiedade social não é um descuido da evolução. A natureza está tentando nos dizer que pessoas tímidas e que não gostam de estar no centro das atenções são belos exemplos da diversidade dos seres humanos.

A julgar pelas fotos que inundam minha página do Facebook todo início de outono, nós, moradores da Nova Inglaterra com filhos pequenos, temos a obrigação de fazer uma peregrinação a algum pomar de maçãs e fazer nossa colheita "com as próprias mãos". Como membro desse grupo, já fiz isso um bom número de vezes.

Seria de pensar que, quanto mais viçosa a macieira, mais frutos pode render. Mas não é esse o caso. Os pés de maçã são famosos por precisar de cuidados e muita poda. Todo ano, sem falta, desde que começa a brotar, o pé de maçã deve ser cortado. Talvez você pense que esse tipo agressivo de poda poderia interferir no crescimento da planta, mas a verdade é que ocorre o contrário: o corte deixa entrar ar e luz solar e resulta em colheita abundante. Por outro lado, se a árvore crescer à vontade, ficará muito grande e não dará frutos.

E por que estou dizendo isso? Vamos falar da capacidade de avaliar as emoções, as opiniões e as intenções dos outros e de reagir de acordo com elas, com base na consciência social. A consciência social é boa e necessária. É o mais perto que chegamos de poder ler a mente de alguém. Recebendo a poda necessária, a consciência social rende benefícios sociais. Mas, se a consciência social crescer à solta e sem controle, em vez de apenas ter consciência, a pessoa se torna hiperatenta. Exageramos na interpretação de situações sociais, pensamos que há holofotes demais sobre nós e ficamos um tanto paranoicos. Entendemos cada gesto e cada olhar como atentados contra nós. Vemos ameaças em toda interação, o que nos leva a ficar em silêncio ou "sumidos" nas situações. Em suma, isso cresce e se torna Ansiedade Social Severa. E, então, como o pé de maçã que cresceu demais, somem as vantagens.

Como um todo, a ansiedade social não ajuda, mas os traços a partir dos quais se desenvolve são proveitosos. Isso que chamamos de consciência social — e até de inibição comportamental — é um termo que discutiremos em breve. Esses traços essenciais são tão importantes que a evolução garantiu que uma porcentagem considerável da população nascesse com propensão a desenvolvê-los bastante.

Então, que tipo de personalidade brota dessas sementes? Por que esses traços essenciais são tão importantes? E, assim como se dá com a macieira, o que acontece quando esses traços essenciais crescem em demasia, e o que acontece quando são desbastados? A fim de responder a essas indagações, quero começar contando a história de Cynthia.

Estamos em fevereiro de 1980, e Cynthia é aluna do departamento de psicologia de Harvard, o mais antigo do país, fundado há mais de cem anos por ninguém menos que William James, pai da psicologia nos Estados Unidos. Essa bela morena nascida em Porto Rico veio para Cambridge, Massachusetts, fazer doutorado, onde ainda passaria, mais ou menos, um ano varando a noite estudando.

No primeiro ano do ensino médio, Cynthia cursou uma disciplina de psicologia e imediatamente soube que havia encontrado o que queria fazer da vida. Amanhã terá uma reunião com seu orientador, Jerome Kagan, eminente psicólogo do desenvolvimento, para quem apresentará dados atualizados que obteve para sua tese. Ela está ansiosa para informar como sua base de dados aumentou desde a última vez em que se viram, depois de estudar um bom número de sujeitos experimentais.

Hoje ela vai falar com mais uma dessas pessoas. Jennifer, de 1 ano e 9 meses, usando um agasalho vermelho para neve, segurando a mão da mãe, aparece na entrada do laboratório. Cynthia trabalha na área de desenvolvimento infantil; então, enquanto a maior parte dos outros alunos de psicologia estuda ratos, ou outros universitários de Harvard, por ser mais prático, os sujeitos de Cynthia são laboriosamente recrutados quando nascem em hospitais locais de Boston. Jennifer é um desses bebês e está agora com quase 2 anos. Cynthia cumprimenta a mãe afetuosamente e se agacha para saudar Jennifer na altura dela. Cynthia sorri para ela, mas Jennifer não quer saber. Vira a cabeça e se esconde entre as pernas da mãe. Cynthia ainda não terminou de colher seus dados, mas, quando repara na nuca da criança, com o cabelo cheio de floquinhos de neve, intui que hoje conseguirá terminar.

Usando um formulário de preenchimento rápido, Cynthia explica para a mãe de Jennifer o propósito de sua pesquisa: "Vamos pedir que Jennifer passe por algumas experiências que são desafios naturais para a idade. Nada que ela não viveria na vida real. Vocês duas vão brincar em um espaço novo, ver objetos novos, conhecer uma nova pessoa. Essas situações vão, aos poucos, se tornar mais complexas. Nosso interesse é ver como Jennifer vai reagir aos desafios". A mãe concorda. Ela está tão interessada quanto Cynthia em conhecer mais a filha. Cynthia leva Jennifer e a mãe até uma sala com decoração alegre, forrada de bonecas, comidinha de brinquedo, utensílios, bichos de pelúcia e uma cortina misteriosa tapando um dos cantos.

Durante uma hora, Jennifer é apresentada a uma novidade atrás da outra. Primeiro, Cynthia mostra o que fazer com cada brinquedo, enquanto Jennifer, que preferiu ficar no colo da mãe, acompanha tudo de olhos arregalados. Cynthia arruma uma mesa e serve a comida de brinquedo para duas bonecas, com toda cerimônia: "Aqui está seu ovo frito, minha querida! Que tal uma torrada? Quem sabe uma maçã?". Ela pega, então, três bichinhos de pelúcia, coloca um ao lado do outro e finge que começou a chover, dizendo: "Ora, ora, espero que não fiquem molhados, meus amiguinhos!". Cynthia estende a mão com a palma virada para cima, e, com a testa franzida, olha para o alto, como se o céu estivesse desobediente. Coloca um cobertorzinho de bebê nos ombros e outro sobre os bichinhos, protegendo todos para não ficarem "molhados". Durante toda essa ação, Jennifer observa tudo com ar sério e olhos fixos na cena, acompanhando cada movimento e absorvendo como uma esponja a brincadeira do "café da manhã" e da "chuva". Apesar de se manter imóvel, pode-se perceber que Jennifer está vivenciando todas as partes do jogo. Sua atividade é grande, mas toda internalizada.

Agora, a tarefa é outra. Cynthia apresenta Jennifer a uma nova pessoa. Trata-se de uma universitária sociável que convida a garotinha a brincar, incentivando-a com um tabuleiro e um quebra-cabeças cor-de-rosa. Jennifer hesita por bastante tempo, até que finalmente traz a mãe para perto, deixando-a ao alcance da mão, enquanto tenta encaixar as peças do quebra-cabeça.

Por fim, a última tarefa: quando a cortina misteriosa é aberta, Jennifer é apresentada a um novo objeto, a peça mais importante do protocolo: um robô de sessenta centímetros, feito de latinhas, com braços de molas de plástico multicoloridas e a cabeça enfeitada com luzinhas de Natal. Jennifer fica curiosa, mas cautelosa. Cynthia a encoraja a tocar o robô, dizendo: "Olha só! Tem luzinhas na cabeça. Não é engraçado? E você pode ligá-las e desligá-las com esta chave aqui". Encorajada, Jennifer estende a mão e usa o interruptor. As luzes se acendem, e ela sorri. A menina fica subindo e descendo a chave várias vezes, encantada com o resultado. Então, de repente, o robô começa a falar: "Olá!", diz uma voz masculina. "Você quer brincar comigo? Veja meus olhos: eles também acendem." No mesmo instante, Jennifer recua, assustada. Cynthia a incentiva a acionar o interruptor de novo, mas Jennifer fica arredia. Depois de se aventurar sozinha, agora volta para a segurança do colo da mãe. Ao todo, Cynthia vai repetir essa sequência 117 vezes, servindo os ovos, fingindo que chove e mostrando o robô para 117 crianças. Dessas, mais ou menos um terço terá as mesmas reações de Jennifer, enquanto um mesmo número de outras crianças agirá de modo muito diferente, correndo, sem hesitação, ao entrar na sala de jogos para explorar o espaço, brincar com os bichinhos de pelúcia sob o cobertor quando começar a chover, conversar com a universitária enquanto monta o quebra-cabeças e gritar de alegria quando o robô começar a falar.

Estudando essas 117 crianças, Cynthia presenciará tanto cautela quanto ousadia, timidez e sociabilidade, *yin* e *yang*.

O que especificamente Cynthia observou no comportamento de Jennifer? Em 1984, quando publicou sua pesquisa com as 117 crianças no prestigioso periódico *Child Development*, deu-se a estreia acadêmica do termo *inibição comportamental*, ou seja, a tendência a recuar diante de situações, pessoas e ambientes desconhecidos. Hoje, a inibição comportamental é um traço definido de personalidade, representando, essencialmente, uma medida de cautela individual diante de pessoas, lugares e acontecimentos novos.

A inibição comportamental se apresenta em muito mais do que só crianças pequenas, evidentemente. Qualquer organismo, de bactérias a lagartixas, a Jennifer, a você e a mim, quando fica diante de algo novo, seja um ambiente, um alimento, uma proposta de emprego, uma pessoa desconhecida, uma jovem estranha com um quebra-cabeças cor-de-rosa, a inibição comportamental lhe diz que pare e pense. É o que nos faz olhar antes de saltar. É uma reação desenvolvida pela evolução para nos manter a salvo de perigos.

A evolução preserva a inibição comportamental em ação porque, quando bem trabalhada, nos mantém em segurança. E o mesmo vale para a consciência social. Desse modo, embora a ansiedade social não seja agradável nem produtiva, suas raízes certamente o são.

Gostaria de ir um pouco mais além nesse aspecto. Mesmo a ansiedade social em si, *em pequenas doses*, é proveitosa. Mas o que, afinal de contas, a ansiedade social pode nos proporcionar? Vendo pelo amplo prisma da evolução, ela nos oferece muitas coisas. Os seres humanos são animais sociais. Diferentemente de tigres ou ursos, por exemplo, somos projetados para viver em grupo. Nos tempos em que a humanidade vivia da coleta e da caça, dependíamos do grupo para obter comida, abrigo, encontrar água, fazer utensílios. Era preciso uma comunidade não só para criar uma criança, mas também para simplesmente manter todos vivos, o que garantia que o grupo poderia se reproduzir e continuar vivendo no futuro. Por isso, era essencial que os membros evitassem entrar em conflito e fossem vistos como contribuintes. Para manter boa reputação, precisavam trabalhar com afinco, fazer amigos e ser queridos. Um pouco de ansiedade social ajudava a garantir que isso acontecesse, proporcionando duas coisas.

A primeira coisa que a ansiedade social promove é *harmonia grupal*. Somos feitos para saber como somos julgados pelos outros, porque certa dose de ansiedade social mantém a coesão social, e um grupo coeso, que evita perda de tempo e energia com conflitos internos, é mais durável e ágil que um grupo sobrecarregado com disputas internas. Com o tempo, grupos harmoniosos levam vantagem sobre grupos divididos. Portanto, interagir bem com os outros é uma estratégia evolutiva mais eficaz que permitir que um único imbecil leve todo grupo ladeira abaixo.

A segunda coisa que a ansiedade social proporciona é *segurança individual*. Pois o que acontece se você é um imbecil? Pode chamar de ostracismo, exílio, banimento. Seja qual for o termo, eliminar quem põe em risco a harmonia grupal tão arduamente alcançada tem sido um método empregado em todas as épocas, culturas e até mesmo espécies similares (estou me referindo a você, aos chimpanzés, aos leões e aos lobos).

Nos primórdios da humanidade, o banimento representava a morte certa. A Bíblia, por exemplo, está repleta de relatos de punição por exílio e de pecadores sendo "expulsos de seu povo". Ser deixado sozinho para enfrentar os chacais era o castigo supremo. Portanto, o que poderia ser mais útil que um sistema cognitivo que nos protegesse do risco de sermos excluídos?

Nos dias de hoje, é mais fácil enxergar a função da exclusão em comunidades fechadas e muito unidas, onde há clara distinção entre "nós" e “os outros”. Os Amish, por exemplo, chamam de evitação. Se você desobedeceu às regras e é isolado, todo contato social é interrompido, até que você confesse que errou. Os outros não comem em sua companhia nem falam com você. Como um líder Amish resumiu com clareza no documentário da PBS intitulado *Shunned* [Isolados, em tradução livre], “se perdemos a obediência, perdemos a Igreja”.

No entanto, o exílio moderno não é algo exclusivo das religiões tradicionalistas e também ocorre oficialmente nos esportes e não oficialmente na política. Por exemplo: Pete Rose, lenda do beisebol, e Donald Sterling, dono de um time de basquete NBA, foram banidos de suas respectivas ligas.Anthony Weiner e John Edwards, republicano e democrata, respectivamente, viram escândalos na vida pessoal impactarem negativamente suas carreiras políticas. No mundo dos negócios, o exílio é alvo de litígio: Jeffrey Skilling e Bernie Madoff, ambos CEOs foram banidos, acusados de fraude. Mesmo hoje, apesar da água potável por encomenda e de mantimentos entregues em casa, ainda precisamos do grupo para nos fornecer os elementos necessários e intangíveis, como amor e vida em comunidade.

Falando de amor, um pouco de ansiedade social nos torna parceiros melhores, mais atentos, mais cuidadosos, mais “antenados”. Bem, você pode estar pensando: *Espere aí. A ansiedade social nos torna desastrados, nos faz agir de modo estranho. É basicamente um repelente de possíveis parceiros.* Eu entendo. A ansiedade social não parece útil quando você fica falando coisas sem nexo em um primeiro encontro, mas em termos darwinianos é o pulo do gato. A consciência social e a inibição comportamental são traços tão úteis na manutenção da harmonia e da segurança que, para a Mãe Natureza, vale a pena, às vezes, passar do ponto. No fim das contas, é puro darwinismo, e *a reprodução sempre vence*. O constrangimento causado pela ansiedade social pode ser desconfortável, mas no plano geral é um preço pequeno a se pagar. Nossos genes têm mais chance de ser transmitidos se contarmos com um detector de fumaça altamente sensível. Um alarme falso, como quando detectamos uma ameaça social inexistente, não nos custa nada do ponto de vista genético, ao passo que não enxergar uma ameaça social real significa que seremos entregues aos lobos e nossa linhagem genética poderá encontrar o fim em garras indevidas. Em outras palavras, a ansiedade social triunfa como vantagem evolutiva porque os custos são baixos, e os benefícios, altos.

Resumo da ópera: a ansiedade social tem sobrevivido há milênios porque, do ponto de vista evolutivo, proporciona mais do que custa. Mantém o grupo social funcionando sem atritos. Assegura que continuemos membros do grupo porque, mesmo nestes tempos de opções intermináveis de *streaming*, sentimos necessidade de pertencer e de ter companhia. E a autoconsciência e a empatia, assim como a consideração que recebemos, fazem de nós parceiros de longo prazo, assegurando, desse modo, a transmissão de nossos genes.

Se você tem algo bom em excesso, como inibição comportamental e consciência social, coragem! O excesso é bem melhor que a escassez. Lembre-se da macieira: é melhor ter uma que cresce pujante e exige ser podada que uma que seca e morre. É melhor ter "excesso de sensibilidade" perante um semelhante, como Thomas Carlyle destacou na epígrafe deste capítulo, que deixar evidente a falta desse aspecto.

Mas, então, qual é o equivalente da macieira podada por um profissional para a ansiedade social? Onde nós, dotados de excesso de consciência social e de inibição comportamental, encontramos nosso ponto de equilíbrio? Para encontrá-lo, vamos retomar o caso de Jennifer e a amostra de seus 116 pares.

Na ciência, a pesquisa longitudinal é rara, mas o laboratório de Kagan continuou acompanhando o desenvolvimento de Jennifer e de seu grupo durante vários anos, depois que Cynthia reuniu os dados para a defesa de sua tese. No início dos anos 1990, quando as crianças completaram 13 anos de idade, algumas foram convidadas a voltar ao laboratório para falar de seus receios de adolescente, desde o medo de aranhas até o medo de fazer amigos. Esses jovens foram escolhidos em pontos opostos do espectro de temperamento. Cerca de metade deles havia sido originalmente classificada — tal qual Jennifer — como inibida, e a outra metade, como desinibida. Os resultados foram notáveis. Embora se possa pensar que as crianças inibidas tivessem medo de tudo, e as desinibidas, de nada, o que se comprovou passou longe disso. Na realidade, não houve diferença nenhuma entre os dois grupos quando se tratou de fobias clássicas, como medo de altura, de elevador ou de dentista. Em comparação com a década anterior, não houve diferença em termos de apego aos pais, também conhecido como ansiedade de separação.

A única diferença real entre inibidos e desinibidos foi a ansiedade social. Das crianças inibidas na primeira infância, 34% sofriam de Ansiedade Social Severa. No grupo das desinibidas, o índice foi de 9%. E, embora possa parecer que até 9% seja um índice elevado para um grupo de jovens desinibidos, lembre-se de que 13 anos é, talvez, a idade mais desengonçada da vida de qualquer um. O jovem de 13 anos é, ao mesmo tempo, crescido e imaturo, intensamente excitado e descontroladamente inseguro. Por esse prisma, não é de admirar que se constate que uma parcela significativa das crianças desinibidas apresente Ansiedade Social Severa.

Porém, chama mais atenção ainda a distância entre os grupos: o número de crianças em sofrimento era mais que o triplo das outras. Essas são as macieiras que cresceram em demasia. O temperamento com inibição comportamental, embora útil em muitos aspectos, tem mais chance de abrir caminho para a ansiedade social em crianças ao longo de seu desenvolvimento.

E o que estava acontecendo com os 66% de crianças inibidas que não estavam sofrendo? Como era ter inibição comportamental estrutural e se sair e se sentir bem? Eis o ponto de equilíbrio. Graças a uma onda de empoderamento silencioso que vai tomando a criança ao longo do crescimento, ela ganha uma designação específica: introvertida.

Finalmente, os introvertidos estão sendo reconhecidos. Nos últimos tempos, ser do grupo das pessoas caladas e voltadas ao próprio interior não só se tornou aceitável como está na moda, com representantes tão improváveis quanto a humorista Amy Schumer, o especialista em marketing do Vale do Silício, Guy Kawasaki, e a *socialite* e influenciadora Kim Kardashian declarando-se introvertidos. Pessoalmente, lembro-me de que, quando li o *best-seller* de Susan Cain, publicado em 2012 sob o título *Quiet*,* fiquei pasmada. Como ela sabia que eu preferia ler a ir a uma festa e trabalhar sozinha a ser forçada a uma colaboração? Claro que gosto de reuniões sociais, mas depois preciso recarregar as baterias. Preciso interagir com as pessoas durante o dia para não me entediar e me sentir sozinha, mas prefiro muito mais situações envolvendo só mais uma pessoa.

Você pode ser um *introvertido não ansioso*. Pode adorar seus momentos de solidão em paz e também se sentir confortável na presença de outras pessoas, incluindo estranhos e figuras de autoridade. Pode não gostar de festas com muita gente, ou de recepções grandiosas, porque consomem sua energia, não porque o fazem sentir vontade de se esconder debaixo da mesa do bufê. Você se sente discretamente confiante e discretamente confortável sendo como é.

Você também pode ser uma *pessoa extrovertida e socialmente ansiosa*, ou seja, parte do grupo de 9% das crianças desinibidas que o laboratório de Kagan acompanhou por alguns anos. Esse é um quadro tortuoso e complexo: imagine sua energia vir de estar com pessoas e, ao mesmo tempo, sentir medo delas. Por exemplo, você pode realmente sentir vontade de ir ao bar com os colegas de trabalho, mas achar que eles não o querem lá. Ou gosta de festas, mas se atormenta com a possibilidade de

---

* O *Poder dos Quietos*. Rio de Janeiro: Agir, 2017. (N. da T.)

dizer alguma idiotice. Pode sentir vontade de falar ao microfone, mas o público faz com que se sinta petrificado. Pode se animar com planos para o fim de semana com os amigos, mas se apavorar e cancelar a ida no último minuto e ganhar a reputação de "rei das desistências". E, acima de tudo, enquanto o introvertido sente que o tempo que passa sozinho é revigorante, o extrovertido se sente exausto nessas condições. Inclusive, muito tempo passado sozinho leva o extrovertido a ter o mesmo nível de energia e motivação de uma lesma. Quais opções têm menos chance de dar certo? Sentir-se só e se arrastando ou desastrado e apavorado?

Embora ser extrovertido ansioso seja estar entre a cruz e a caldeirinha, ninguém confunde extroversão com ansiedade. Já no caso da introversão e da ansiedade social, a coisa fica difusa, porque é comum ser *introvertido socialmente ansioso*, e os dois termos costumam ser confundidos e usados como sinônimos. Às vezes, a ansiedade social é até mesmo considerada uma forma extrema de introversão. Contudo, apesar de as bases da inibição comportamental darem origem tanto à introversão como à ansiedade social, e ambas costumar se manifestar na mesma pessoa, esses dois conceitos são, de fato, muito diferentes. A introversão e a ansiedade social não são duas variações de uma única coisa; são duas coisas muito diferentes.

Então, o que distingue o temperamento introvertido, que deve ser respeitado, e o medo social, que deve ser desafiado? Quatro coisas.

A primeira é que a introversão é inata, enquanto a ansiedade social é adquirida. Jim e Jennifer nasceram ambos com inibição comportamental, mas, lembre-se, dois fatores foram necessários para desencadear a ansiedade social de Jim. Vamos enunciá-los juntos: aprendizagem e evitação.

Durante sua jornada de aprendizagem, ser alvo de *bullying* ensinou a você que os colegas podem ser intolerantes e maldosos. Talvez você tenha aprendido a jamais pedir ajuda porque seus pais lhe disseram que os outros achariam que você é fraco. Talvez viver em uma cultura ocidental que idealiza os extrovertidos tenha lhe ensinado, como diz Susan Cain, que o temperamento calado fica em algum ponto “entre uma decepção e uma patologia”. No entanto, seja como for que a ansiedade social tenha se instalado na sua cabeça, de alguma maneira você aprendeu a acreditar que as pessoas iriam julgá-lo e considerá-lo falho.

E, naturalmente, assim como Jim, que se escondia de Deena, você aprendeu a evitar. Talvez ser o centro das atenções quando criança o tenha deixado tão desconfortável que você evita essa situação desde então e nunca teve oportunidade de aprender que conseguiria dar conta dela sem dificuldade. Talvez você saia à francesa no fim da reunião para se safar das conversas fiadas que sempre se seguem, ou finja que está doente para não ter de ir à confraternização de fim de ano da empresa, ou fique de olho no celular sempre que fica nervoso, e todas essas são reações que o deixam estagnado. Você não tem a chance de descobrir que essas situações sociais não são tão ruins quanto pensa, e talvez, só talvez, dê conta de lidar com elas.

A segunda coisa é que, com a introversão, os momentos de solidão fazem com que você se sinta bem, mas, com a ansiedade social, eles apenas fazem com que se sinta *menos ansioso*. Há uma bela diferença — sentir-se menos ansioso também proporciona uma sensação boa —, então vamos analisar isso mais de perto. Os introvertidos ganham energia ficando sozinhos, em encontros com uma só pessoa, ou com um pequeno grupo de pessoas confiáveis. Se você é introvertido, estar só e em paz é revigorante e recarrega suas baterias. Por outro lado, com a ansiedade social, estar só deixa você menos ansioso, o que pode ser bom, porém é mais uma questão de alívio que de contentamento. Você pode dizer a si mesmo que não se importa de não ir ao encontro ou de recusar o convite para ir ao caraoquê, mas, no fundo, evitar pessoas faz com que se sinta solitário ou tomado pelo arrependimento. Porém, o impulso para fazer a ansiedade sumir é poderoso, então você acaba evitando situações nas quais adoraria estar porque teme fazer papel de idiota, ser rejeitado ou se sentir um desastre. Podemos pensar que festas nos deixam apavorados, que vamos falar asneiras, que sempre temos a impressão de que não saberemos o que dizer. Já o introvertido não ansioso simplesmente pensa que aquele lugar não tem nada a ver com ele, não tem a sua cara, e depois convida um amigo para sair no dia seguinte.

A terceira coisa é que a ansiedade social prospera com o perfeccionismo. Vamos tratar mais desse aspecto no Capítulo 13, mas aqui vão alguns breves comentários. Por causa do perfeccionismo, em vez de cinquenta tons de cinza, você pensa em seu desempenho social em termos de preto ou branco. Por essa perspectiva, somente uma presença social impecável pode prevenir críticas. Ou você é perfeito — sagaz, sabe se expressar bem, sereno — ou é um bobo gago de quem todos caçoam e se afastam. Esse tipo de pressão é paralisante; e pensamos que nos rejeitarão se não formos o modelo perfeito da pessoa sociável, o que, ao contrário, nos faz nos fechar como uma ostra.

Por outro lado, no caso de introvertidos não ansiosos (ou de extrovertidos não ansiosos também), o perfeccionismo não é um problema. Por quê? Como não há a questão do desempenho, os julgamentos não acontecem. Você pode fazer uma pausa durante sua apresentação, perder a linha de pensamento em uma conversa, não estar 100% preparado para falar sobre algum tema, e nada disso significa, necessariamente, algo ruim a seu respeito, nem é o caso de algo importante estar em jogo. Algumas conversas são envolventes e fluem com facilidade. Outras são monótonas ou banais, *mas isso não quer dizer que você seja assim*.

Por fim, a introversão é seu jeito. A ansiedade social se mete no meio. Em um dos poucos efeitos colaterais negativos da revolução introvertida, alguns introvertidos usam essa designação como licença para a evitação. Porém, usar a introversão como motivo para evitar não é mais simplesmente introversão. Por exemplo, um cliente meu chamado Sanjay me procurou depois de ter perdido, acidentalmente, a maioria dos amigos. Ele se identificava como introvertido, o que era verdade, mas descobriu que também adiava responder a mensagens de texto e a ligações, detestava estar em grupos maiores e, muitas vezes, cancelava as coisas no último minuto, dizendo que não estava se sentindo bem ou tivera uma semana complicada, tudo isso racionalizando que era introvertido e precisava recarregar as energias. De fato, ele era introvertido, mas também estava evitando os amigos. Sanjay descobrira a duras penas que, se você diz "não" repetidamente, após um tempo as pessoas param de convidá-lo. Felizmente, ele recuperou o contato com os amigos e, como diz agora com sorriso maroto, "sua vida social introvertida está bombando".

Lembre-se de que a ansiedade social é o medo da Revelação, e o que fazemos para evitar a Revelação é o que atrapalha nossa vida. Sua preocupação é que seja revelado que você fica vermelho quando tenta falar, então fica calado. Você acha que será revelado que suas mãos sacodem como o martíni de James Bond, então cruza as duas com firmeza na altura do peito, sinalizando a todos *que não se aproximem*. O medo da Revelação nos faz sair de fininho da festa de formatura porque temos certeza de que somos estranhos, pensamos que não temos nada a dizer ou desconfiamos de que, a qualquer minuto, vão começar a dançar. Mas é aí que perdemos a hora do bolo e, mais importante, perdemos a possibilidade de construir lembranças em comum. Perdemos esses momentos especiais porque estamos fisicamente ausentes ou paralisados pela autovigilância, tomados pela preocupação de dizer alguma idiotice ou fazer uma burrada. É desse modo que a ansiedade social atrapalha a maneira como levamos a vida que queremos ter.

Por outro lado, em geral, o introvertido não ansioso se sente bem e confiante em relação a si mesmo e a como se apresenta. Você pode se "ligar" e socializar, se precisar. E, embora exija certo esforço manter o modo "ligado", você pode se recarregar lendo um livro no sofá no dia seguinte ou indo jantar com seu melhor amigo. Não existe o medo da Revelação porque não existe nada a esconder.

Bem, o introvertido não ansioso também pode sair da festa mais cedo, mas não por causa da autocrítica ou da sensação de insegurança. Muitos de nós preferem mesmo, sinceramente, ir para casa ler, tocar violão, fazer uma comidinha. Sem julgamentos, sem nos autoflagelar, sem tentar nos convencer de que não damos a mínima. Preferimos ir embora, e não é o medo que escolhe por nós.

Se você não tem certeza de onde se enquadra, tente isto: imagine como seria sua vida social se se sentisse confortável e confiante. Se visualizar alguma coisa diferente do que está vivendo agora, provavelmente é por causa da ansiedade, não só da introversão. Mas a ansiedade social não nos condena a permanecer paralisados. Assim como Jennifer, podemos nascer com temperamento predominante, mas isso não significa que não podemos mudar: tal qual a macieira, podemos podar os excessos de nossa consciência social. Podemos trazer à tona o que há de melhor em nós — nossa consciência, nossa empatia, nossa capacidade de pensar com profundidade e de sentir intensamente, nossos padrões elevados — se tivermos disposição para experimentar coisas novas e um pouco de apoio ao longo do caminho, o que é vital.

Sei disso por experiência própria. Tive a sorte de contar com o apoio da pessoa que começou tudo isso: a própria Cynthia.

Atualmente, é a dra. Cynthia Garcia Coll, famosa psicóloga do desenvolvimento, com mais de trinta anos de careira como professora de educação, psicologia e pediatria na Universidade Brown, nos Estados Unidos. Na época em que escrevi este livro, ela era editora do *Child Development*, o mesmo periódico acadêmico que publicou em 1984 seu artigo inovador sobre Jennifer e mais 116 crianças. A dra. Garcia Coll é uma estudiosa de vanguarda, mas seu trabalho não se restringe a periódicos acadêmicos. Como senti na própria pele, ela leva cuidados e seus conhecimentos a todos nós com inibição comportamental, onde quer que esteja.

No outono de 1998, no meu último ano de faculdade, a dra. Garcia Coll ministrava um curso sobre a história e as teorias do desenvolvimento infantil. Era um seminário ofertado a uma turma que a mim parecia grande, com cerca de trinta alunos. No primeiro dia, destemida, a assistente da professora chegou cedo e colocou as carteiras em círculo na sala, o que dava a cada um dos alunos assento de primeira fila para assistir à aula. Lembro-me de que me senti em evidência demais, porque sempre preferi me sentar no meio de qualquer sala de aula. A dra. Garcia Coll entrou e se instalou em uma carteira vaga, exalando confiança e arrumando o lenço elegante que trazia ao pescoço. Transbordava inteligência. Ia dando a aula sem recorrer a anotações, citando estudos com a mesma facilidade com que falaria do que tinha comido no café da manhã. Eu assistia a tudo e ouvia fascinada, mas nunca levantava a mão, fato que cada vez pesava mais, conforme o semestre avançava.

Nas últimas semanas do curso, a dra. Garcia Coll avisou ao final de uma das aulas que, se alguém tinha dificuldade de falar na frente do grupo, que fosse procurá-la em sua sala. Fiquei pasmada. Nunca um professor havia dado esse tipo de abertura. Ela não deu mais nenhuma explicação. Eu não tinha certeza do que iria acontecer: se receberia um passe livre ou um ultimato, se não deveria me preocupar ou deveria começar a falar logo. Só tinha certeza de que ela estava se referindo a mim. Então fui falar com ela.

Apesar do ar frio de início de dezembro, eu sentia calor, como se tivesse sido flagrada comendo chocolate escondida. Cheguei no horário determinado e fui até a porta da sala da dra. Garcia Coll. Ela acenou para que eu entrasse. Depois de me ouvir falar baixinho por que eu estava ali, ela tirou os óculos e olhou para mim. Esperou um momento e disse: “Muito bem. Obrigada por me dizer”. Tenho certeza de que também me perguntou como estavam indo as aulas ou o que iria escrever no trabalho de conclusão de curso, mas não me lembro. De que me lembro ao certo é que, por meio do meu filtro ansioso, achei que ela estava decepcionada comigo ou entediada com minha incapacidade de reunir coragem suficiente para falar o que tinha em mente, mas agora sei o que tinha acontecido.

Só quando comecei a pesquisa para este livro, e depois de ter descoberto que o início do trabalho da dra. Garcia Coll fora em pesquisa e de tê-la entrevistado pessoalmente, foi que descobri por que ela havia convidara a mim (e a outros alunos, apesar da impressão, à época de que fora apenas a mim), para revelar minha dificuldade. Em poucas palavras, ela entendia o que se passava. Quando tirou os óculos e olhou para mim, agora entendo, não era um olhar de acusação. Era de reconhecimento. Era de compreensão. Eu poderia perfeitamente ter sido a Jennifer se recolhendo no colo da mãe.

O que sei agora é que, depois de sair da sala da dra. Garcia Coll naquele dia de dezembro, ela olhou para o meu trabalho com mais cuidado. Quando a entrevistei e contei minha história, ela disse: "Existem pessoas que não conseguem levantar a mão nem falar livremente quando estão em grupo. Preciso avaliar essas interações e esses envolvimentos de maneira diferente". Em vez de baixar minha nota, ela avaliou meu aproveitamento do material por meio dos meus textos, das provas e do meu trabalho final. Ela sabia que eu observava e absorvia tudo como uma esponja, da mesma forma que Jennifer participara do café da manhã naquela brincadeira com os ursinhos.

Muitos de nós mudam naturalmente com o tempo. Pense nos 40% das pessoas, inclusive eu, que se dizem "ex-tímidas". O temperamento não é infinitamente estável. Genética não significa destino. Como escreveu o próprio dr. Jerome Kagan, orientador da tese da dra. Garcia Coll, "os genes, a cultura, o tempo e a sorte nos fazem ser quem somos".

Eis uma analogia: pense no temperamento como uma âncora com longa corrente que a prende ao nosso barco. A corrente do temperamento não nos mantém estáticos. Em vez disso, fornece amplitude surpreendentemente grande, dentro da qual nosso barco pode transitar. As experiências positivas podem nos impelir a um extremo de nossa amplitude, ao passo que ideias temerosas e a evitação podem nos fazer boiar a esmo na ponta oposta. Jennifer pode crescer e se tornar introvertida sem ser ansiosa. Pode fazer de tudo para aproveitar situações sociais e depois adorar o momento de se recuperar sozinha, em paz. Talvez não escolha trabalhar como diretora de eventos de um navio de cruzeiro, mas isso não é uma obrigação. É melhor deixar esse trabalho para a garotada que saltitava para todo canto da sala de jogos de Cynthia e brincava, fascinada, com o robô. De fato, na interação constante entre os genes e o meio ambiente, este sempre está mudando, e as ondas sempre se formam e espumam. Jennifer e os milhões de pessoas como nós podem usar o ambiente para experimentar, praticar viver sem medo e, em última instância, se manter fiéis a quem são, tornando-se quem querem ser.

Em conclusão, a ansiedade social é mutável. As mudanças nela não vão alterar sua personalidade introvertida (ou extrovertida). Na realidade, isso nem precisa acontecer. Conforme vai seguindo em frente, você não se torna menos quem é. Só ficará menos ansioso. Então, vamos perder a ansiedade social que está atrapalhando nossa vida e conservar a personalidade que temos. Ninguém vai mudar *você*. Nem nós queremos fazer isso, aliás.

Você não está acreditando? Vamos perguntar aos neurocientistas.

3

Seu Cérebro com Ansiedade Social

Conforme prossegue na jornada pessoal de crescimento e expansão, você começará a fazer mudanças em sua vida. Você se surpreenderá consigo mesmo falando em sala de aula, perguntando a uma desconhecida onde ela comprou aqueles sapatos fantásticos, discordando educadamente do sogro em suas opiniões políticas ou contando para todos da firma que é o dia do seu aniversário em vez de ficar na surdina, torcendo para que ninguém se lembre.

Isso nos leva a uma pergunta: conforme nos expandimos e crescemos, o que acontece no nosso cérebro? Já está comprovado que qualquer coisa que você faça com frequência pode mudar o cérebro, de dirigir um táxi a tocar violino ou assistir a conteúdo pornô, o que calhar, para o exercício da confiança social.

Mas espere um minuto. Não acabamos de dedicar um capítulo para explicar como a ansiedade social está inscrita em nosso mapa genético? Não acabamos de ver que a seleção natural consolidou o lugar da ansiedade social em nossa espécie? Como puxar papo com o motorista do Uber equaliza as forças paralelas da genética e da evolução?

Lembre-se: genética não é destino. O cérebro, com sua programação genética e seu formato evolutivo, influi no comportamento, mas o processo é uma via de mão dupla: o comportamento também afeta o cérebro.

Todas essas são notícias muito boas. Significam que, com prática e um pouco de ajuda dos princípios da terapia cognitiva-comportamental,[4] você pode superar sua ansiedade social e ser quem é — seu eu verdadeiro, autêntico.

Um bom exemplo vem de uma série de estudos da Universidade Stanford, de alguns anos atrás, que descobriu que a terapia cognitiva-comportamental para a Ansiedade Social Severa muda de maneira fundamental algumas conexões entre áreas distintas do cérebro, o que ratifica a ideia de que a arquitetura cerebral não decreta o destino da pessoa.

Mas como? De que maneira um cérebro socialmente ansioso difere de um cérebro não ansioso, para início de conversa? O que acontece no cérebro quando nos posicionamos no extremo da amplitude do nosso temperamento? E quem integra exatamente esse elenco de personagens neurais?

Para responder a essas questões, imagine-se chegando a uma festa. Antes de sair de casa, você viveu um conflito interno razoável até decidir que ia mesmo. Quase mandou mensagem para a amiga que fez o convite, dando alguma desculpa, mas, em vez disso, ficou firme na decisão de ir, ensaiou uma pose de super-herói na frente do espelho, e saiu de casa com passos decididos.

---

4 Este livro é profundamente fundamentado nos princípios da terapia cognitiva-comportamental, cujo conceito norteador consiste na ideia de que o modo como você pensa e age afeta como você se sente, de maneira que, mudando o padrão de pensamento e experimentando novos comportamentos, você vai se sentir de outro forma — menos ansioso, mais disponível — em situações que antes o deixariam aflito.

Só que agora, ao chegar à festa e dar uma olhada geral, você fica se perguntando se está mesmo no lugar certo; pelo menos, não está vendo ninguém que conheça. Está sentindo um frio na barriga. Finalmente, você enxerga a amiga, e os olhos dela brilham quando vê você. Ela se aproxima, pega seu casaco para guardar, lhe dá um abraço. Mas, então, ela o leva até a cozinha e se afasta para guardar seu casaco em outro cômodo, e você fica com a impressão de que ela está se retirando como se fosse o último bote salva-vidas do *Titanic*. Você fica ali com um grupo de desconhecidos e começa a se esgueirar entre as pessoas pedindo muitas desculpas, até alcançar o balcão da pia e se servir de uma boa dose do que encontra por ali. E é, perto de uma bandeja de torradinhas e patês que se deflagra a batalha em seu cérebro.

Assim como todos os sabores de sorvete — da baunilha ao bacon com *wasabi* — são feitos com os mesmos ingredientes básicos (nata, ovos e açúcar), todas as versões da ansiedade, de medo do escuro ao pânico da ansiedade social, são feitas da mesma dose excessiva de reação de medo no cérebro. Enquanto você fica imóvel como um poste do lado dos patês, sentindo que não tem nada a dizer e resistindo ao desejo de dar o fora dali, suas sinapses estão faiscando mais que as luzes da Times Square em noite de Ano-Novo. Mas *onde* exatamente e que efeito surtem? Vamos dar uma olhada aí dentro.

Imagine uma linha dividindo seu cérebro de orelha a orelha. Nessa linha, atrás de cada olho, existe um par de estruturas neuronais chamadas coletivamente de amígdala. A amígdala é notavelmente versátil — mais um tipo de pretinho básico, não tanto um acessório multiuso. Faz parte do sistema alimentar, do sistema sexual, do sistema de dependência, e, embora não seja a única parte do cérebro responsável por lidar com o medo, é a principal estrutura do sistema do medo. Recebe informações sensoriais — como ver um cão rosnando, ouvir o som de um ônibus desgovernado vindo na nossa direção — que desencadeiam uma reação. É nosso alarme, projetado para detectar ameaças e reagir a elas.

No entanto, o risco iminente de danos corporais não é a única espécie de ameaça diante da qual a amígdala dispara o alarme. Mude o cão rosnando para um desconhecido esbravejando, e nossa sirene disparará a do memíssimo jeito. Para pessoas vulneráveis à ansiedade social, o desconhecido nem precisa estar esbravejando — basta ser desconhecido.

Inclusive, na última vez que o laboratório de Kagan fez o acompanhamento de Jennifer e de outras crianças inibidas e desinibidas, elas não estavam mais com 1 ano e 9 meses, mas, sim, com 21 anos, a mesma idade que eu tinha quando comecei a cursar o seminário da professora Garcia Coll, tremendo de medo. Dessa vez, os jovens foram avaliados por ressonância magnética com o objetivo de examinar o que acontecia no cérebro deles e verificar quais estruturas e funções ativadas poderiam diferenciar o grupo entre pessoas inibidas e desinibidas. A fim de testar isso, a equipe criou um tipo de apresentação de *slides* com uma sequência de rostos que iam surgindo em uma tela. Enquanto estavam no aparelho de ressonância magnética (RM), a jovem Jennifer e os demais participantes viam imagens de desconhecidos projetadas rapidamente. Em certo momento, alguns rostos começaram a se repetir. A mesma face era exibida duas, três vezes ou mais, até não ser mais desconhecida. Diante de rostos familiares, o cérebro dos sujeitos do experimento inibidos e desinibidos reagia da mesma maneira, quer dizer, não apresentava reação. Mas, quando aparecia na tela uma face realmente inédita, a amígdala dos jovens desinibidos permanecia calma, enquanto a dos inibidos acendia como faróis de carro. Uma nova pessoa — fosse uma desconhecida com um quebra-cabeças cor-de-rosa ou um rosto em um aparelho de RM — era uma ameaça, segundo a amígdala inibida.

Então, quem é propenso à ansiedade social está fadado a seguir pela vida com alarmes amigdalares disparando? Nem sempre. Coloque a mão na testa como se quisesse ver se está com febre. Exatamente sob a palma da mão está o córtex pré-frontal, que é a região do cérebro responsável pela responsabilidade e pelo pensamento de ordem superior em geral.

É ali que acontece o planejamento com antecedência, o empenho para alcançar metas, tomar decisões, suprimir o inaceitável, o que não for seguro para ser posto em prática. Além disso, áreas específicas[5] dessa estrutura podem acalmar a amígdala para que não continue surtando. Pode ser útil que a amígdala perceba que o chefe está de mau humor porque tem um prazo a cumprir, não porque está furioso com você; que existem mais pessoas que valem a pena no mundo se essa com quem você saiu não se mostrou tão interessada assim em você, ou que muita gente gosta de você, mesmo que sua amígdala esteja insistindo que não.

No nosso caso, os socialmente ansiosos, o córtex pré-frontal não tem tanta facilidade quanto o de nossos amigos não ansiosos para desligar o alarme. Para início de conversa, nosso cérebro leva mais tempo. Vamos imaginar que um amigo não respondeu à nossa mensagem de texto. No cérebro não ansioso, imediatamente depois que a amígdala decretou que esse amigo nos detesta, o córtex pré-frontal é convocado a propor calmamente que o mais provável é que ele esteja ocupado e logo vai responder de volta. O cérebro socialmente ansioso também pode fazer isso, só que demora mais — uma questão de três segundos a mais, em média, mas esses segundos representam diferença significativa em nossa interpretação do mundo e das intenções dos outros. Como dizem por aí, a vida está nos detalhes.

Então, assim que o cérebro socialmente ansioso recrutou o córtex pré-frontal, a resposta é mais fraca em comparação com o cérebro não ansioso. De fato, tanto em termos de velocidade como de magnitude, a resposta do córtex pré-frontal socialmente ansioso nunca chega realmente a alcançar o nível do cérebro não ansioso. Quando a amígdala dispara o alarme de incêndio, é como se o cérebro não ansioso enviasse

---

5 Como vocês perguntaram, trata-se das regiões dorsomediais e dorsolaterais, carinhosamente apelidadas de CPFDM e CPFDL.

imediatamente um carro de bombeiro até o local, enquanto o cérebro socialmente ansioso manda um sujeito de bicicleta com um balde d'água.

No entanto, isso não quer dizer que sua vida esteja condenada a resultar em uma pilha de destroços fumegantes de uma catástrofe social. Vamos falar do dr. Philippe Goldin. Antes de entrar no campo da neurociência clínica, Goldin passou seis anos na Índia e no Nepal estudando a filosofia budista, atuando, inclusive, como intérprete de alguns lamas budistas tibetanos. Então, depois de deixar o Himalaia pelas encostas de São Francisco, direcionou sua atenção para a ansiedade social.

Durante quatro anos, Goldin e sua equipe da Universidade Stanford, nos Estados Unidos, recrutaram laboriosamente 75 pessoas com Ansiedade Social Severa. A fim de tornar o estudo tão pessoal e poderoso quanto possível, foi pedido a cada participante que anotasse os quatro momentos mais aflitivos de ansiedade social de que pudesse se lembrar, por exemplo, uma entrevista de emprego na qual havia se sentido extremamente desqualificado; aquela partida de futebol da filha da qual fugiu para não ter de ficar batendo papo com outros pais; um encontro durante o qual não sabia o que tinha sido pior: o sentimento de solidão ou a agonia de tentar forçar uma conversa.

Depois de anotarem suas lembranças, todos os participantes passaram por uma ressonância. Enquanto a máquina fazia os barulhos típicos de funcionamento, tirando fotos do cérebro de cada um, era projetada em uma tela visível os depoimentos que tinham dado, uma sentença por vez. Para aumentar a ansiedade um pouco mais, os pesquisadores inseriram na história de cada participante crenças pessoais de alto poder de gatilho, como "Sou um fracasso", "Não sou normal" e "Ninguém gosta de mim". Em letras maiúsculas, essas ideias literalmente relampejavam na frente dos olhos dessas pessoas durante nove segundos de agonia, todas elas martelando na cabeça de cada participante e reforçando sua Revelação particular: NINGUÉM GOSTA DE MIM, NINGUÉM GOSTA DE MIM,

NINGUÉM GOSTA DE MIM. A sessão torturante era toda planejada para que a ansiedade social dos sujeitos experimentais fosse às alturas.

Enquanto estavam sendo escaneados sob o efeito da exibição de sua história na tela, os participantes foram solicitados a enfrentar sua ansiedade de um de dois jeitos: podiam apenas *ler*, fingindo que a crença "ninguém gosta de mim" era verdadeira, e ponto. Mas, quando eram exibidas outras histórias, eram solicitados a *reformular*, a pensar de modo diferente, a "reformular a crença ativamente" e torná-la "menos negativa e destrutiva". Sem treino — ainda — de como fazer isso, todos tentaram alguma coisa, da melhor maneira possível.

Depois de liberado da câmara de tortura/ressonância, o grupo foi dividido em dois. Nos quatro meses seguintes, metade ficou às moscas e metade passou por terapia cognitiva-comportamental (TCC), com sessões em que aprenderam a desafiar seus pensamentos ansiosos e a encarar seus medos.

Quatro meses depois, todos os participantes passaram de novo pelo mesmo processo de ressonância, com as mesmas quatro histórias, as mesmas crenças ansiosas faiscando em letras maiúsculas diante de seus olhos. Dessa vez, porém, as coisas foram diferentes. Após quatro meses de treino, quando solicitados a reformular seus pensamentos, o grupo que contava com as novas habilidades cognitivas-comportamentais foi capaz de pensar em como sair da ansiedade social de maneira muito mais bem-sucedida que o grupo que ficou à toa. Dessa vez, NINGUÉM GOSTA DE MIM foi rapidamente neutralizado com "Bom, não é bem assim", "Sei de muitas pessoas que gostam de mim" ou "Bem, só porque está piscando na minha frente não significa que seja verdade". Mesmo quando o grupo em TCC foi instruído a retomar antigos hábitos e reagir, seu cérebro modificado não pôde deixar de pensar de outro modo.

Além disso, as imagens escaneadas confirmaram tais resultados. Você se lembra que a reação do cérebro socialmente ansioso a uma ameaça social é igualmente mais lenta e mais fraca que a do cérebro não ansioso? Tanto em magnitude como em velocidade, o cérebro dos integrantes do grupo em

TCC exibiu novas habilidades visíveis. A TCC ajudou a diminuir alguns segundos do tempo de reação demorada e pouco robusta ao ativar a arquitetura neuronal. O dr. Goldin resumiu tudo com perfeição quando me disse que "aqueles segundos têm o poder de fazer com que a pessoa se meta em encrenca ou saia livre".

Voltemos à cena em que você está na festa daquela amiga e vamos oferecer um pouco de incentivo e motivação para o futuro. Enquanto segura seu copo, é compreensível que sinta ansiedade: há estranhos ao redor, sua amígdala está surtando, e seu córtex pré-frontal, ajudando como pode. Você promete a si mesmo nunca mais fazer uma coisa assim. Mas, dessa vez, fará a si mesmo outra promessa. Em vez de evitar a próxima festa, você jura que fará algumas mudanças. As coisas podem ser diferentes. Eis o motivo: o cérebro socialmente ansioso, do ponto de vista fisiológico, é exatamente o mesmo que o cérebro socialmente não ansioso. A arquitetura está toda ali. Você tem capacidade. Só precisa de um pouco de tempo praticando para fortalecer uma habilidade que já lhe é inata. A TCC ativa as redes neuronais já presentes. E, assim como o compromisso de se exercitar fortalece o corpo, o compromisso de praticar pensar e agir de modo diferente fortalece o cérebro. Além disso, outros estudos concluíram que a TCC leva a mudanças visíveis no cérebro, ou seja, os resultados de Goldin não foram puro golpe de sorte.

Em conclusão, quando desafiamos nossos hábitos socialmente ansiosos, com o tempo podemos nos libertar de caminhos neuronais já batidos. Quando acontecer a próxima festa, você e seu cérebro estarão prontos. Passe a tigelinha com o patê, por favor.

Para nós que somos propensos à ansiedade social, é uma tentação pensar que precisamos de uma mudança drástica, como virar a personalidade do avesso como um pé de meia ou chacoalhar o cérebro até esvaziar tudo para começar do zero. O que acontece, porém, é que o extremo oposto do espectro também não é o objetivo.

Qual é o oposto da ansiedade social, a propósito? Destemor? À primeira vista, falta completa de inibição comportamental parece ótimo: chega de sentir pavor, de ficar enredado nas malhas do pensamento. Mas espere um pouco. Cuidado com o que você deseja.

Embora possamos imaginar que o oposto de ansiedade social é a confiança, não é bem assim. As únicas pessoas que atingiram a dúbia conquista de falta completa de ansiedade social constituem o índice de cerca de 1% da população, que é de psicopatas. Porém, assim como a tendência à ansiedade social é um pacote completo, a psicopatia também o é. Certamente, o psicopata é confiante, mas também é irresponsável, grandioso, impulsivo, raso, isento de remorso e enganoso. Psicopatas podem se mostrar personagens de ficção carismáticos, como Hannibal Lecter ou Cartman, de *South Park* (o *chili* feito dos pais de Scott Tenorman, alguém se lembra?), mas, na vida real, sua existência — apropriando-me de Thomas Hobbes — é nojenta, brutal e (geralmente) breve. Não exatamente o que estamos buscando.

Um estudo do dr. Niels Birbaumer e equipe da Universidade de Tübingen, na Alemanha, escaneou o cérebro de psicopatas criminosos e de indivíduos com Ansiedade Social Severa, obtendo imagens de RM, e constatou a existência de um circuito fronto-límbico hiperativo nos socialmente ansiosos e o oposto exato — um circuito fronto-límbico inativo — nos psicopatas. Ao lado de outras pesquisas, isso sugere que a psicopatia e a ansiedade social se situam nas extremidades opostas do espectro neuronal. Se os circuitos do cérebro socialmente ansioso são hiperativos — nosso alarme de incêndio dispara quando não existe ameaça —, quando a situação se inverte, ou seja, há fumaça, mas o alarme não dispara, o que acontece? A casa do psicopata pega fogo. Mais uma vez, o objetivo não é esse.

Portanto, se você não precisa de uma inversão da personalidade, de que seu cérebro precisa? Felizmente, nada tão drástico. Em vez disso, você só precisa de uma série de cutucões.

Lembre-se de que o processo é uma via de mão dupla: o cérebro influencia o comportamento, mas o comportamento também influencia o cérebro. Assim, vamos começar fazendo algumas mudanças. Lembra-se da extensão da corrente da âncora? Você pode se incentivar, aos poucos, a chegar ao máximo da extensão do seu cérebro. Assim como pessoas não atléticas por natureza podem ficar em forma, aquelas como nós, propensas à ansiedade social, podem aprender a ficar à vontade.

Só um momento, agora. A analogia vai adiante. Assim como ler um livro sobre entrar em forma provavelmente não fará você caber em calças *jeans* justíssimas, apenas ler este livro não fará com que você se sinta confiante e à vontade. No decorrer dos próximos treze capítulos, você aprenderá recursos para executar um treino social com a capacidade de mudar não somente seu cérebro, mas também sua vida. Portanto, saia de casa e coloque esse repertório em prática. Faça. Amplie seus horizontes. Cresça. Você não se transmutará magicamente em uma criatura gregária e centro das atenções (e certamente não um psicopata), nem precisa. Não perderá a capacidade de prestar atenção nos outros, de ouvi-los, de se solidarizar, de se importar. Você — e seu cérebro maravilhoso — apenas ganhará confiança e sensação de conforto.

PARTE 2

Uma Espiadinha Dentro da sua Cabeça

4

Como Nosso Crítico Interno Nos Enfraquece

Então, como podemos nos reprogramar para viver com menos ansiedade? Em primeiro lugar, como o moderador de um debate que pondera os dois lados de uma questão, vamos investir em ouvir nosso antagonista para conhecer a voz crítica em nossa cabeça. Essa voz pode ser branda ou estridente, mas existe em cada uma das pessoas deste planeta. Somos todos humanos e, feliz ou infelizmente, sempre seremos. Também tenho essa voz crítica e, embora minha ansiedade social seja hoje um débil eco de sua versão anterior, ainda vivo momentos em que essa voz se acende como aquela vela de bolo que não se apaga.

Vou dar um exemplo recente. Meu filho de 4 anos frequenta uma escola que funciona em regime de cooperativa. Cada família tem uma tarefa nessa organização, e a nossa é a compra de gêneros alimentícios. Portanto, a cada poucas semanas, Nicolas, meu companheiro, e eu fazemos supermercado, limpando as prateleiras de manteiga de semente de girassol e queijo de trança para alimentar uma turma numerosa de criancinhas famintas.

Para muitas pessoas, fazer supermercado é um gatilho certeiro para desencadear ansiedade social. Vem a sensação de estar atrapalhando os outros, a preocupação em sermos criticados pelo que colocamos no carrinho, a relutância de trocar palavras com quem está na fila do caixa. Para mim, fazer supermercado, em geral, não causa ansiedade, uma vez que pessoas filmando raramente saem de repente de trás da banca de uvas sem semente. Assim, nem pensei duas vezes para me inscrever no comitê de alimentação.

Porém, na primeira vez em que me vi no supermercado com a lista de compras de cinco páginas fornecida pela cooperativa, percebi que precisaria de dois carrinhos. Em retrospecto, é algo que fazia sentido, levando-se em conta que seria o abastecimento de uma semana para lanches duas vezes ao dia para 50 crianças. Fui passando com o primeiro carrinho entre as gôndolas, até enchê-lo ao máximo, e depois deixar no balcão de atendimento ao cliente, para, então, pegar o segundo e dar conta da lista.

Quando li o que faltava, entendi que esse carrinho só carregaria dez galões de leite, quarenta bananas e trinta maçãs. Foi quando percebi que a velha sensação começava a se manifestar. Empurrando o carrinho pela seção de laticínios, me vi presa dentro da minha cabeça, imaginando que as outras pessoas estariam pensando que eu realmente seguia uma dieta muito limitada, que deveria comprar uma vaca, que minha sede era fora do comum.

Um a um, pus dez galões de leite no carrinho e depois empurrei todo aquele peso até a seção de hortifrútis e acomodei as quarenta bananas. Acho que nunca na vida comprei quarenta unidades de *nada*. Por fim, enquanto colocava trinta maçãs em sacolinhas, no auge do constrangimento, imaginando todas as coisas absurdas que as pessoas poderiam dizer, um homem se aproximou e disse: "Belas maçãs". Tomei um susto. Como um raio, minha adrenalina me atravessou de cima a baixo. A Revelação.

Mas, quando levantei os olhos, vi um velho amigo sorrindo para mim. Posso imaginar a cara que eu estava fazendo, porque a expressão dele mudou de imediato, e ele se mostrou alarmado e culpado, dizendo: "Desculpe se a assustei".

Com toda honestidade, respondi que não tinha problema e estava com a cabeça nas nuvens. Logo começamos a conversar, e ele não fez nenhum comentário sobre as minhas compras. Acho que nem chegou a reparar.

Ficar enredado na própria teia de possíveis julgamentos dos outros, ou se julgando internamente, não é nada agradável. No meu caso, me impediu de estar onde eu realmente estava: na seção de hortifrútis de um supermercado movimentado, em uma tarde de domingo. Em vez disso, fui levada para um mundo de críticas que eu mesma inventei e *nem era real*. Fiquei impedida de enxergar as pessoas boas que estavam na loja, como os jovens casais que escolhiam a marca do café, os pais com filhos pequenos, as senhoras de cabelo branco cheirando as frutas, e de perceber que nenhuma delas estava de olho no que eu tinha posto no carrinho.

Depois que meu amigo se afastou com o carrinho dele, senti uma resolução se formando dentro de mim. Decidi olhar para as pessoas em vez de ficar de cabeça baixa. Olhei para cada uma delas enquanto puxava e empurrava meus dois carrinhos transbordando até o caixa. Algumas liam rótulos, outras examinavam alimentos nas prateleiras. E, sim, uma me devolveu o olhar. Mas ninguém abriu a boca. E, se tivessem dito alguma coisa, o que poderia ser tão ruim? Não sou esquisita. Estou cumprindo minha tarefa para a cooperativa, que significa comprar muito leite e muitas bananas. A verdade é que ninguém olhou duas vezes para minhas compras. E, mesmo que tivessem olhado, eu era capaz de lidar com a situação.

Naquele dia, voltei para casa com muito mais que bananas. Voltei com dose extra de reforço para me lembrar do que levei anos para aprender: minha ansiedade não merece crédito. Raramente alguém, de fato, diz: "Nossa, realmente parece ter algo incomodando você. Você não é normal e não merece estar aqui", ou "Agora, chega. Você já fez pausas demais na conversa. Todo mundo vai virar as costas para você a partir de agora", ou, no meu caso, "Senhora, algum problema? A quantidade de leite no seu carrinho mostra claramente que você é doida". Mesmo que alguém tivesse dito uma coisa assim, seria uma atitude descabida da parte dele, não da minha. Se tivessem me dito "Você só consome leite e bananas? Credo, você tem *problemas*!", eu teria ignorado essas palavras como se fossem resmungos de um velho ranzinza. Até poderia sorrir de volta e oferecer uma banana.

CONHEÇA SEU CRÍTICO INTERNO

Assim como no supermercado, meu medo social ainda vem à tona de vez em quando, mas antes era muito mais persistente. Por que nosso medo social dura tantos anos, quando ninguém diz nada? Bem, alguém diz alguma coisa: é aquela voz na minha cabeça, aquela voz na sua cabeça. Chame de insegurança ou de autocrítica. Para os fins deste livro, vamos chamá-la de Crítico Interno. Todo mundo tem o seu.

Porém, para nós que temos ansiedade social, o Crítico Interno, em vez de falar baixinho no ouvido, usa um megafone e nos ataca com comentários críticos e previsões constrangedoras. E então? Lutar ou fugir é a resposta a todos os ataques, físicos ou emocionais, quer venham dos outros *ou da nossa própria cabeça*.

O irônico é que o Crítico Interno acha que está ajudando. Com sua aspereza típica, está tentando nos deixar em segurança. Funciona como aquele tipo de pai helicóptero, sempre pairando sobre nossa cabeça, pronto para dar um mergulho e nos resgatar do que for. Fica dizendo que não podemos fazer isto ou aquilo, que vamos sentir vergonha, que é demais para nós. Essa voz nos diz para esperar e não fazer papel de bobo. *Não corra o risco porque os outros podem reparar.*

Ao mesmo tempo, no entanto, o Crítico Interno espera de nós apenas o melhor. Assim como o pai helicóptero acha que o filho é um alecrim dourado destinado a governar o mundo, o Crítico Interno espera grandes coisas de você. Somente o melhor desempenho possível vai servir. O Crítico Interno quer que você faça melhor, que seja perfeito, e o força a fazer as coisas, ao mesmo tempo que enfraquece a confiança na sua própria capacidade. Sua conduta social impecável deve brotar de algum jeito, sem o menor esforço e completamente formada, como Atena surgindo da cabeça de Zeus. As boas intenções do Crítico Interno tentam nos manter a salvo, mas, em vez disso, nos deixam em apuros, pressionados e inseguros.

A REVELAÇÃO

Isso nos leva à seguinte questão: do que nós, pessoas sujeitas à ansiedade social, realmente temos medo? Das situações sociais? Não exatamente. Não é que sejamos alérgicos a pessoas. A maioria de nós fica completamente à vontade na companhia de quem gosta e se sente próximo. Muito bem, então. Seria medo de nos sentirmos envergonhados? Também não: sentir vergonha é mais consequência de nosso medo se tornar realidade. Mas é quase isso.

De acordo com o dr. David Moscovitch, que conhecemos no Capítulo 1, o que realmente nos dá medo é a Revelação. No fim das contas, ansiedade social é o medo de que aquilo que estamos tentando esconder seja revelado a todo mundo, como uma rajada de vento que arranca a peruca mal colocada. *Achamos* que existe alguma coisa errada conosco e, por isso, tentamos escondê-la. É importante salientar que esse "achamos" vem entre aspas porque, mesmo que os defeitos que percebemos *pareçam* muito reais, não são verdadeiros, ou o são em grau que não faz diferença a ninguém.

Quando estamos sozinhos ou com pessoas em quem confiamos, ficamos à vontade. Os defeitos que percebemos nem passam pela nossa cabeça. Inclusive, à exceção de quando compro trinta maçãs, não fico pensando que sou esquisita. É apenas em público que essas concepções equivocadas se destacam; claro, por isso é que falamos de ansiedade *social*. Se não fosse pela presença de testemunhas, eu podia ter comprado trezentas maçãs e não me importar nem um pouco com isso. O que faz sentido: sem uma possível plateia de críticos, não existe chance de ocorrer a Revelação. Mas é só ficarmos cara a cara com o chefe, sermos obrigados a treinar um colega novo ou trocar algumas palavras com o atendente da farmácia (*Como não tem autoatendimento?*) e já começamos a duvidar de nós mesmos.

Em outras palavras, a ansiedade social tem a ver com ocultação. É menos uma questão de medo e mais de vergonha. A palavra "ocultação" se origina do termo indo-europeu *skam*, que significa "cobrir". Em resumo, a vergonha nos leva a querer nos esconder. Observe os sinais no seu corpo. Assim como a tristeza é pesada e fatigante, a raiva é tensa e causa agitação, e a ansiedade social dá vontade de procurar onde se esconder.

Cada um dos medos essenciais citados no Capítulo 1 — nossa ansiedade, nossa aparência, nosso caráter, nossas habilidades sociais — se presta a uma estratégia diferente de dissimulação. Se nossa ansiedade diz respeito a parecer ansioso — por exemplo, enrubescer —, podemos tapar o rosto e o pescoço com maquiagem ou usar blusa de gola alta. Se a ansiedade é sobre nossa aparência, podemos não falar com as pessoas que consideramos atraentes. Se somos ansiosos em relação à nossa competência social, podemos ensaiar, com todo cuidado, que histórias contar na reunião de sexta à noite, até sentir que podem ser compartilhadas. Por último, se somos ansiosos quanto à nossa personalidade, podemos fazer mil perguntas para desviar a atenção de nós: *E como foi no restaurante novo? O que você pediu? Lembro de você dizer que ia levar sua mãe para comer lá quando ela viesse te visitar. E como ela está? E sua irmã? É mesmo? Me conte mais* (voz interior: *Só não me faça falar de mim*).

COMO O CRÍTICO INTERNO AFUGENTA O QUE HÁ DE MELHOR EM VOCÊ

Em 1999, o dr. David Clark, pioneiro da psicologia e professor de Oxford, elaborou um modo criativo de demonstrar como atua o Crítico Interno. Os participantes do estudo eram indivíduos dos extremos do contínuo da ansiedade social: o quartil superior, com pessoas que se afligiam com a ideia de um carrinho de mercado cheio de leite e bananas, e o quartil inferior, com pessoas que passariam pelas gôndolas com um carrinho cheio de sacas de esterco de morcego com um pacote de cerejas por cima sem nem pestanejar. Homens e mulheres desse experimento viam diversas palavras descritoras de personalidade, uma por vez. Algumas tinham conotação positiva, como "descontraído", "preparado", "inteligente", "confiante". Outras eram negativas, como "desastrado", "bobo", "chato", "ridículo".

Em seguida, metade dos participantes foi informada de que deveria fazer um discurso de dois minutos diante de uma câmera. Para piorar, foi dito que o discurso seria especificamente uma avaliação de suas habilidades sociais e de falar em público, e, depois, "psicólogos especialistas" assistiriam ao vídeo para avaliar o desempenho de cada um. Para completar, os pobres participantes não saberiam qual era o tópico de sua fala senão trinta segundos antes que a gravação começasse. E a outra metade dos participantes? Só ficaria sentada, sem fazer nada. Não precisava discursar nem se preocupar.

Como apenas metade dos participantes tinha de fazer um discurso, agora havia quatro grupos: indivíduos muito ansiosos na antecipação de uma fala sob muita pressão (*Credo!*), indivíduos muito ansiosos que não tinham de fazer um discurso (*Ai, ai, ai*), indivíduos com pouca ansiedade na antecipação de um discurso (*Claro, tranquilo*) e indivíduos com pouca ansiedade que não tinham de fazer um discurso (*Rapaz, esse estudo é o jeito mais fácil de ganhar dinheiro. Tem mais algum para me inscrever?*).

Só que o discurso não aconteceu imediatamente. Depois de assustados — ou não — com a perspectiva de fazer um discurso, todos deveriam dizer de quantas características positivas e negativas se lembravam. Foi revelador que os indivíduos propensos à ansiedade e estressados por causa do discurso se lembrassem de menos palavras positivas. Simplesmente não conseguiam recordar termos como "articulado", "atencioso, "dinâmico". Mas podiam se lembrar de "ridículo", "estúpido" e "fracassado", como se essas palavras estivessem anotadas na palma da mão. Alguma coisa relacionada à iminência da Revelação tinha reduzido a capacidade deles de acessar as qualidades positivas e não foi capaz de desacelerar o acesso às qualidades negativas. Em suma, o Crítico Interno tomou posse do megafone e afugentou o que aquelas pessoas tinham de melhor.

Isso explica muita coisa. Quando se trata de ansiedade social, o ruim é mais forte que o bom; o que faz sentido: preparar-se para o que é bom não é crucial para a sobrevivência, mas antecipar o ruim é. Orientamo-nos para a ameaça porque não fazer isso pode custar muito caro. Infelizmente, porém, isso quer dizer que já entramos estressados nas situações, seja ir a um balcão de recepção, um salão lotado, uma negociação. Nosso Crítico Interno fica sussurrando na nossa cabeça dizendo que tudo vai dar errado e todas as pessoas vão reparar. Que precisamos fazer tudo bem, mas não temos como. Que temos de dar um jeito de nos esconder ou encarar a Revelação. Seja qual for a Revelação, ela se resume a uma coisa só: *Não sou bom o bastante*. E, além disso, todos vão perceber.

Muitas pessoas sabem precisamente o que temem que seja revelado, mas há outras para quem isso não está tão claro; existe somente uma vaga sensação de se sentir deslocado, de sentir um calor que vai subindo. Se você não tem exatamente noção do que teme ou do que será exposto quando cair o disfarce, tente isto: você se lembra do antigo jogo chamado Mad Libs?* A ansiedade social funciona do mesmo jeito. Cada um de nós tem a mesma história básica, mas a preenche do seu jeito. Usando um exemplo do dr. Moscovitch, se estou preocupada com minha aparência, sozinha dentro do carro e parada no trânsito, a sensação pode ser de estar presa em um aquário do tamanho de um Toyota. Mas, se a preocupação é com minhas habilidades sociais, estar sentada sozinha dentro do carro no congestionamento pode representar um dos poucos lugares onde tenho paz.

Tente você, agora. Pense em um cenário social que lhe dá calafrios. Depois, deixe que Mad Libs para Ansiedade Social o ajude a preencher os espaços em branco.

Quando ____,

(SITUAÇÃO SOCIAL QUE ME GERA ANSIEDADE)

ficará evidente que eu

____.

(O QUE MEU CRÍTICO INTERNO DIZ QUE HÁ DE ERRADO EM MIM)

Jim poderia ter escrito algo assim:

Quando estiver em um relacionamento com Deena (SITUAÇÃO SOCIAL QUE ME GERA ANSIEDADE), ficará evidente que sou um fracasso total e ela é muita areia para o meu caminhãozinho (O QUE O CRÍTICO INTERNO DIZ QUE HÁ DE ERRADO EM MIM).

---

* Jogo em que os jogadores sugerem palavras para preencher as lacunas em uma história escrita previamente. O resultado é uma história divertida e maluca. (N. da T.)

No supermercado, minhas sentenças foram estas — o que mostra que o Crítico Interno nem sempre precisa desferir um golpe moral, nem fazer sentido do ponto de vista racional:

Quando estiver empurrando um carrinho cheio de leite e bananas no supermercado (SITUAÇÃO SOCIAL QUE ME GERA ANSIEDADE), ficará evidente que sou esquisitona (O QUE O CRÍTICO INTERNO DIZ QUE HÁ DE ERRADO EM MIM).

Existem tantos exemplos quantos maneiras de fingir que estamos entretidos em nossos telefones:

Quando estiver falando em uma reunião de trabalho, ficará evidente que sou incompetente.

Quando estiver falando com um novo estagiário, ficará evidente que não tenho atitude.

Quando estiver na festa de aniversário da Lauren, ficará evidente que não tenho habilidades sociais.

Quando estiver em um primeiro encontro, ficará evidente que não sou atraente.

Quando estiver em uma entrevista de emprego, ficará evidente que minha voz está tremendo.

Quando estiver contando um caso aos amigos no café da manhã, ficará evidente que não consigo me expressar bem.

Quando eu for obrigado a conversar com mais de uma pessoa por vez, ficará evidente que me deu branco.

Então, pense na última vez em que tentou afrouxar o colarinho, pensando: *Está mesmo quente aqui?* Preencha seu Mad Libs a seguir. Repita o processo tantas vezes quanto necessário:

Quando ____,

(SITUAÇÃO SOCIAL QUE ME GERA ANSIEDADE)

ficará evidente que eu

____

(O QUE MEU CRÍTICO INTERNO DIZ QUE HÁ DE ERRADO EM MIM)

O CRÍTICO INTERNO, ANTES E DEPOIS

A questão é que o Crítico Interno não surge de repente, do nada. Ele também está presente antes e depois de uma situação social. Está presente tanto na antecipação como no pós-fato. Mas não acredite só no que eu digo. Vejamos o caso de um antigo paciente meu, Loren.

Neste fim de semana de Ação de Graças, Loren se sente estranhamente grato pelo tráfego intenso da rodovia em que ele e a namorada, Sarah, estão parados. Loren está exausto. Ficou no modo "ligado" o fim de semana inteiro, durante o qual conheceu os pais de Sarah e a irmã dela, além da avó, de diversos tios e tias e de uma multidão de primos cujos nomes, agora formando uma pilha indistinta, pareceram começar todos com "J". Está com o rosto dolorido de tanto sorrir. Sente-se grato porque a torta de abóbora cheirosa que a mãe de Sarah insistiu para que trouxessem para o *campus* não espera que ele fique de conversa fiada.

Loren está batucando os dedos no volante. Ele pergunta a Sarah se ela acha que correu tudo bem:

— Não tenho certeza de que gostaram de mim.

— Você está de brincadeira? — Sarah indagou. — Foi tudo ótimo! Todo mundo adorou você. Ficaram muito felizes em conhecê-lo.

— É mesmo? Acho que fiquei muito calado. Devia ter falado mais. Mas toda vez que pensava em alguma coisa para dizer parecia que o rumo da conversa tinha mudado.

— Você está falando sério? Isso nem me passou pela cabeça. Você foi tão legal com todos! Vi você e meu pai conversando um tempão na hora da sobremesa.

— É... ele meio que me encurralou — Loren disse. — Falamos de como lutar contra a poluição das praias e de como o plástico está sufocando o mar.

— Que coisa mais interessante! Mas o fato de ele ter colocado você em uma saia-justa quer dizer que gostou de você.

— Pode ser. Ou talvez ele só estivesse querendo me testar. Ver se estou à altura da filha dele.

— Não acho que ele estivesse testando você. Ele só queria conversar com você. Eu disse a ele que você faz faculdade de estudos ambientais e tínhamos ido andar de caiaque, então ele provavelmente juntou os pontos e tocou no assunto do lixo marítimo.

— Ótimo! — Loren rebateu. — Agora, toda vez que ele se lembrar de mim, vai pensar em lixo.

— E como a conversa deveria ter sido, então? — Sarah perguntou, um tanto exasperada.

— Não sei. Melhor.

O que Loren não diz é: *Eu não deveria ter ficado com o coração quase saindo pela boca o tempo todo. Minha voz não deveria ter tremido. Minha cabeça deveria ter sido capaz de lidar com uma simples conversa. Por que, afinal de contas, deixei que a conversa fosse sobre lixo?*

— Melhor? Mas o que teve de errado? — Sarah perguntou.

— Não sei. As coisas não deram certo.

— Você foi ótimo. Com o que está preocupado?

— Não sou bom com essas coisas. Deveria ter contado mais histórias à mesa. Feito as pessoas rirem. Ou inventado outra coisa mais animada para falar que poluição. Só fiquei sentindo que perdi a oportunidade de causar uma boa primeira impressão.

Sarah disse que Loren estava exagerando, pensando demais.

Podemos chamar de pensar demais. De obsessão. De ficar remoendo. De ânsia dos infernos para avaliar o próprio desempenho. Porém, pesquisadores denominam *processamento pós-evento*. Seja qual for o nome dado, consiste em uma revisão póstuma das pisadas de bola durante sua *performance* social. Como diz a cantora Cindy Lauper, especialista em processamento pós-evento, "Você pode procurar que vai me encontrar". E é o que fazemos. O Crítico Interno procura e acha as imperfeições, por exemplo, o silêncio constrangido de uma pausa na conversa, a resposta que não saiu do jeito que deveria, a hora em que alguém riu no ponto errado da sua história. Tudo se junta e forma uma fita de Möbius de pontos negativos.

É esse foco nos pontos negativos que faz com que a ansiedade social perdure ao longo de anos e décadas, apesar de realmente não acontecer nada horrível e de as coisas, de fato, irem bem. Trata-se de um círculo vicioso: quando colocamos em foco o que achamos que deu errado, concluímos, como Loren, que não somos bons nisso, o que justamente reinicia o ciclo do pavor da próxima vez. Segundo o dr. Richard Heimberg da Universidade Temple, na Filadélfia, e pai da pesquisa sobre ansiedade social, é como "arrancar a derrota das garras da vitória".

Não só depois do fato, porém. O Crítico Interno também entra em ação bem antes do momento social. Inclusive, é com sugestões que realiza seu melhor trabalho. Lembra-se de Jim, da aula de dança de salão? Ele sentia isso antes das grandes reuniões de família. Nosso convidado da festa, em pé do lado da tigelinha de patê, sentia isso antes de ir para a festa. A enormidade da antecipação é o que nos faz jogar a toalha, buscar um esconderijo, ligar avisando que estamos doente. Pesquisadores chamam isso de *processamento antecipatório*, embora a melhor palavra para descrever esse sentimento seja: pavor.

No caso de Loren, o que ele não diz para Sarah é que sua preocupação não começou quando pegaram a estrada. Na realidade, ele está apavorado com a ideia de conhecer a família dela desde que ele e Sarah fizeram planos para o feriado de Ação de Graças. Durante toda a semana anterior, essa tem sido sua tela de fundo, pipocando na sua cabeça toda vez que ele não estava focado em alguma outra coisa. Algumas vezes, ao longo desses dias, ele ficou tão concentrado ensaiando mentalmente o que iria dizer que perdeu o ponto para descer do ônibus circular que toma no *campus*.

Naturalmente, é de se esperar um pouco de ansiedade antes de um momento importante ou de uma grande mudança. Quem não fica nervoso quando começa em um novo emprego ou vai a um primeiro encontro? O estranho seria não ficar ansioso. Você quer causar boa impressão, quer que tudo saia bem, então é claro que fica aflito. Mas a questão é: a ansiedade deve *corresponder* à situação que se apresenta. Ter ansiedade antes de uma apresentação a uma plateia de milhares de pessoas? Claro. Mas o mesmo nível de ansiedade antes de uma primeira aula de Pilates? Não corresponde.

Também costuma não haver correspondência em termos da quantidade de tempo que passamos antecipando uma situação. Às vezes, são alguns minutos ou algumas horas, mas, nos casos de Ansiedade Social

Severa, o nervosismo dura dias ou semanas antes do evento. Durante os anos todos em que ficou em casa nos fins de semana, Jim lembra que sua ansiedade antecipatória rugia para a vida, como a corda que puxamos para acionar o cortador de grama, sempre que ele recebia um convite, e o sentimento continuava enquanto durava o batizado ou o churrasco da família. Carissa, uma antiga paciente, se lembra de ter sido cotada em setembro para ser oradora na formatura do ensino médio em junho do ano seguinte. Ela conta que ficou ansiosa ao longo de todos esses meses: "Sempre que pensava nisso, meu estômago dava um nó. Era horrível".

A fim de atenuar o pavor, muitas vezes ensaiamos na cabeça o evento que está por vir, tentando achar resposta para tudo que possa acontecer. *E se o equipamento de som e vídeo não funcionar? E se ela me ignorar? E se alguém me fizer uma pergunta que eu não consigo responder?* Principalmente, pensamos em como nos safar daquilo. Temos fantasias de como fugir: *Talvez aconteça um terremoto e eu não precise comparecer! Talvez a peste bubônica retorne e a formatura seja cancelada!*

O pior é que surtar não adianta nada. Em 2003, David Clark, cujo experimento com adjetivos positivos e negativos lemos antes, e seu colega, o dr. Hendrik Hinrichsen, tentaram criar uma conjuntura perfeita de ansiedade antecipatória em pessoas vulneráveis à ansiedade social e suas contrapartidas mais resistentes, e, devo dizer, os dois acertaram em cheio. Os pobres universitários que participaram do estudo foram informados de que teriam de fazer um breve discurso, de no máximo vinte minutos. A fim de intensificar a antecipação nervosa, os participantes souberam que sua fala seria gravada e avaliada por especialistas, e, inclusive, eles não saberiam o tópico que deveriam abordar até estarem prestes a começar o discurso. A cereja do bolo dessa situação ansiogênica foi quando informaram aos participantes que gostariam que eles causassem uma ótima impressão.

Então, a título de distração, metade dos participantes assistiu a um filme de vinte minutos sobre insetos, com a tarefa de classificar quais tipos eram os mais simpáticos (claro que foram as joaninhas). Já para a outra metade, foi pedido que surtasse, mediante as seguintes instruções (se o Crítico Interno tem receita para a ansiedade antecipatória, é essa):

1. Tente pensar em uma situação social na qual não tenha se saído bem, na qual você se sentiu desconfortável ou na qual os outros tiveram impressão desfavorável de você.
2. Tente imaginar qual impressão causou nessa situação. O que acha que os outros pensaram de você?
3. Agora, tente imaginar a impressão que vai causar durante o discurso do qual vai participar daqui a pouco. O que os outros pensarão de você? O que verão?
4. Levando em consideração todos os detalhes possíveis, tente analisar o que pode dar errado enquanto você faz seu discurso.
5. Tente antecipar a pior coisa que poderia acontecer enquanto você está fazendo seu discurso.
6. Tente pensar em como agiria se fizesse papel de bobo.

Os pobres participantes foram instruídos a se concentrar, por alguns minutos, em cada um dos seis passos. Se terminassem antes dos vinte minutos, deveriam repetir o processo todo, com um fracasso diferente por vez, mas sempre épico. Provavelmente, você já sabe o que aconteceu. Surtar de medo não ajudou ninguém a se sentir preparado. Aliás, só fez com que se sentissem mal.

O interessante foi que isso aconteceu *independentemente* de os participantes serem ou não socialmente ansiosos. De fato, essas instruções teriam feito até Snoop Dogg começar a roer as unhas de aflição. Clark e Hinrichsen concluíram que a principal diferença entre indivíduos com alta ou baixa ansiedade social não é o *efeito* do processamento antecipatório, que é o mesmo, seja você quem for. A diferença está no fato de as pessoas socialmente ansiosas terem mais *probabilidade* de alimentá-la.

Em resumo, se o processo no qual o Crítico Interno escolhe a dedo os pontos negativos do passado se desenrola *antes* de um evento importante, isso se chama processamento antecipatório. Se for depois dele, é processamento pós-evento. De todo modo, consiste em enxergar com lente de aumento as coisas que dão errado. Em ambos os casos — antes ou depois — o Crítico Interno nos coloca debaixo dessa lupa. Contudo, essa lente não é só de aumento: ela também distorce, pois faz com que interpretemos o que é neutro como negativo. Em última instância, em uma das cruéis ironias da ansiedade social, todas essas horas surtando de medo com a antecipação preparatória e com a autoflagelação pós-evento não só não ajudam em nada como efetivamente nos fazem retroceder, o que é o oposto exato do que estávamos buscando.

Mas sabe de uma coisa? Um fato crucial é que o Crítico Interno não é tão confiante nem tem punhos tão de ferro quanto se poderia esperar. Na realidade, é mais falastrão que um político belga. Em 2006, os drs. Judith Wilson e Ronald Rapee, dois renomados psicólogos australianos, realizaram um estudo parecido com o da pesquisa de David Clark de 1999 com os adjetivos. Também mostraram aos participantes com ou sem Ansiedade Social Severa algumas palavras que descreviam a personalidade. Novamente, metade das palavras eram termos negativos, como "tedioso", "ignorante", "preguiçoso", "egoísta", e metade eram positivos, como "admirável", "competente", "inteligente" e "afetuoso". É importante salientar que essas palavras não tinham nada a ver com ansiedade. Deliberadamente, foram excluídos termos como "nervoso", "tímido" e "calmo". Depois, tal qual no estudo de Clark, os pesquisadores pediram que os sujeitos experimentais descrevessem a si mesmos. Só que Wilson e Rapee complicaram as coisas, porque, além de medirem o grau em que os participantes pensaram que as características os descreviam pessoalmente, também mediram quanto tempo os sujeitos levaram para tomar uma decisão sobre cada palavra.

O que aconteceu? Não só os participantes socialmente ansiosos repetiram os dados de Clark, concordando mais vezes com descrições negativas como "chato", "inadequado" e "sem noção", e discordando mais vezes de descrições positivas como "competente", "bem-sucedido" e "valioso", mas também, como Wilson e Rapee descobriram, levaram mais tempo para decidir, em comparação com o grupo de não ansiosos. Em suma, o Crítico Interno não tinha certeza. Precisava pensar: *Será que sou isso? Será que sou assim?* Pode ter sido uma hesitação de meio segundo, mas indicou incerteza. Houve dúvida. E essa incerteza, essa dúvida, é o cerne de *toda* ansiedade. Sempre que ficamos nervosos é porque existe alguma coisa que não sabemos. Alguma coisa incerta, sobre a qual não temos segurança.

Isso também significa que existe um defeito na armadura do Crítico Interno. Quando tenta nos proteger, pensa que não podemos fazer aquilo, mas não tem certeza disso. Ele nos diz que não temos o que é preciso, mas tem de pensar a respeito. Em vez de ser definitivo e categórico, o *Crítico Interno* é mais parecido com o homem por trás da cortina em *O Mágico de Oz*, com todos os defeitos de um homem, uma pessoa nada impressionante. O Crítico Interno é bem-intencionado, mas tem defeitos e falhas. Quer saber de uma coisa? A insistência de que você não é suficiente não é somente dúbia como também uma completa distorção. Aliás, eu diria que você é suficiente sendo como é. As outras pessoas concordariam que você é adequado e capaz, e isso quer dizer que não há nada a temer, e você pode simplesmente ser quem é.

O Crítico Interno já está inseguro. Vamos mostrar a ele que, na realidade, está equivocado. Ele subestima você. Você é mais forte, mais capaz e mais querido do que o Crítico Interno jamais imaginou.

E COMO ISSO ESTÁ FUNCIONANDO PARA VOCÊ?

Vez ou outra, trabalho com um paciente que reluta em renunciar ao Crítico Interno. Essa pessoa costuma dizer que "surtar me faz sentir que estou fazendo alguma coisa"; que "me preocupar me faz sentir que estou com as rédeas na mão"; que, "se eu não ficasse ansioso, não conseguiria fazer nada". Essa pessoa defende a autoflagelação dizendo que "ser exigente comigo mesma me ajuda a entender o que deu errado. Me ajuda a fazer melhor da próxima vez". Tive uma paciente chamada Rosa que mostrava relutância especial em desistir da ansiedade antecipatória. Só de ouvir as etapas a que ela se submetia era exaustivo: "Sempre que tenho uma apresentação para fazer em breve, começo a planejar. Tento imaginar tudo o que pode dar errado para poder pensar em como vou reagir. Faço uma revisão de todos os momentos vergonhosos que já vivi e tento pensar em como impedir que aconteçam de novo". Então, ela fez uma pausa antes de prosseguir: "A propósito, isso não funcionava, de fato", ela disse, a título de esclarecimento. "Eu só ficava exausta."

No fundo, Rosa sabia que tanto planejamento era, na realidade, uma antecipação ansiosa fora de controle.

Vamos ver o que isso está fazendo por você. Surtar de medo antes de uma situação ajuda de alguma maneira? Recriminar-se demais depois do ocorrido tem ajudado? Seja qual for sua opinião sobre o dr. Phil, ele acertou um pouco com sua frase de efeito: "E como isso está funcionando para você?".

Se não tiver certeza, tente este experimento de dois dias. No dia 1, adie a ansiedade para o dia seguinte e, no dia 2, deixe que ela venha completamente à tona. Antecipe e repita mentalmente as ideias o máximo que puder. Depois de recuperar o autocontrole, pergunte a si mesmo qual dos dois dias foi mais agradável e mais produtivo. Aposto um canguru com você que o dia 2 não foi aquele que você gostaria de repetir.

Considerando o que se passou comigo no supermercado, o que se passou com Loren depois do feriado de Ação de Graças parado na estrada, e com os universitários que participaram do experimento de surtar de medo antes de um discurso, temos várias comprovações de que o Crítico Interno, na realidade, não nos prepara para nada, nem contribui em nada, desde os discursos para melhorar a nota no curso à nossa vida em geral.

Então, vamos à raiz do problema: o Crítico Interno. Você está pronto? Lá vamos nós.

5

Pense Diferente: Substitua

Não há nada de bom ou mau, mas pensamento o torna assim.

— SHAKESPEARE, *HAMLET*

Existe um tribunal do júri na sua cabeça. Não exatamente com toda aquela madeira escura revestindo as paredes, a cadeira do juiz, assentos para os jurados e um homem que parece advogado de seriado, mas é algo nessa linha. Além disso, há um julgamento em curso. Na verdade, é um processo que dura anos. Esse é um julgamento para decidir se seus temores se tornarão reais ou não: que você vai suar em bicas e encharcar a camisa até as pessoas recuarem devagar para se afastar de você; que todo mundo vai encarar você sem conseguir acreditar no que está dizendo em seu discurso, ou que todo mundo vai preferir assistir à TV Educativa em vez de ouvir as suas histórias. A principal testemunha da promotoria, naturalmente, é o Crítico Interno.

Há anos ele está dando declarações, tagarelando sem parar, e, francamente, está na hora de ser interrogado pela defesa. A voz irritante do Crítico Interno tem difamado você sem dó nem piedade, e, citando os estimados juristas acadêmicos da banda de *heavy metal* Twisted Sister, "não vamos mais aceitar isso".

A fim de desafiar o Crítico Interno, o plano é mudar como você responde à reprovação dessa voz; mudar como você pensa quando ele fica falando alto e se torna detestável. Como nos lembram os icônicos anúncios da Apple do fim dos anos 1990, com seus erros de gramática e tudo: pense diferente. Para tanto, usaremos duas ferramentas. Apesar de muito distintas entre si, ambas servem ao mesmo propósito: reagir ao Crítico Interno em vez de permitir que ele nos convença de que nos esconder no mato ou no banheiro é a melhor opção. Considere essas duas ferramentas como as primeiras de seu novo repertório de recursos.

A primeira ferramenta é chamada Substituir. Neste capítulo, vamos retrucar o Crítico Interno (ou, pelo menos, seremos educadamente firmes. Bater boca não faz meu estilo) com o objetivo de *mudar* suas ameaças. A seguir, no Capítulo 6, vou apresentar outra ferramenta, de uma categoria diferente: Aceitar. Com ela, em vez de combater o Crítico Interno, faremos as pazes com ele. Vamos oferecer a nós mesmos aquela compaixão que tanto gostamos de estender a todas as pessoas.

Para colocar em prática a ferramenta Substituir com alguns argumentos belamente elaborados, vamos chamar nosso advogado de defesa. Ele (ou ela, você escolhe) tem aspecto jovem e, verdade seja dita, é pouco experiente. Ainda não fez muita coisa no ramo, mas tem bastante disposição e vontade, e está na hora de permitir que pratique seus novos recursos. Talvez, só talvez, ele saiba uma ou duas coisas que possam conter a verdadeira torrente de reprovações do Crítico Interno, transformando-a em mero gotejar.

O mais importante é lembrar que o Crítico Interno não liga para estratégias do tipo pensar positivo; ideias ou afirmações positivas não têm muita serventia no tribunal da sua mente. Inclusive, falas tranquilizadoras como "Vai dar tudo certo! Seja você, e pronto!" vão soar como mentira. Portanto, não se trata de um pequeno discurso motivacional. Em vez disso, nosso advogado de defesa vem nos ajudar a pensar *com clareza*. Bem, então vamos ajudá-lo a enfrentar nosso Crítico Interno por um tempinho, que tal?

O advogado de defesa anda agitado diante do assento do juiz e olha à sua volta. O Crítico Interno está sentado no banco das testemunhas como se fosse o dono do lugar. O advogado de defesa pensa como é diferente ver as coisas *desse ponto de vista*, depois de ter esperado na beira do campo por tanto tempo. Pigarreando para limpar a garganta, ele apruma a coluna e reúne coragem.

ESPECIFICAR, ESPECIFICAR, ESPECIFICAR

O advogado de defesa olha para o Crítico Interno, que sorri para ele com expressão de antipatia. Já faz tempo que está sentado ali, e bem confortável, obrigado por se preocupar. Mas o advogado sabe o poder do que está prestes a fazer. Limpando a garganta, ele diz:

— Primeira pergunta. Qual é a pior coisa que pode acontecer?

O Crítico Interno ri:

— Sério? Isso é o melhor que você consegue fazer? Quer saber o pior que pode acontecer?

— Sim.

— O que é isso? Uma pergunta retórica? — o Crítico ironiza.

— Não, não é — o advogado de defesa responde. — É uma pergunta sincera. Para ser respondida. O que *especificamente* é a pior coisa que pode acontecer?

— Isso é fácil: todo mundo vai me achar esquisito.

— Não. Veja bem, é justamente isso que quero saber — o advogado insiste. — *Todo mundo* vai me achar esquisito. Isso é muito vago. Poderia se referir a qualquer pessoa. Quem *especificamente* vai pensar isso?

O Crítico Interno parece confuso. Nunca pensou sobre isso dessa forma:

— Não sei. Todo mundo.

O advogado de defesa insiste:

— Cite alguns nomes.

Essa é a primeira ferramenta da caixa amarela de ferramentas, nova em folha: especificar. Assim como o mantra da locação de imóveis — localização, localização, localização —, o mantra para superar a ansiedade é: especificar, especificar, especificar. Por quê? Porque a ansiedade geralmente é vaga: *todo mundo* vai pensar que sou esquisito; *alguma coisa* ruim vai acontecer; o que *os outros* vão pensar?; *todo mundo* vai me julgar; vou acabar fazendo *alguma coisa* idiota. A ansiedade daria um excelente astrólogo: é vaga o suficiente para deduzirmos praticamente qualquer coisa de suas previsões. Atenção para os sinais de alerta da imprecisão: "sempre", "nunca", "todo mundo", "ninguém".

A ansiedade também pode ser vaga quando não é tanto um pensamento plenamente formado, mas, sim, um reflexo do cérebro reptiliano, como um nó no estômago, uma injeção de adrenalina, o impulso de passar sem parar na frente do salão da recepção do casamento do primo. O Crítico Interno envia uma sensação forte, que *dá a impressão de ser um fato*. Como nos *sentimos* inadequados, isso deve ser verdade. Porque nos *sentimos* fracassados, devemos ser isso mesmo. Porque *sentimos* calor, devemos estar ficando vermelhos como um tomate, e, principalmente, todo mundo deve estar nos criticando por causa disso.

Se seu Crítico Interno é mais uma sensação, para que seja possível especificar, especificar, especificar, tente perguntar o que o nó no estômago diria se pudesse falar. O que lhe diria a vontade de escapar da festa de casamento se pudesse ser traduzida em palavras? Pense que você é um personagem de uma história em quadrinhos e pergunte o que estaria escrito no balãozinho que sai da sua cabeça. Assim que o pensamento é verbalizado, assume forma, e isso quer dizer que podemos desafiá-lo.

Portanto, seja específico. *Exatamente* o que é a pior coisa que poderia acontecer? Qual é a coisa *realmente* idiota que acho que vou fazer? Quem, *precisamente*, acho que vai me criticar? Como disse o advogado de defesa, dê nome aos bois.

Todo mundo vai me detestar se transforma em *Meu chefe vai detestar esta apresentação.*

Todo mundo vai pensar que sou uma aberração se transforma em *As cinco ou seis pessoas com quem eu conversar na festa poderão reparar que minhas mãos tremem e pensar que estou com algum problema.*

As pessoas vão me achar feia se transforma em *Mackenzie e Carmem vão reprovar, de novo, minha roupa e meu cabelo.*

Vou causar uma grande confusão se transforma em *O atendente não vai entender do que preciso, e vamos ter um longo e confuso desentendimento.*

Vai acontecer alguma coisa ruim se transforma em *Estou preocupado de não saber onde ficar nem como me comportar durante essa reunião para conhecer os colegas de trabalho.*

Algumas vezes, damos sorte, e especificar, especificar, especificar é suficiente para neutralizar a ansiedade de imediato. Assim que nosso temor específico é definido, reconhecemos o que há de verdade nele. Quando *Alguma coisa ruim vai acontecer* é especificado como *Vou me encolher e ficar mudo na frente de toda a equipe na reunião*, percebemos que isso é tão realista quanto os pés de salto alto da Barbie.

Na maioria das vezes, especificar, especificar, especificar é o primeiro passo. Depois de esclarecer qual é a pior coisa que pode acontecer, podemos começar a mudar esse cenário. Para isso, voltemos à sala do tribunal, para ver como nosso advogado de defesa faz isso.

AS PERGUNTAS MÁGICAS

A seguir, temos um conjunto de perguntas mágicas. O advogado de defesa encara o Crítico Interno e solta a primeira:

— Quanto isso realmente pode ser ruim?

O Crítico Interno zomba mais uma vez:

— Quanto isso realmente pode ser ruim? Muito! Muito mesmo! As pessoas vão me rejeitar! Ou me ignorar! Ou pensar que sou burro! Você não pode dizer que essas coisas não são ruins. Você não sabe nada.

— Concordo, não seria nada agradável — diz o advogado de defesa —, mas alguma dessas coisas seria *realmente* um desastre monumental?

— Seria um desastre total!

— Alguém morreria? Você sofreria alguma lesão permanente?

O Crítico para um momento e depois pergunta:

— Morrer por dentro vale?

— Não.

— Mas essas coisas são horríveis!

— Sim, são horríveis, mas seriam *um desastre*? Valeria realmente a pena ficar se martirizando a esse ponto?

Pela primeira vez, a voz do Crítico Interno fica um pouco mais suave, quando insiste:

— Ainda seriam todas muito ruins.

O advogado de defesa sorri, cruza as mãos atrás das costas e gira nos calcanhares. Talvez esteja até gostando da situação.

Muito bem. O que nosso advogado de defesa está tentando fazer aqui? Está *desfazendo a catástrofe*, o que é equivalente a remover as garras de um leão. É estourar a bolha do pior cenário possível. Não me entenda mal: o problema continua ali. Alguém pode mesmo, em algum momento, pensar que somos esquisitos, repulsivos, estúpidos. Mas até que ponto isso é *realmente* ruim? Quão ruim é sermos um pouco criticados? Será que podemos aguentar? Ao fazer isso, conseguimos enxergar as consequências com mais clareza.

Mas, então, o Crítico Interno tem uma ideia e se sente revigorado:

— Muitas coisas seriam *um desastre* mesmo! Se eu cometer um erro na minha apresentação, posso ser despedido! Posso transpirar demais, e as marcas de suor na minha roupa farão meus colegas pensarem que não passo de um doido surtado! Vou me comportar como um idiota nesse encontro e ficar sozinho para sempre!

Precisamos reconhecer que o Crítico Interno tem realmente um talento; a capacidade de pegar uma situação ambígua e levemente ameaçadora e prever uma catástrofe de enormes proporções:

— Viu só? E agora? Esses são *todos* desastres reais! — ele diz, cruzando os braços no peito, com ar de satisfação.

O advogado de defesa está pronto para contra-argumentar:

— Sim, tudo isso seria muito ruim mesmo, mas me diga: **quais são as chances?** Quais são as chances de você realmente ser despedido por um erro na apresentação? Quais são as chances reais de todas as pessoas chegarem à conclusão de que você é um doido surtado porque está suando? Quais são as chances de um único encontro malsucedido o condenar a uma vida inteira de solidão?

— Muito altas.

— É mesmo? Um erro significa demissão? *Todas as pessoas* vão pensar que você é doido? Você ficará sozinho pelo resto da vida?

Aonde o advogado de defesa quer chegar com essa tática? Ele está contendo a tendência do nosso cérebro de não só pular de cabeça no pior cenário possível, mas também de nos convencer de que isso vai acontecer, sem sombra de dúvida. Às vezes, essa capacidade de prever catástrofes sociais é útil, como quando você vê um bando de bêbados com tomates podres nas mãos diante do palco aberto para novatos e resolve adiar para outro momento a estreia de seu número de dança interpretativa. Mas, com frequência, antevemos graves consequências em coisas pequenas, por exemplo, o "branco" momentâneo que pode nos ocorrer durante uma apresentação no trabalho (algo pequeno) e uma demissão (grande consequência). Suar (algo pequeno) significa que todo mundo vai ver e se afastar, horrorizado (grande consequência). Nosso encontro dá errado (algo pequeno), por isso viveremos na solidão para sempre (grande consequência).

São pequenas as chances de que a pior coisa que nossa mente é capaz de imaginar acabe, de fato, acontecendo. Vejamos o caso da apresentação, por exemplo. Será que é mais provável você ser demitido ou as pessoas perceberem que tem alguma coisa errada, sentir um pouco de pena de você e logo voltarem a pensar nos cálculos dos Vigilantes do Peso para o dia? Quais são as chances de que todas as pessoas pensem que você é um doido surtado? É mais provável que uma ou duas pessoas notem as manchas de suor na sua camisa, mas pensem que você está sentindo muito calor, ou até mesmo que está nervoso, mas sintam compaixão por você. Quais são as chances de que você *realmente* fique sozinho pelo resto da vida? Não seria mais provável que você apenas não estabeleceu uma conexão com essa pessoa? Ou que, mesmo que nunca encontre seu par, não esteja condenado a chorar diante da televisão nas noites de sexta-feira pelo resto de seus dias?

Pelo menos, uma dessas perguntas, senão as duas — "Quanto isso realmente pode ser ruim?" e "Quais as chances de isso realmente acontecer?" —, vão calar praticamente todos os pensamentos socialmente ansiosos.

O Crítico Interno está começando a parecer nervoso agora.

O advogado de defesa se inclina para a frente e faz a última pergunta:

— **Como você poderia lidar com isso?**

Ficamos ansiosos quando pensamos que não conseguiremos lidar com alguma coisa. Faz sentido: nossa ansiedade nos leva a duvidar da nossa capacidade. Mais uma vez, nosso medo parece ser um fato. Nós nos *sentimos* incapazes, então devemos mesmo ser incapazes; nos *sentimos* sobrecarregados, então realmente devemos ter passado do limite. Mas pense em todos os recursos que você poderia reunir — amigos, família, força interior, fé, charme, cupom para a aula de yoga grátis esquecido no fundo da gaveta da mesa do escritório — e podem ajudar a enfrentar a situação, caso o medo, de fato, tome conta. Pergunte-se com todas as letras: como você lidaria com isso? Que atitude tomaria?

A título de ilustração, se você realmente for despedido, o que poderia fazer? Falando sério: o que você *poderia* fazer? Poderia procurar outro emprego. Enxugar o orçamento por um tempo. Perguntar a amigos e a familiares se podem indicá-lo para alguma vaga. Não seria mamão com açúcar, de jeito nenhum. Seria realmente difícil, mas não seria uma situação sem saída. Você conseguiria resolver. E esse é o ponto: mesmo que sua preocupação seja esmagadora, você pode lidar com basicamente qualquer coisa que a vida lhe apresentar, de obstáculos inesperados a grandes desafios e gente excêntrica.

De volta à sala do tribunal. O Crítico Interno está se contorcendo. O advogado de defesa gira nos calcanhares com um sorriso e diz:

— Sem mais perguntas.

Em resumo, quando o Crítico Interno aciona a ansiedade, a primeira pergunta a se fazer é **"Qual é a pior coisa que poderia acontecer?"**. Responda a ela com toda a precisão possível e lembre-se de especificar, especificar, especificar.

As próximas perguntas são:

"Quanto isso realmente poderia ser ruim?".

"Quais são as chances de isso acontecer?".

"Como eu poderia lidar com isso?".

Essas perguntas serão suficientes para que você possa lidar com quase todos os pensamentos socialmente ansiosos. Você vai substituir o pior cenário do que pode acontecer por alguma coisa que provoque menos palpitação e seja mais realista. Bem, sei que pode *não parecer* verdade ainda, mas lembre-se de que seu advogado de defesa acabou de introduzir a possibilidade de "Substituir". A ansiedade social levou uma vida toda para se enraizar, e, embora não vá levar outra vida inteira para que você possa relaxar, nossa próxima ferramenta, Aceitar, pode ajudar a adiantar esse processo.

6

Pense Diferente: Aceite

Você está indo de carro até a piscina pública local para buscar seu filho depois da aula de natação. Para no estacionamento, vai até a piscina e cumprimenta o universitário de cara aborrecida que está na recepção. Vai até perto da borda da piscina e tenta não ser alvo dos respingos das braçadas das crianças agarradas naquela beirada ou exercitando a batida de pernas e formando uma camada e tanto de espuma. O ar tem cheiro de cloro, o que faz você pensar, a julgar pelo número de crianças presentes, na porcentagem de água que provavelmente é xixi. Na piscina, os vários grupinhos de crianças estão com o respectivo instrutor, cada um treinando conforme seu nível. Você passa os olhos pela piscina toda buscando o grupo do seu filho. Nesse momento, escuta a voz de um adulto trovejando mais alto que o vozerio das crianças e o barulho da água: "Não! Assim não, idiota! O que está pensando? Não acredito que está batendo as pernas desse jeito! Parece um frango se afogando. Está de brincadeira comigo? Se nadar desse jeito, todo mundo vai rir de você".

Você olha, horrorizada. Um instrutor está em pé, falando com uma criança que boia na água. A criança começa a chorar, e as lágrimas vão, lentamente, enchendo as lentes dos óculos de natação do menino. O instrutor continua, com sarcasmo: "Nem se dê ao trabalho de voltar na semana que vem. As outras crianças não querem você por perto mesmo".

É uma situação alarmante. Você olha à volta para ver se mais alguém está vendo o que se passa. Isso não é um tipo de abuso infantil? Você cria uma nota mental para não permitir que seu filho chegue perto desse instrutor.

Enquanto está pensando no que vai falar para alguém da direção da escola, outra aula começa na mesma piscina, a apenas poucos passos de onde você está. As crianças estão se exercitando e batendo as pernas, como fizera o grupo anterior. Enquanto a maioria está feliz e continua treinando, uma está tendo dificuldade, e suas pernas batem na água sem ritmo. O instrutor se aproxima e diz: "Olá, amigão. Você está se esforçando bastante. Muito bem. Mas que tal tentar manter as pernas retas? A batida começa no quadril, não no joelho. Daí a perna toda entra na batida, e você vai nadar super-rápido. Quer experimentar para eu ver? Muito bem. Você está quase lá. Tente de novo... Você está indo bem. Continue treinando e vai nadar mais rápido que um peixe. Toca aqui!".

Certo, voltemos agora para terra firme, por assim dizer. Qual instrutor fará as crianças nadarem melhor? Claro que é o segundo, mas por quê? Por que a atitude ríspida não funciona? Qual é o efeito das críticas? Será que elas motivam? Não, claro que não. Alguma vez, seu pai ou sua mãe, um professor ou um chefe já gritou com você e fez com que pensasse: *Caramba, essa pessoa realmente tem razão! Sem dúvida, vou me esforçar mais na próxima vez. Obrigado por me mostrar o erro que eu estava cometendo?* Certamente que não, a menos que tenha sido um pensamento sarcástico tão corrosivo, a ponto de abrir um buraco no chão.

Em vez disso, a crítica ríspida causa dois efeitos na criança dentro da piscina: primeiro, vergonha, o que já é bem ruim, mas, além disso, faz com que ela nunca mais queira tentar nadar, o que a priva da oportunidade de aprender. Os pais dessa criança vão encontrar os óculos de natação do filho no cesto de lixo, isso eu garanto. Ele vai dizer que odeia natação e não quer voltar. Na semana seguinte, quando tentarem levar o filho para a aula, ele vai fincar o pé e abrir o maior berreiro. Isso sem contar tudo o que vai pensar quando estiver na cama à noite, imaginando todas as maneiras humilhantes e medonhas que poderiam levar à morte aquele instrutor.

Por outro lado, o segundo instrutor não só vai conseguir que seu aluno volte na semana seguinte como também fará dele um bom nadador. O instrutor mostra apoio, mas não da boca para fora. Dedicou tempo para corrigir os movimentos do aluno quando ele estava sendo menos eficiente, e o fez demonstrando apoio. Incentivou o menino a treinar e mostrou entender que adquirir uma habilidade requer tempo, além de realmente se importar com a criança. O instrutor solidário não só é um profissional mais agradável de interagir como também é bem mais eficaz. Esse é justamente o ponto crucial da próxima ferramenta: temos muito mais chance de atingir nossos objetivos em um ambiente de apoio que em um punitivo.

É surpreendente quanto o primeiro instrutor parece o Crítico Interno. É como se os dois tivessem feito juntos a mesma faculdade da malvadeza. Não obstante, falamos conosco desse jeito o tempo todo. De algum modo, pensamos que críticas ásperas vão nos motivar, convencer a mudar, ou que é necessário nos punir e nos subjugar de alguma maneira. E, apesar de sabermos instintivamente que o instrutor que está insultando a criança está agindo errado, não é fácil perceber que o Crítico Interno também está errado. Não só errado, mas também é ineficaz. Dizer a nós mesmos que não conseguimos, que não temos o que é preciso, que não deveríamos nem nos dar ao trabalho de tentar apenas nos faz querer sumir, nos esconder, evitar.

Então, como deveríamos falar conosco? Em poucas palavras, como o segundo instrutor. Se argumentar com nosso Crítico Interno e mudar nossos temores e pensamentos sombrios são a essência de Substituir, criar para nós mesmos um ambiente de apoio no qual seja possível experimentar coisas difíceis é Aceitar. Desta vez, não desafiaremos diretamente nossos pensamentos. Em vez disso, nós os reconheceremos assim como são e daremos a nós mesmos o equivalente psicológico a um abraço afetuoso e acolhedor.

Funciona assim: um dia, um sujeito chamado Ringo perguntou em uma canção: *O que você faria se eu cantasse desafinado? Partiria para cima de mim?* Diante dessa ansiedade lírica, Ringo veio com uma boa ideia: *Sobrevivo com a ajuda dos meus amigos*. Com a estratégia de Aceitar, você tem o mesmo resultado, mas, em lugar dos amigos, a ajuda vem de dentro. Os amigos podem não estar disponíveis o tempo todo, mas você está.

Isso é autocompaixão. Essencialmente, Aceitar é apenas oferecer a si mesmo o apoio, a cordialidade, a gentileza que você demonstraria a um amigo ou ofereceria a alguém. É a ajuda que vem quando você mais precisa.

Talvez você tenha ideia de que a "autocompaixão" é algo como acender um incenso de *patchouli*, mas, na realidade, trata-se de uma ferramenta muito prática. Algumas pessoas, especialmente as criadas em famílias muito críticas ou rígidas, podem se opor, a princípio, afirmando que a pessoa com autocompaixão é preguiçosa, fraca ou só quer se livrar da responsabilidade. No entanto, quando falei com a dra. Kristin Neff, da Universidade do Texas, uma das pioneiras na pesquisa sobre autocompaixão, ela me apresentou uma boa maneira de discernir o que autocompaixão não é: "O primeiro passo é contextualizar", ela sugeriu. "A mãe compassiva deixaria o filho comer todos os doces de uma vez? Claro que não. Em vez de deixar o filho ser indulgente e indisciplinado, ela aceita o fato de que os doces são, sim, uma tentação e depois, afetuosamente, estimula uma opção mais saudável."

Autocompaixão significa criar o mesmo tipo de ambiente de apoio, afeto e incentivo, no qual podemos criar a coragem para escolher com sabedoria. Em resumo, autocompaixão é o oposto do autojulgamento. O autojulgamento procura o que há de vulnerável em nós e parte para o ataque, enquanto a autocompaixão busca o que temos de humano e age com compreensão, consideração, valorização e incentivo.

Segundo a dra. Neff, a autocompaixão reúne estes elementos: *mindfulness* (atenção plena), gentileza consigo mesmo e a consciência de que estamos todos no mesmo barco, o que ela chama de nossa humanidade comum. O primeiro elemento — *mindfulness* — você, sem dúvida, já ouviu falar, mas, tal qual o ozônio e o glúten, pode ser difícil definir com precisão. Portanto, vamos começar com um curso rápido, curto e direto ao ponto.

Enquanto desafiar nossos pensamentos ("Quanto isso realmente seria ruim?", "Quais são as chances de isso acontecer?", "Como eu lidaria com isso?") exige subir ao ringue de boxe e lutar alguns assaltos contra nossas ideias negativas mais persistentes, o *mindfulness* assiste a tudo calmamente, do outro lado das cordas. Em poucas palavras, *mindfulness* significa prestar atenção ao momento presente deliberadamente e sem julgamento. No livro *Self-Compassion: The Proven Power of Being Kind to Yourself*,* a dra. Neff apresenta a melhor explicação sobre *mindfulness* que já encontrei. Imagine que você está no cinema vendo um filme que prende toda a sua atenção. Você se assusta quando o bandido ataca, rói as unhas quando a luta se desenrola, prende o fôlego quando são reveladas as reviravoltas. Então, a pessoa ao seu lado espirra. De repente, você está de volta ao seu lugar na plateia, com o saco de pipoca no colo, e se lembra de que está vendo um filme.

---

* *Autocompaixão: pare de se torturar e deixe a insegurança para trás*. Rio de Janeiro: Lúcida Letra, 2017. (N. da T.)

Em outras palavras, *mindfulness* não são seus pensamentos *de verdade* nem sua experiência *real*. Ao contrário, é um método para *assistir* aos seus pensamentos e à sua experiência. É constatar que está *pensando isto*, *ouvindo aquilo*, *reparando em algo*. Além disso, você pode escolher para onde direcionar a atenção. Pode observar seus pensamentos, sua respiração ou tudo que estala no seu corpo. Da mesma maneira que assiste à imagem projetada na tela do cinema, você assiste aos pensamentos ou às sensações, conforme cruzam repentinamente o campo da sua consciência.

Usando essa técnica, você pode assistir aos pensamentos ansiosos que lhe ocorrem, sem se emaranhar neles. Por exemplo, recorde-se de um momento recente em que se sentiu humilhado. Agora, pense: *Realmente, errei feio dessa vez*. Provavelmente, você sente certa vergonha, culpa ou insegurança. Agora, mude um pouco as coisas e pense: *Estou tendo o pensamento de que, dessa vez, errei feio*. É uma diferença sutil, mas existe. Na segunda versão, há uma distância, existe consciência. Do mesmo modo que quando a pessoa ao nosso lado no cinema espirra, nossa atenção muda da total absorção no filme, como se fosse realidade, para tomar consciência de que o filme não é a realidade. E sabe do que mais? Assim como o filme não é a realidade, nossos pensamentos também não o são. Isso é um pouco assustador, certo? Mas também nos liberta. Lembre-se: as sensações não são fatos. Os pensamentos são transitórios, não são a verdade. Só porque o Crítico Interno formula previsões duras e ansiosas para o nosso futuro não quer dizer que temos de ficar presos a elas. Em vez disso, podemos apenas assistir ao Crítico Interno tramar esses pensamentos, sem precisar acatá-los.

Ainda mais assustador é constatar que, até este momento, alguns pensamentos — *Sou socialmente incompetente*, *Não vou saber o que dizer* — pareceram tão reais e concretos quanto *Tenho olhos castanhos* ou *Tenho 39 anos*. Mas, na tela de cinema do *mindfullness*, pensamentos como *Vou parecer idiota* são somente crenças, apenas pensamentos. Basta um espirro existencial e saímos de *Não sou bom o bastante* para *Estou pensando que não sou bom o bastante*. E isso faz toda a diferença. Em um momento de clareza espantosa, passamos de uma verdade absoluta para apenas um pensamento. E os pensamentos podem ser mudados. Ou, para continuarmos no âmbito do *mindfullness*, simplesmente observados.

Para demonstrar o poder do *mindfullness* para nos ajudar a lidar com a ansiedade social, um estudo de 2011 treinou pessoas com Ansiedade Social Severa por apenas dez minutos para praticar *mindfullness*, distrair-se (prestar atenção em alguma coisa não relacionada com a tarefa a cumprir) ou não fazer nada. O treino de *mindfullness* ensinou os participantes a se concentrar na respiração e gentilmente trazer a atenção de volta durante momentos de dispersão (como a mente costuma fazer; na verdade, quando você começa a tentar prestar atenção de maneira concentrada, perceberá que sua capacidade de focar está em algum ponto entre a de um "filhote de cachorro sem treino" e a de uma "criança de 3 anos"). Nesse estudo, as instruções para o grupo que praticava o *mindfullness* eram concluídas dizendo que "o propósito é estar consciente de seus pensamentos e sensações, aceitando sua experiência no momento presente". Depois do treinamento, os participantes foram testados. Foi-lhes pedido que se lembrassem de um momento em que tivessem se sentido realmente ansiosos, constrangidos ou inseguros, em situações sociais como uma festa, uma reunião, uma apresentação ou um encontro. Eles foram instruídos a se recordar tão nitidamente quanto possível desses momentos e depois sustentar por cinco minutos essa recordação, revivendo esses sentimentos. Os participantes deram uma nota para o grau de incômodo que sentiram e, em seguida, aplicaram a nova estratégia de pensamento — *mindfullness*, distração ou nada — a esse conteúdo, por outros cinco minutos, após os quais, novamente, deram nota para seu grau de desconforto. Como você pode imaginar, o *mindfullness* ganhou disparado. Os sujeitos desse grupo sentiram diminuição gradativa e significativa do incômodo ao longo dos cinco minutos. No grupo que usou a distração, o incômodo não diminuiu nada e, inclusive, aumentou no grupo de controle. Lembre-se de que isso foi após apenas dez minutos de treino.

Se você é iniciante, aqui vão três exercícios de *mindfullness* para praticar, cada um com duração de apenas poucos minutos.

5, 4, 3, 2, 1. Este é um pequeno exercício que pode ser feito em qualquer lugar e tirar você de uma preocupação, devolvendo-o à realidade. Para realizá-lo, você vai passar pelos cinco sentidos. Primeiro, olhe à sua volta e nomeie cinco coisas que vê. Vejo meu *laptop*, uma caneca com chá, uma impressora, uma pilha de autoadesivos azuis para pequenas anotações e uma biografia de Albert Ellis. A seguir, nomeie quatro coisas que você pode ouvir — um carro passando na rua, um passarinho cantando, o ar-condicionado do vizinho e uma torneira aberta em algum lugar. Agora, três coisas cujo tato você pode sentir — meus pés nos sapatos, minhas costas na cadeira, meus dedos no teclado. Duas coisas cujo cheiro pode sentir — o aroma do chá e o cheiro de livro velho da biografia. Por fim, uma coisa cujo gosto pode sentir; no meu caso, dou um gole no chá, mas, se não houver nada à mão, você pode simplesmente prestar atenção no gosto que tem na boca (em geral, nojento), ou, em vez disso, diga algo bom a seu respeito (nunca nada nojento).

Por que fazer isso? Em primeiro lugar, conectar-se com os sentidos devolve a pessoa ao aqui e agora. Se você está no modo antecipação, 5-4-3-2-1 traz você de volta do futuro. Se está remoendo algum acontecimento, esse exercício o traz suavemente de volta do passado. Em segundo lugar, a contagem de cinco a um passando pelos cinco sentidos obriga a mente a manter o foco, e isso interrompe o giro circular das ideias que rodopiam na sua cabeça sem parar.

Escuta atenta. Este é um bom exercício para a parte da definição que fala de atenção "isenta de julgamentos". Simplesmente ouça o que está acontecendo à sua volta: o barulho da cafeteria, o som do motor dos veículos na pista expressa, os sons abafados em uma biblioteca. Permita-se ouvir todos os sons sem reagir. Se sua mente começar a fabricar uma lista de compras ou se lembrar de *jingles* de sabão em pó, apenas traga gentilmente a atenção de volta para os sons ao redor. Concentre-se no que está ouvindo neste momento.

O clássico: respiração atenta. O exercício básico, "arroz com feijão", clássico do *mindfullness* é a respiração atenta. Deliberadamente, preste atenção em sua respiração. Acompanhe o ar entrando pelo nariz. Sinta a frescura do ar nas narinas. Ignore as contagens de quatro tempos inspirando, seis tempos expirando. Apenas respire. Sinta o tronco se expandir e depois esvaziar na exalação. Perceba como o ar está aquecido quando sai pelas narinas. Agora, repita a sequência. Se sua mente tem o mesmo nível de disciplina de uma doninha encurralada, não se desespere. As oportunidades para ser atento à respiração duram, bem, a vida inteira.

Esses são três exercícios, mas existem zilhões de outros e de sequências para meditação que você pode experimentar. Tenha em mente a sensação de estar assistindo a um filme e coloque essa mesma atenção em prática para observar uma flor, uma uva-passa ou — o crucial — seus pensamentos ansiosos.

Como diz a dra. Neff: "Você não consegue curar o que não sente. Seja o que for que escolher, apenas preste atenção, deliberadamente, sem julgar".

COMO A GENTILEZA SUPERA O CRITICISMO

Muito bem, isso conclui nosso "parêntese" necessário sobre o *mindfullness*. Agora, podemos retornar à seção devidamente planejada sobre Aceitar. Na conversa com a dra. Neff, ela apontou: "Não podemos pular etapas e dizer 'Não acredito no Crítico Interno'. Precisamos nos voltar para ele e perguntar de que maneira ele está tentando ajudar. Em geral, as pessoas percebem que o Crítico Interno e a autocompaixão querem exatamente a mesma coisa".

Você se lembra dos dois instrutores de natação? Aparentemente, ambos queriam a mesma coisa: que as crianças aprendessem a nadar. Até mesmo o primeiro instrutor estava tentando ajudar, de certa maneira. Quando sentimos muita vontade de não ir ao churrasco dos vizinhos porque nos preocupamos de ficar deslocados e de o pessoal pensar que somos estranhos, podemos perguntar ao Crítico Interno como ele está tentando ajudar. Qual será a resposta? Quase sempre será: *Estou tentando proteger você*. Como a mãe neurótica superprotetora, o Crítico Interno lhe dirá: *Se você não for, eles não poderão magoá-lo. Só falte desta vez e assim vai garantir que não zombarão de você. É melhor se poupar do que se lamentar, então por que não fica em casa desta vez?*

Recorrendo à autocompaixão, todavia, você pode dizer a si mesmo algo como: *Oh, meu bem, sei que você está assustado. Você não conhece direito os vizinhos, e isso intimida mesmo. Você não está sozinho nisso: todo mundo se sente deslocado e estranho às vezes, e todo mundo já foi recém-chegado ao bairro um dia. Você sabe, por experiência própria, que o mero fato de comparecer é a pior parte. Daí em diante tudo melhora. Você já fez coisas difíceis antes, e sei que pode fazer isso, mesmo que se sinta nervoso*. Agora, se achar que é brega se chamar de "meu bem", descarte essa parte. O importante é apoiar-se, ser gentil consigo mesmo e, acima de tudo, ter coragem. Observe que a autocompaixão não disse: *Oh, meu bem, sei que você está assustado. Por que não fica em casa e come um pote de sorvete, então?* Assim como o segundo instrutor não fez um elogio da boca para fora, nem deixou o garotinho batendo perna do jeito errado, a autocompaixão também não fica salvando sua pele. Assim como o segundo instrutor deu ao aluno com dificuldade um empurrãozinho amigável e gentil na direção certa, a autocompaixão pode fazer o mesmo por você. Ela sabe que todos temos nossas dificuldades, então por que fingir que não? A autocompaixão enxerga nossas inadequações e falhas e não só as aceita como também proporciona um lugar seguro e afetuoso para que tudo isso coexista. A autocompaixão adora o pacote completo que você é, que eu sou. Quando você fala consigo mesmo com compaixão, inverte a Regra de Ouro: em vez de tratar os outros como gostaria de ser tratado, você trata a si mesmo tão bem quanto trataria os outros.

Autocompaixão é diferente de autoestima. Segundo a dra. Neff, autoestima é um rótulo: *Sou ótimo! Sou lindo!* Mas até os rótulos positivos que colocamos em nós mesmos, se temos a sorte de contar com eles — *Sou inteligente, sou bem-sucedido* —, são somente rótulos. O perigo é que somos propensos a nos apegar a rótulos positivos e a evitar coisas novas que possam ameaçá-los. Aí está a palavra de novo: "evitar". Aliás, um estudo de 2015 demonstrou que, em pessoas que praticam a autocompaixão, até a baixa autoestima tem pouco efeito sobre sua saúde mental, sugerindo que a autocompaixão cria um anteparo, uma rede de segurança de gentileza, que impede as pessoas que se equilibram na corda bamba chamada vida de despencarem.

Se você é parecido comigo, a primeira vez que tentar falar consigo mesmo com compaixão vai funcionar por mais ou menos três segundos. Depois, sua mente será tragada por uma sucção poderosa e voltará a se angustiar com a Revelação Máster do Dia. É normal. Em termos de disciplina e controle, lembre-se de que sua concentração está entre a de um filhote de cachorro não treinado e a de uma criança de 3 anos. É difícil ser gentil conosco quando estamos acostumados a nos tratar continuamente com rispidez. Mas é aí que o *mindfullness* entra em cena outra vez. A percepção de que você está assistindo a um filme pode ser aplicada durante a observação de seus pensamentos ansiosos isenta de julgamentos e permitir que você tente de novo.

COMO COLOCAR AS ESTRATÉGIAS DE SUBSTITUIR E ACEITAR EM PRÁTICA

Muito bem, então vamos unir as táticas de Substituir e Aceitar. Você pode usá-las em separado, mas, como dois deliciosos sabores que se tornam ainda mais gostosos quando combinados, ambas são ainda melhores e mais poderosas quando associadas.

A título de ilustração, meu antigo paciente Pranav é da área de biotecnologia e fundou uma *startup* há alguns anos. Para conseguir os fundos necessários, teve de tentar atrair investidores de risco bilionários. Quando me contou a história de como apresentou a eles sua ideia, ele brincou (pelo menos espero que tenha brincado) dizendo que no seu copo d'água, em vez de cubos de gelo, havia pepitas de ouro congeladas. Em outras palavras, era um misto intimidador de pressão e fortuna, suficiente para deixar quase todos nervosos. Mas falar em público não era o cenário para a temida Revelação de Pranav, de modo que, mesmo sendo uma situação intimidadora, ele fez sua apresentação com paixão, garantindo o investimento necessário, e, após levar a família para um jantar de comemoração inesquecível, mergulhou de cabeça no trabalho por três anos, sem descanso. Depois desse período, a *startup* foi comprada por uma companhia farmacêutica, cujos medicamentos você provavelmente já usou, que a tornou uma de suas divisões. Atualmente, Pranav lidera uma equipe de quinze pessoas que se reportam diretamente a ele e mais outros tantos subordinados. Ele mesmo só presta contas ao CEO. Pranav é capaz de conduzir uma reunião e de fazer uma apresentação sem problemas. Responde a mensagens de texto e envia e-mails também sem problemas. Mas fazer uma ligação é outra história.

Pranav pedia à esposa que fizesse todas as chamadas para o SAC de serviços relativos à casa, como empresas de fornecimento de gás, TV a cabo e telefonia. Não telefonava para os amigos e para a família, preferindo manter contato por e-mail. Ele costumava brincar dizendo que dava graças a Deus por poder pedir comida *on-line*: "Vou buscar o pedido. Deixo a família escolher o restaurante onde vamos pedir ou o que vamos comer. Só não quero ligar para eles".

Por quê? A preocupação de Pranav era que a pessoa do outro lado da linha se aborreceria com ele. Se fosse mesmo obrigado a ligar, depois ficava remoendo a conversa na cabeça: *Será que eu disse a coisa certa? Será que falei no tom adequado?* — e só de pensar em fazer telefonemas ficava ansioso e encalorado.

Diante disso, Pranav pôs em prática as estratégias de Substituir e Aceitar. Em termos de especificar, especificar, especificar, ele argumentou: "É difícil explicar. Acho que é porque vou ser uma chateação, uma pedra no sapato, ou pegar a pessoa em um mau momento".

Qual é a pior coisa que pode acontecer? Pranav disse que tinha receio de que a pessoa do outro lado da linha pensasse que ele era confuso: "Podem achar que não sou competente o bastante para saber quando telefonar, nem o que dizer".

Excelente. Houston, temos um problema: "Vão pensar que sou confuso".

Muito bem, vamos retomar as perguntas. A primeira é: "Quanto isso realmente seria ruim?". Pranav pensa por um instante e depois diz, devagar: "Não seria exatamente um desastre. Não é como se eu fosse morrer, nem nada disso, mas imagino a pessoa revirando os olhos e falando comigo como se eu estivesse no jardim de infância".

Ele volta a se fazer a mesma pergunta: *E quanto isso realmente seria ruim?*

"Seria ruim, seria uma vergonha".

Porém, depois de conter o pior cenário possível, que passa de um cão de guarda rosnando para um filhotinho feliz, mordiscando calcanhares, Pranav foi capaz de dizer: "Bem, de fato, já senti isso muitas vezes e acho que, não é tão *horrível*. É como uma pedra no rim: dói, mas sempre passa. Acho que se alguém pensa que sou confuso demais para fazer um pedido, isso não quer dizer que sou confuso *em tudo que faço*".

Impressionante. Agora, a pergunta é: "Quais as chances de isso realmente acontecer?". Pranav para e pensa. Depois conclui: "Provavelmente, esse sujeito já ouviu de tudo. Histórias de bêbados. Bate-bocas. Provavelmente, não se importa se eu mudar meu pedido enquanto falamos ao telefone".

Por último, "Como poderia lidar com isso?". Pranav reflete um pouco, depois diz: "Se alguém se aborrecer? Acho que não há o que fazer. Eu iria me sentir mal por alguns instantes, mas depois, provavelmente, prestaria atenção em outra coisa, como meus filhos, meu trabalho, algo assim".

Com isso, Pranav conseguiu diminuir consideravelmente a ansiedade. O sentimento não desapareceu por completo, mas serviu para que ele se lembrasse de que não era tão ruim quanto tinha pensado a princípio, e que podia lidar com a situação.

A etapa seguinte é Aceitar. No início, Pranav teve dificuldade com a prática de *mindfullness*. Foi bem complicado observar os pensamentos sem fazer nada a respeito. A parte dele que resolvia problemas entrava em ação cedo demais. Então, certa quinta-feira à noite, Pranav ficou exausto. A semana já havia sido cansativa demais, e a última atividade de sua agenda era um telefonema para um colaborador na Austrália. A mente de Pranav começou a temer a ligação, mas, naquele momento, ele descobriu que era capaz de deixar os pensamentos de lado: "No fundo, estava cansado demais para reagir. Consegui agir com atenção plena por acaso, mas consegui. Percebi os pensamentos se atropelando e só disse 'Bobagem'. Fiquei empolgado quando me dei conta do que tinha acontecido. Realmente, era como entender que você está vendo um filme".

Ele tentou repetir esse estado acidental de *mindfullness* na vez seguinte em que foi pedir comida. Nesse momento, foi capaz de ver os pensamentos como eram de fato: "Uau, estou tendo o pensamento de que a pessoa que vai atender o telefone vai brigar comigo por eu estar querendo pagar em dinheiro. Isso nunca acontecia".

A fim de se encorajar mais um pouco, ele pensou como acalmaria o filho pequeno, na mesma situação. Quando mudou sua perspectiva dessa maneira, sentiu-se atento e terno, o que era muito diferente da atitude de "resolva logo isso, caramba" que costumava adotar em relação a si mesmo: "Muito bem, Pranav, todo mundo fica ansioso, todo mundo tem as próprias dificuldades. Você está trabalhando para mudar isso; está comprometido em tentar".

Assim, endireitou-se um pouco na cadeira e acrescentou: "Além disso, você aguenta se sentir constrangido por alguns instantes. Se sobreviveu aos últimos anos, é capaz de fazer algumas ligações. Tudo bem se sentir desconfortável, desde que continue seguindo em frente".

Muito bem, Pranav.

Agora, vamos acelerar o passo. Nelly é uma universitária de 20 e poucos anos que pretende trabalhar como *designer* de moda e também está atrás de um amor. Na última vez que saiu para encontrar um rapaz, depois de conhecê-lo *on-line* e de trocarem mensagens, ficou muito nervosa. Já tinham trocado vários e-mails e mensagens de texto. Ele parecia divertido, realmente prestava atenção no que ela escrevia, e, a julgar pelas fotos que tinha enviado, era atraente. Mas Nelly detestou o processo todo. Pensou em tomar uma dose de uísque para ganhar coragem antes de sair, mas não queria chegar cheirando a Jack Daniel's, por isso disse a si mesma que não era essa a impressão que queria causar. Outra parte de causar determinada impressão que a preocupava era o hábito de ir para a cama com o sujeito já no primeiro encontro, porque tinha receio de não ter mais nada a oferecer depois. Segundo ela, um romance rápido entre adultos não era problema, mas isso acontecia pelo motivo errado: "Literalmente, fico tão aterrorizada que arranco minhas roupas".

Assim, antes do encontro, Nelly praticou tentar Substituir e Aceitar. Primeiro, perguntou a si mesma do que sentia medo (*especificar, especificar, especificar*) e descobriu um bando de perguntas em revoada em sua cabeça: *E se ele não gostar de mim? E se ficar decepcionado? E se pensar que foi perda de tempo?* Mas era impossível argumentar com perguntas, então Nelly as transformou em afirmações, para que pudesse questioná-las: *Ele não vai gostar de mim. Ele vai ficar decepcionado. Ele vai pensar que foi tudo perda de tempo.* Porém, era muito mais que isso. Nesse primeiro encontro,

Nelly previa todo seu futuro e, nesse futuro, se via sozinha com nove gatos, abandonada pelas amigas, pois estariam todas casadas havia muito tempo. No pior cenário que podia imaginar, terminava sozinha para sempre. Credo, Nelly, com um pensamento desses girando na cabeça, não espanta que ficasse ansiosa!

Contudo, as perguntas mágicas podem funcionar com qualquer tipo de pensamento aterrorizador. Então, o que ela se perguntou primeiro foi: *Quanto isso pode ser ruim? Realmente ruim!*, ela pensou, a princípio. *Não quero ficar sozinha para sempre*. Mas, quando verbalizou em voz alta esse pensamento sobre o pior que poderia acontecer, de algum modo percebeu quão exagerada era a afirmação. *Sozinha! Para sempre!* Nelly parou um instante e pensou: *Mas não estarei presa em uma solitária ou algo assim. E esse encontro não define o resto da minha vida. E, mesmo se eu nunca encontrar um companheiro, vou sobreviver. Não é o que eu gostaria, mas não vou morrer por isso*. Quando se perguntou *Quais são as chances?*, entendeu que tinha controle sobre adotar ou não nove gatos, e que podia zerar as chances de esse futuro temido se tornar realidade. Quando se trouxe de volta para o presente, para um cenário mais realista do que seria o pior que poderia acontecer, Nelly pensou que apenas seria outro encontro constrangedor. Depois, quando respondeu a *Como poderia lidar com isso?*, pensou que voltaria para casa depois de se despedir, trocaria de roupa e vestiria uma calça de moletom e assistiria a algum programa de comédia. Pensando bem, Nelly concluiu que não seria de todo ruim.

Quando chegou na parte de Aceitar, já estava se sentindo melhor, mas ainda foi praticando as etapas dessa fase. Ela disse que, *sem dúvida*, saberia o que dizer a uma amiga na mesma situação: "Inclusive, tive essa conversa na semana passada". Pensando em si mesma, disse: "Claro que estou preocupada. Muita gente sente exatamente isso nesse tipo de situação. Não é fácil".

Nelly disse a si mesma que buscar amor é difícil para qualquer um, que ir filtrando os encontros para achar um companheiro leva tempo, que é difícil ir à luta. Deu parabéns a si mesma pela coragem, apesar do desconforto todo, e se lembrou de que, provavelmente, o sujeito também estaria nervoso. Ou era um idiota, e, nesse caso, ela voltaria para casa e assistiria a algum programa educativo leve. Sua conclusão foi que tinha coragem, sim, por ir à luta: "Posso fazer coisas difíceis. Já fiz muitas coisas difíceis na vida e sempre acabei encontrando a luz no fim do túnel em cada uma delas".

No final, Substituir e Aceitar não pareceram ser uma mentira. Não era como se ela estivesse se forçando a se sentir melhor. Em vez disso, para sua surpresa, ela sentiu alívio.

Agora é a sua vez. Primeiro, Substitua para desafiar seus pensamentos. **Especificar, especificar, especificar.**

Quando ____,

(SITUAÇÃO SOCIAL EM QUE VOCÊ SE SENTE ANSIOSO)

ficará evidente que eu

____.

(O QUE MEU CRÍTICO INTERNO DIZ QUE ESTÁ ERRADO COMIGO)

Agora, encare a tão temida consequência e pergunte-se:

"Quanto isso realmente seria ruim?".

Seria, de fato, um desastre de proporções épicas? Mesmo?

Se você já conseguiu sair do enredo catastrófico e está em uma proporção menos desastrosa, pode passar direto para "Como eu poderia lidar com isso?". Caso não esteja nesse ponto, pergunte-se:

"Quais são as chances de isso acontecer?".

O que é mais realista? O que tem mais chance de acontecer?

E, por fim,

"Como eu poderia lidar com isso?".

Pense em todos os recursos que você poderia reunir: família, amigos, autocuidado, plano de saúde, balinha de goma..., não deixe nada de fora!

A seguir, parta para Aceitar, procurando demonstrar um pouco de compaixão por si mesmo: fale com você como falaria com um amigo. Acalme-se, encoraje-se, apoie-se. Mostre que valoriza seu esforço. Seus medos são válidos: reconheça. Se quiser ser radical e ninguém estiver olhando, abrace a si mesmo enquanto fala, oferecendo-se um apoio literal. Dê tapinhas de incentivo nas próprias costas ou um apertão gentil de encorajamento. Se sua voz soar dura de alguma maneira, perdoe-se e tente mais uma vez.

O melhor de tudo é que Substituir e Aceitar são só os primeiros passos. Servem de ponto de partida para praticar o processo em todas as situações das quais sentir medo. Substituir e Aceitar não vão fazer a ansiedade sumir de uma vez por todas, mas as perguntas da etapa Substituir ajudarão a diminuir o tamanho da aflição, e a autocompaixão que resulta de Aceitar ajudará você a se sentir amparado.

Muito bem, estamos todos aquecidos. Para finalizar, o Crítico Interno só quer o melhor para você, mas faz isso de maneira ineficaz. Portanto, converse com ele, diga quanto está forte e lembre a ele que a gentileza triunfa sobre as críticas. Agora, Crítico Interno, dê licença porque vamos encarar alguns medos.

PARTE 3

Partindo para o Mundo

7

Comece e sua Confiança Aparecerá

Brandon Stanton está percorrendo as ruas do bairro Chelsea, em Nova York, andando os primeiros quilômetros de um total de oito que programou para o dia, o que representa, mais ou menos, um quilômetro e meio por dia para cada foto que posta em seu *fotoblog Humans of New York*, um fenômeno de popularidade, com mais de 200 milhões de seguidores nas redes sociais. Brandon está usando calças de algodão bem velhas, camiseta térmica na cor cinza, gorro de tricô, e essas peças compõem um traje que combina perfeitamente com seu hábito de se deitar na calçada e colar cada centímetro do um metro e noventa e três centímetros de altura de barriga no chão para conseguir a foto perfeita.

Stanton se alegra quando avista três *chefs* — todas mulheres afro-americanas com toucas e aventais típicos — fazendo um intervalo do lado de fora do restaurante e se aproxima com a ideia de conversar um pouco com elas. Sua maneira de abordá-las é calma e genuína. Ele não se mostra bajulador nem falso. Como ele mesmo descreveu quando conversei com ele: "Comecei a falar com elas como se já tivéssemos um relacionamento, como se já nos conhecêssemos havia muito tempo".

A conversa começa a fluir, e ele pede licença para fotografá-las. Enquanto elas seguem conversando, ele ajusta a câmera diante dos olhos e começa a clicar. As histórias e as imagens vão se delineando de maneira mágica, sem esforço.

Mas nem sempre foi assim tão fácil. Em 2010, depois de perder o emprego no mercado financeiro, Brandon, fotógrafo autodidata para quem a fotografia era um *hobby*, decidiu se afastar do mundo das finanças e zanzar pelo país tirando fotos em cidades como Nova Orleans e Pittsburgh. Alguns meses depois, quando acabou chegando a Nova York — era a primeira vez na vida que via a cidade —, ficou abismado com a escala das coisas, com o tamanho da população. Foi fascínio à primeira vista.

Quando começou a percorrer a cidade de Nova York com sua câmera, Brandon estava falido e não conhecia ninguém. Apesar dos pesares, ia para a rua todos os dias, tirando milhares de fotos. No começo, fotografava tudo: edifícios, hidrantes, placas. Também registrava as pessoas, mas discretamente, fazendo capturas furtivas. Com o tempo, percebeu que, nos álbuns que postava nas redes sociais para os amigos e a família, eram as fotos de pessoas que geravam mais comentários. Portanto, como não era de recuar diante de um desafio, Brandon definiu como meta fotografar dez mil nova-iorquinos e montar um mapa interativo com essas imagens, como um recenseamento fotográfico da cidade. No entanto, assim que esse projeto ficou pronto, ele se deu conta, repentinamente, de que isso significaria abordar dez mil pessoas. Ele precisaria aprender a falar com desconhecidos.

Bem, mesmo antes de abordar dez mil desconhecidos, Brandon se considerava bastante bom no trato com as pessoas. Ainda assim, segundo ele: "Naqueles primeiros meses em que estava na rua parando desconhecidos, sentia medo todas as vezes que chegava perto de alguém. Tem algo implícito quando abordo uma pessoa: a possibilidade de ser rejeitado, e fico nervoso só de pensar nisso".

Então, como Brandon conseguiu superar essa dificuldade? Como aprendeu a se aproximar de desconhecidos como se já se conhecessem a vida toda?

"Só tive de fazer isso muitas vezes. Não existiam mais desconhecidos... não havia mais nenhum lugar na minha imaginação aonde eu pudesse ir e sentir esse tipo de ansiedade. Eu já tinha visto de tudo antes e sabia que era capaz de lidar com aquela situação. Então, cheguei ao ponto de só me aproximar da pessoa, sentindo que estava confortável, sem nenhuma preocupação ou ansiedade sobre qual poderia ser a reação dela".

Clique, clique, clique. Brandon conclui as tomadas finais e agradece efusivamente às *chefs*. Agora que ele está indo em busca de novos sujeitos, vamos salientar duas coisas que ele disse. A primeira é *não havia mais nenhum lugar na minha imaginação aonde eu pudesse ir*. Como sabemos, nosso cérebro é preparado para vislumbrar, de imediato, o pior que poderia acontecer. Começam a pipocar os "e se?": "E se a pessoa puxar uma arma?"; "E se tentarem me sequestrar?". Nosso cérebro nos diz que o pior é *possível*, mas com a experiência aprendemos que ele não é *provável*. É por isso que as primeiras vezes em que nos aproximamos de um desconhecido são as mais difíceis: não temos experiência em dosar as advertências de nosso cérebro bem-intencionado, embora superprotetor. No caso de Brandon, a experiência de abordar dez mil desconhecidos permitiu-lhe confirmar que a maioria das pessoas é cordial, mesmo em uma cidade tão calejada. Claro que, às vezes, acontecia uma rejeição, e, às vezes, a pessoa era grosseira com ele, sem noção e até mesmo obscena. Mas nada disso era improvável. A experiência o ancorou com firmeza na realidade de que a maioria das pessoas, diante de outro ser humano, gosta de colaborar.

A segunda afirmação de Brandon foi: *Eu sabia que era capaz de lidar com a situação*. O que quer que acontecesse — rejeição, grosseria, ameaça de empurrão —, Brandon descobriu, para sua surpresa, que seria capaz de encarar, fosse qual fosse a reação do outro. Não ouvir um "sim" não queria dizer que *ele* era um fracasso. Queria dizer apenas que daquela vez não tinha dado certo, e ele poderia tentar de novo. Aliás, as rejeições ensinaram mais a Brandon sobre suas capacidades que a receptividade. As rejeições ajudaram-no a confiar em si mesmo, o que, por sua vez, lhe deu a confiança de ser quem era.

Perguntei a Brandon que conselho ele daria a alguém que quisesse se sentir mais à vontade ao falar com um desconhecido, e ele respondeu: "Se você quer se sentir à vontade ao falar com desconhecidos, a única maneira de fazer isso é se aproximando deles, mesmo *não* estando à vontade. Você precisa construir a sensação de conforto sentindo-se desconfortável muitas e muitas vezes".

Inclusive, o recenseamento fotográfico que Brandon tinha planejado nunca aconteceu, mas uma coisa muito mais importante, sim: ele cresceu como pessoa. Milhares de conversas depois, ele fizera por merecer cada pedacinho de sua naturalidade e segurança.

Talvez isso lhe soe familiar por se tratar do famoso "faça de conta até que se torne realidade". E realmente funciona! Por quê? Quando você se vê agindo assim, começa a acreditar que consegue.

Não há dúvida de que fazer de conta até que seja real é assustador e um tanto injusto. Por que as primeiras vezes têm de ser tão difíceis? Quando é que realmente passaremos a sentir que estamos prontos? Aliás, antes desses dez mil contatos, como é que Brandon soube que estava pronto? Geralmente, achamos que estamos prontos quando *nos sentimos* prontos. Se estamos ansiosos, adiamos. Mas existe um segredo: na realidade, essa abordagem é retroativa. Como Brandon, estamos prontos quando nos sentimos *des*confortáveis. Comece, e a confiança aparecerá.

Na primeira vez que tomei conhecimento desse conceito, comecei a vê-lo em ação por toda parte. A percepção de que temos de *sentir* vontade de fazer uma coisa antes de fazê-la é bastante comum. Pense em todas as coisas que você não gosta de fazer: ir à academia, comer salada, sair do aplicativo e ir dormir, meditar. Mas, assim que faz isso, você não fica feliz de ter feito? Da mesma forma, se está tentando desenvolver uma habilidade, com que frequência realmente *quer* praticar? Se você for como eu, depois de sete anos de aulas de piano na infância, a resposta é, provavelmente, menos de dez vezes. Da mesma maneira, os nadadores raramente ficam empolgados em acordar de madrugada e começar suas centenas de voltas na piscina, assim como os violinistas tampouco anseiam praticar as escalas de cada dia. A ideia de ir para o rinque de gelo para treinar hóquei em manhãs congelantes de inverno faz qualquer um querer continuar debaixo das cobertas e não calçar patins.

Mas quantas vezes, assim que começou, você se envolveu? Mesmo que nunca admita isso para seus pais ou seu treinador, será que você não gostava do ritmo das braçadas, do movimento suave de deslizar no gelo? Depois da relutância inicial, assim que finalmente conseguia me arrastar até o piano, acabava praticando muito mais tempo que os vinte minutos obrigatórios. Não que eu tenha admitido isso alguma vez, mas era minha própria resistência que me tornava infeliz, não a prática em si.

Hoje, quando você não sentir *vontade* de ir para o tapetinho de yoga, amarrar o cadarço do tênis de caminhada, sentar-se para escrever (nem tenho ideia do que seja isso), sair do YouTube e se concentrar no trabalho (também nem sei o que é isso), podemos fazer uma pequena magica: iniciar a ação antes da motivação. Tal qual Brandon, não temos de esperar até *sentir* vontade de fazer alguma coisa primeiro. Em vez disso, começamos fazendo, *e a vontade de fazer aparece em seguida*.

Ganhar confiança passa exatamente pelo mesmo processo. Existe um mito de que você tem de se sentir confiante para estar preparado. Na verdade, você ganha confiança fazendo as coisas antes de estar pronto, enquanto ainda está receoso. Vá fazendo o que é para ser feito, e a confiança vai aparecer.

Assim, coloque a ação antes da confiança. Finja até que aconteça, realmente, com sinceridade. Quando seguir adiante e tentar, a confiança surgirá à medida que você for se acostumando com a atividade e aprendendo, como aconteceu com Brandon. Faça o que lhe dá um pouco de medo. Chame de coragem. Ser corajoso *não* é não sentir medo. Ao contrário, o medo é pré-requisito para a coragem. A verdadeira coragem é sentir medo e fazer o que tem de ser feito mesmo assim.

Depois de um tempo, alguma coisa muda. A ansiedade social se torna algo que *acontece* em vez de ser quem você *é*. Você começa a pensar na ansiedade como algo que acontece, não mais como algo que não pode acontecer. Em vez de ver a ansiedade social como uma âncora que o mantém preso no lugar, você começa a conseguir carregar essa âncora e levá-la junto. Você é capaz de fazer as coisas antes de se sentir confiante. Entrar em uma sala cheia de gente, olhar mais nos olhos das pessoas, sentir-se mais solto: em vez de esperar até se sentir pronto para fazer alguma dessas coisas, você pode começar a praticar, e *a confiança aparecerá*.

Assim como se passou com Brandon falando com pessoas desconhecidas, as primeiras vezes serão as mais difíceis. A experiência ainda não teve tempo de contrabalançar nossa imaginação assustada e suas ideias de tudo de pior que pode acontecer. Por isso, enquanto você estiver atravessando a "pedreira" das etapas iniciais, baseie o que realiza em termos daquilo que *faz*, não de como *se sente*. Você estava ansioso, *mas* disse "oi". Estava suando em bicas, *mas* pediu aumento. Não tinha a resposta perfeita na ponta da língua, *mas* levantou a mão. Estava quase vomitando de nervoso, *mas* perguntou se ela queria sair com você. Sua ansiedade não merece crédito, portanto não peça a opinião dela. Em vez disso, veja o que você fez. Permita que seus atos sejam a medida do seu sucesso. A confiança está no que você realiza. Viu? Aí vem ela, correndo para alcançar você.

8

Sem Fachadas Falsas Aqui: Cumpra seu Papel na Construção do seu Eu Verdadeiro

Finja que você é a Beyoncé.

— Menina do 5º ano do ensino fundamental da escola do meu bairro, encorajando uma amiga nervosa antes da apresentação no Festival da Primavera

Em um episódio memorável do programa de entrevistas *The Tonight Show*, Johnny Carson recebeu Rona Barrett, famosa colunista social e entrevistadora de celebridades dos anos 1970. Ela virou o jogo com Johnny quando lhe fez perguntas sobre os primeiros passos dele na indústria do entretenimento. Durante essa conversa, Johnny contou um episódio de sua infância: quando criança, fez um papel em uma peça e conseguiu que a plateia caísse na risada. Naquele momento, percebeu que gostava de ser o centro das atenções. Barrett aproveitou a deixa e questionou: "Por que você queria esse tipo de atenção?".

Carson respondeu: "Por que eu queria esse tipo de atenção? Porque eu era tímido. Sei que parece contraditório, não é verdade? Quando você está no palco sabe, quando está diante de uma plateia, está meio que no controle. Quando sai do palco, ou está em uma situação com muita gente, você não está no controle. Eu me sentia deslocado. Então, entrei no ramo do entretenimento achando que isso me daria mais...", ele se deteve. "Que eu poderia vencer aquela timidez".

O jovem Johnny Carson tinha intuído uma coisa que muitas pessoas também descobrem. Algumas delas precisam ter um pouco de estrutura para que consigam parar de ler sobre bicicletas e simplesmente montem nelas e saiam andando. É uma experiência assustadora ficar sozinho sem ter com o que contar. O que fazer? O que dizer? Porém, mesmo que pareça um paradoxo, a estrutura de um papel teatral ou de uma tarefa pode, por incrível que pareça, causar a sensação de liberdade. Para Johnny, o papel de artista foi a maneira de se sentir mais seguro de seu propósito e de seu caminho.

Opções ilimitadas acabam assustando. Se alguma vez você já se viu diante de uma imensa folha de papel em branco sem ideia do que escrever, ou da brancura de uma tela vazia sem ideia do que pintar, sabe a agonia que é começar do zero. É estranho, mas é muito mais fácil trabalhar com limites determinados. Dê-me instruções, alguma estrutura, um modelo a seguir, e magicamente eu me sinto muito mais seguro. Ao contrário do que reza o senso comum, as limitações colocam as coisas em movimento.

A estrutura funciona da mesma maneira nas situações sociais. É mais fácil saber como agir quando você tem um papel ou um objetivo que elimina a necessidade de adivinhar o que fazer. Inclusive, um estudo clássico de dois pesquisadores australianos, os drs. Simon Thompson e Ron Rapee, demonstrou que mudar uma situação originalmente não estruturada, com regras e papéis ambíguos, interpondo papéis e objetivos definidos, resulta em diferença espantosa no desempenho de pessoas propensas à ansiedade social.

Thompson e Rapee convidaram mulheres com altos e baixos níveis de ansiedade social para participar de um estudo que, sem que soubessem, teve início assim que elas entraram na sala de espera do laboratório. Logo depois que se sentaram, uma pessoa da equipe do estudo (uma assistente de pesquisa) sentou-se com elas e tentou puxar conversa. Essa era a parte não estruturada do estudo. A pessoa fez algum comentário qualquer, como "Espero que não tenhamos de esperar muito tempo", e depois seguiu com a conversa que surgiu. Se decorresse um intervalo de trinta segundos de silêncio, a assistente faria outro comentário, tentando iniciar uma conversa. Após cinco minutos que podem ter sido tanto agradáveis quanto torturantes, um pesquisador entrou agradecendo às pessoas por terem esperado e mudou a tarefa para algo estruturado, dizendo: "Imaginem que estão em uma festa e têm de se conhecer o melhor possível, em cinco minutos". Em seguida, houve um período de mais conversas, mas agora as mulheres tinham uma missão, ou seja, uma estrutura.

As duas interações de cinco minutos foram gravadas em vídeo. Mais tarde, as fitas foram assistidas por avaliadores que as classificaram em termos de competência social, incluindo linguagem corporal, habilidade para conversar e outros quesitos. Nas interações não estruturadas da sala de espera, as mulheres com ansiedade, como previsto, se saíram um pouco pior que as não ansiosas, que conversaram com a assistente sem hesitar. Mas depois que a estrutura foi incluída tudo mudou. Assim que as mulheres socialmente ansiosas tiveram uma tarefa a cumprir, a diferença nas classificações feitas pelos avaliadores quanto à competência social diminuiu drasticamente, e os dois grupos quase empataram nos índices. O que se verificou é que as mulheres socialmente ansiosas tinham habilidades sociais consideráveis e só precisavam de um pouco de estrutura para se orientar. Mesmo em comparação com o grupo de baixa ansiedade, no qual as mulheres eram *mais* confiantes que a média para conversar, o grupo socialmente ansioso, assim que contou com um pouco de estrutura, exibiu desempenho impressionante no tão temido jogo do bate-papo informal.

A estrutura pode ser pequena ou grande e durar meses ou instantes. Seja de qual tamanho for, ela lhe fornece um propósito, uma definição. Elimina as incertezas e lhe proporciona clareza e convicção. Permite que você ganhe confiança em suas habilidades e, consequentemente, em si mesmo.

A estrutura que você escolhe pode ser formal e definida. Por exemplo, em um casamento, você pode criar uma estrutura oferecendo-se para reunir os convidados para fotos ou para pedir que assinem um livro de convidados. Se você faz parte de alguma organização, pode assumir uma posição de liderança para ter um motivo para falar com todos os membros, mesmo que seja só para cobrar alguma taxa ou conferir o endereço de e-mail. Se tem filhos, pode se oferecer para trabalhar no caixa da feira de livros da escola ou no leilão, a fim de treinar como falar com todo mundo que entra na fila.

Mesmo quando não há tarefa predeterminada, você ainda pode estruturar alguma coisa para ser feita. Por exemplo, em um evento para formar novos contatos de trabalho, dê-se a tarefa de se apresentar a três pessoas. Na festa de fim de ano da empresa, dê-se a tarefa de conversar com o novo chefe, com seus dois colegas mais próximos e com o gerente do escritório. Ou, como as mulheres do estudo, desafie-se a conhecer um novo colega o melhor possível, em cinco minutos.

Talvez você, embora entenda o objetivo, esteja se questionando: como o aprendizado pode ser permanente se você vai estar apenas desempenhando um papel? Como podemos nos sentir à vontade para ser quem somos se nos colocamos dentro de todas essas limitações?

Boa pergunta. Voltemos ao caso de Johnny Carson para responder.

Quando criança, Johnny era fascinado por mágica. Costumava seguir os familiares dentro de casa, insistindo para que escolhessem uma carta. Ficava na frente do espelho, durante horas, treinando truques com as mãos. Na adolescência, começou a atuar em alguns palcos de Norfolk, sua cidade natal no Nebraska, e era bom ator, tão bom que ganhou três dólares, uma soma faraônica para um garoto no final dos anos 1930, por sua primeira apresentação no Rotary Club local. Mas ele não tinha feito aquilo por dinheiro.

Em outro antigo segmento do *The Tonight Show*, Johnny está, aparentemente, entrevistando a atriz Bea Arthur, mas, por um momento, os papéis se invertem, e ele fala do próprio passado: "Comecei a fazer mágica quando era pequeno porque era um pouco tímido e retraído. Então, pensei que seria um bom jeito de ir a festas. Eu tinha lido um anúncio que dizia: seja a alma da festa e conquiste todas as garotas. Meu objetivo principal era conquistar as garotas. Nada disso deu certo, mas muita gente faz a mesma coisa. Gosta de se exibir e desempenhar um papel. Você pode ser o centro das atenções sem ser quem é, por assim dizer".

Você pode ser o centro das atenções sem ser quem é. Como disse Laurence Leamer, biógrafo de Johnny, no documentário *Johnny Carson: King of Late Night* [Jonny Carson: O Rei das Madrugadas, em tradução livre], "Johnny gostava de estar no controle. Como artista, podia fazer isso. Estava sempre atuando, sempre aprendendo, sempre desenvolvendo seu personagem, que era outra pessoa, não Johnny Carson".

Johnny se proporcionava bastante estrutura com seus truques de mágica e com os papéis que desempenhava, mas nunca se sentia à vontade sendo quem era. Até mesmo Ed McMahon, fiel assistente de Johnny por trinta anos, disse que ele era "ótimo com dez milhões de pessoas, mas péssimo com dez". Por que ter uma estrutura não dava certo para Johnny quando estava com pouca gente? Por que ele nunca fez a transição para o maior de todos os papéis, que era ser ele mesmo?

A resposta está na origem do papel que desempenhava. No caso de Johnny Carson, os biógrafos aventam a hipótese de que o personagem de apresentador foi criado para ganhar a aprovação de uma pessoa em especial. Sua mãe, Ruth, não gostava de meninos: estavam sempre sujos e se comportavam mal, como ela dizia. Dos filhos, a favorita era Catherine, irmã de Johnny. Se ele conseguisse ser divertido o suficiente, bem-sucedido o suficiente, famoso o suficiente, talvez ela sentisse orgulho dele. Ele não fazia aquilo por si mesmo, mas para obter aprovação, o que, infelizmente, se revelou um objetivo inalcançável. Há relatos de que, no auge da fama de Johnny, Ruth uma vez assistiu ao monólogo do filho no *The Tonight Show*, na presença de um repórter do *The New York Times*, e desligou a TV afirmando que "não era divertido".

Portanto, aqui está a diferença entre uma estrutura que atrapalha a pessoa e uma que serve de base para o papel principal da vida, que é ser você mesmo: o papel deve vir de dentro, não de outra pessoa. Não pode vir da mãe que é impossível agradar, do chefe, do romance do momento, da sociedade à qual você pertence ou de quem quer que seja. Em vez disso, o papel deve ser escolhido e vivido somente por você.

Pense nisso assim: finja que você é um edifício. Crie um personagem escolhido por outra pessoa para criar uma fachada. Imagine uma cidade do Velho Oeste: rolos de feno arrastados pelo vento, cavalos amarrados em pontões de madeira na frente de estabelecimentos na rua principal. As construções parecem sólidas, certo? Mas, olhando atrás de cada fachada imponente, você vai descobrir que, em geral, só havia tendas de lona e chão de tábuas, ou seja, estruturas precárias, na melhor das hipóteses. Na realidade, o custo e o risco de transportar materiais até uma cidade que talvez não resistisse à economia explosiva do Velho Oeste eram proibitivos. Porém, os donos de comércio percebiam que era preciso projetar uma imagem de sucesso e estabilidade para atrair clientes. Então, quase zeravam seus recursos para construir fachadas falsas impressionantes, dando prioridade à imagem e ignorando a construção propriamente dita.

Desempenhar um papel que escolheram para você é como erguer uma fachada falsa. Os preciosos recursos de que você dispõe são investidos na imagem, ao passo que a construção em si — seu eu real e autêntico — fica relegado a segundo plano. A fachada falsa pode ser impressionante e até intimidadora, mas sua intenção é enganar, ludibriar.[6]

Por outro lado, desempenhar um papel escolhido por você mesmo é como construir um andaime. Essa estrutura temporária em torno de uma construção serve para ajudar a erguê-la ou consertá-la. O andaime oferece acesso seguro ao trabalho de erguer a construção, incorporar novos elementos e acrescentar os acabamentos. Então, depois que a construção está pronta, o andaime não é mais necessário, e pode ser removido, mas a nova construção aprimorada segue em pé. Dar alguma estrutura a si mesmo ao desempenhar um papel de sua escolha lhe permite construir e reforçar quem você realmente é.

Agora, como isso acontece na vida real? Como atribuir a si mesmo uma estrutura para poder construir quem você é de verdade? Vamos conhecer Aisha, uma médica que costumava enfrentar uma poderosa ansiedade social no trabalho. Ela foi a primeira pessoa da família mais que orgulhosa de suas conquistas a ir para a faculdade, mas sempre se sentiu um peixe fora d'água nas prestigiosas escolas e nos hospitais nos quais construiu sua carreira. Aisha estava convencida de não pertencer àquele ambiente de elite com outros alunos vindos de escolas para ricos. Sua educação e sua

6 Não há dúvida de que, às vezes, é necessário criar uma fachada falsa. Se você está em perigo ou vivendo uma situação de abuso, manter em sigilo quem você é realmente pode ser questão de segurança e sobrevivência. Mas, assim que estiver livre e a salvo, você pode começar a construir quem é de verdade.

carreira foram muito além do que ela julgava possível, e ela estava segura de que um dia alguém perceberia isso e diria algo como "Desculpe-me, houve um erro" e educadamente a expulsaria dali.[7]

Atualmente, a especialidade médica de Aisha — crianças com autismo — está em alta. E, apesar de suas dúvidas, sua capacidade também está em alta. Depois de organizar do zero um bem-sucedido programa de pesquisa aplicada, ela se empenhou muito para arrecadar uma tonelada de financiamentos. Todo esse trabalho chamou a atenção dos figurões do hospital, e, sem saber muito bem como, Aisha se viu escalando os degraus da hierarquia da instituição. Mas, em vez de exultante, ela se sentiu aterrorizada e certa de que a Revelação de sua inadequação e de sua incompetência era iminente.

Quando me procurou, Aisha me disse que pertencia às trincheiras, não ao topo da pirâmide. Por um lado, sabia que seu melhor desempenho era atendendo pacientes; ela realmente gostava de ajudar famílias com criança autista, especialmente pais solo que tentavam dar conta de tudo. Porém, o mais problemático era Aisha também acreditar que pertencia às trincheiras porque não era competente como líder. Na primeira apresentação para a diretoria do hospital, ela ficou tão apavorada que delegou a uma colega de equipe mostrar o restante dos *slides*. Com expressão impassível, a colega assumiu a apresentação como se tudo tivesse

7 Isso pode lhe soar familiar. É a também famosa síndrome do impostor, ou seja, a ansiedade social se espalhando para a escola e para o trabalho. A síndrome do impostor sussurra: *Você não pertence a este lugar. Cometeram um erro ao deixar você entrar. Isso não é para pessoas como você*. A síndrome do impostor supõe que você será exposto, com todas as consequências terríveis e humilhantes que isso acarreta. Nesse sentido, as pessoas acabam tendo dois tipos de reação extrema. Por um lado, tentam supercompensar os defeitos percebidos: preparam-se em excesso, ensaiam à exaustão, fazem tudo demais. Ou agem do modo oposto, retraindo-se e desvalorizando suas experiências, insistindo em dizer que "isso não é para mim", "De que adianta?" ou "Não vou nem tentar".

sido planejado desde o princípio, apesar de depois ter questionado Aisha com um misto de apreensão e incredulidade, o que acabou fazendo com que ela me procurasse. Em outra reunião com a diretoria, Aisha fingiu receber uma chamada de emergência para poder ir até o corredor, encostar na parede e respirar. Disse que via o terninho executivo que vestia nas reuniões como uma fantasia, um traje radicalmente diferente do conhecido jaleco branco de atendimento que costumava usar, assim como todos do corpo clínico.

Então, um dia, em uma reunião, Aisha assistiu à diretora financeira do hospital, uma mulher elegante de aproximadamente 50 anos, fazer uma apresentação sobre o orçamento anual da instituição. O estilo da diretora era claro e comedido, e Aisha se deu conta de que ela contava histórias sobre os pacientes que se beneficiavam dos investimentos e dos gastos do hospital, e, com isso, tinha criado uma apresentação técnica sobre as finanças da organização que não era um sonífero poderoso.

Por mais que Aisha desejasse voltar o mais rápido possível para seus atendimentos na clínica, soube que poderia ajudar mais seus pacientes estando na sala de reuniões da diretoria. Ali tinha a oportunidade de tornar esse grupo — crianças autistas e suas famílias — prioridade para a diretoria do hospital, que era quem detinha o poder de direcionar os fundos de financiamento para a montagem de equipes. Com isso, inspirada pela diretora e por suas histórias, Aisha decidiu que ia desempenhar um papel, criando para si mesma uma estrutura, e ver o que poderia acontecer.

Assim, decidiu atribuir a si mesma o papel de advogada. Ela contaria a história dos pacientes — crianças aprendendo a se conectar, as famílias fazendo de tudo para ajudar — ao mais alto escalão do hospital. Se a diretora financeira era capaz de contar histórias para tornar o orçamento do hospital algo interessante, Aisha podia contar as histórias das famílias para manter abertas as linhas de financiamento e de atenção para sua clínica. Com isso, tornou-se a porta-voz dessas famílias. Organizou todas as informações segundo o filtro do que seria melhor para elas.

Quando ia às reuniões com os diretores, era em nome dessas pessoas que falava. Quando participava de mesas-redondas, era em nome delas. Quando fazia uma apresentação, era por elas.

Inspirada, Aisha continuou comparecendo às reuniões, e, graças ao poder dessas repetições, a diretoria começou, paulatinamente, a causar menos medo. No começo, Aisha só falava como porta-voz das famílias, e suas apresentações serviam apenas para transmitir a mensagem delas. Mas, com o passar do tempo, um pouco do caráter de Aisha começou a se incorporar no papel da advogada e, o que foi muito interessante, parte da advogada — ficar em pé, falar em público, levantar a mão — começou a aparecer no caráter de Aisha. Quando se viu fazendo essas coisas, Aisha passou a acreditar que era *capaz* de fazer aquilo.

O papel de Johnny Carson era um personagem, uma fachada falsa construída para agradar a uma mãe implacável. Já Aisha desempenhou o papel de defensora, filtrando suas ações conforme o que seria melhor para as famílias. E, contando com a segurança dos limites, conseguiu erguer sua construção até não precisar mais dos andaimes. Enfim, tinha deixado para trás a necessidade da estrutura de um papel. Ela poderia continuar sendo advogada, mas agora poderia advogar sendo realmente quem era.

Para desempenhar um papel é preciso se vestir de acordo com o personagem. Significa assumir postura de poder e confiança, sentar-se ou ficar em pé igual a quem que é receptivo, forte e seguro faria. Ter essa atitude cria dois tipos de resposta, uma para si mesmo e outra para as demais pessoas. Adotar postura de confiança envia mensagem de confiança ao cérebro. E parecer confiante, seja como Brandon pedindo a desconhecidos nas calçadas de Manhattan para tirar uma foto, seja como Aisha defendendo a causa de crianças com autismo, faz com que as pessoas o tratem com respeito.

O fenômeno da postura de poder, trabalho pioneiro da dra. Amy Cuddy, tem base nesse princípio. Enquanto pesquisadores ainda estão engatinhando para descobrir se adotar postura de poder "funciona" do ponto de vista biológico, mudando os níveis de cortisol e testosterona, essa postura, sem dúvida, muda sua mentalidade, como relatam muitas pessoas que adotaram essa prática. Na realidade, você não está *fingindo* que se sente poderoso: você está adotando a postura de alguém que *é* poderoso.

Tradicionalmente, a postura de poder é ensaiada durante a preparação para um grande momento. Há uma infinidade de histórias sobre se esconder na cabine do banheiro antes de uma audição, uma entrevista, uma apresentação. Mas ela também pode ajudar antes, durante ou depois de um momento social ambíguo. Quando você começar a sentir que vai se retrair a qualquer momento, pare e reorganize seu corpo para adotar uma postura confiante. Por quê? Nosso cérebro prefere coordenar a postura, a expressão facial, o tom de voz e as emoções como um traje bem ajustado, e esse fenômeno se chama *congruência*. Tente isto: sente-se de forma desleixada, com os braços cruzados sob o peito, a testa franzida e diga: "Estou pronto para encarar um desafio". Tente. Vou esperar. Não soa muito convincente, não é mesmo? Agora fique em pé, na postura clássica de um super-herói: pés afastados na largura do quadril, mãos na cintura, queixo alto. Então, diga: "Estou pronto para encarar um desafio". Dá uma sensação diferente, não dá? Não só as emoções afetam o corpo como o corpo também afeta as emoções. Se isso não é um superpoder, não sei o que mais seria.

Assim como Aisha, a maioria das pessoas suscetíveis à ansiedade social reluta em desempenhar um papel que só beneficia a elas mesmas. Não tem sentido ser a Mulher-Maravilha ou o Super-Homem se não podemos usar nosso poder para fazer o bem. Isso faz parte do pacote completo da ansiedade social: cuidar dos próprios interesses não faz nosso estilo. Mas enfrentamos dificuldades a serviço de alguém que amamos ou por uma causa na qual acreditamos, como Aisha e as famílias de sua clínica. Então, faça o papel de anfitriã e organize um dia com os amiguinhos de sua criança de 3 anos pelo bem do desenvolvimento social dela. Faça o papel do bom tutor levando seu cachorro para passear no parque e se dê a tarefa de perguntar o nome de outro cachorro — e o do dono também. Faça o papel de "quebra-gelo" no escritório, apresentando-se para o novo colega e ajudando-o a se sentir mais à vontade. Ou, como a garotinha da epígrafe, passe o bom conselho adiante e recomende a uma amiga com medo dos holofotes fingir que é a Beyoncé. Essa é uma estrutura poderosa.

Falando em deixar outras pessoas mais à vontade, quanto mais compreender a ansiedade social, mais você começará a ver como ela está em toda parte. Por exemplo, observe a pessoa sozinha em um canto na festa e é quase certeza de que ela vai pegar o telefone para amenizar o tanto que se sente deslocada. Então, mate dois coelhos de uma só vez e assuma o papel da pessoa que deixa os outros à vontade. Inclusive, a vasta maioria das pessoas prefere que mais alguém inicie a conversa e se sente profundamente grata se você der o primeiro passo, mesmo que não confesse quanto se sente aliviada. Portanto, pensando em deixar os outros à vontade, desempenhe o papel de achar alguém parado no canto, sozinho, naquele evento e vá dizer "Olá". Por dentro, essa pessoa vai agradecer, mas, sobretudo, você acabará se sentindo mais feliz e mais forte.

Uma pesquisa criativa realizada em 2014 na Universidade de Chicago constatou que, mesmo no silêncio culturalmente esperado dentro de um transporte coletivo em trânsito, em um dia da semana, as pessoas que tomam a iniciativa de cumprimentar alguém não só melhoram o dia desse passageiro como também se beneficiam individualmente. O estudo deu a alguns passageiros a tarefa de puxar conversa com um desconhecido no trem, e, quanto mais extensa fosse, melhor. Para terem uma estrutura em que se basear, esses passageiros foram instruídos a "descobrir algo interessante sobre a outra pessoa e falar sobre isso. O objetivo é tentar conhecer um companheiro de viagem no percurso". Os participantes escolhidos aleatoriamente para permanecer sozinhos foram instruídos a "ficar em silêncio, desfrutando desse isolamento durante o percurso. Use o tempo para ficar em silêncio com seus pensamentos. O objetivo é ficar concentrado em si mesmo e no dia que tem pela frente". Como previsto, os participantes com a incumbência de puxar conversa relutaram, a princípio. Pensaram que a experiência seria estranha, desagradável e improdutiva, mas os resultados foram exatamente o oposto. De modo surpreendente, os passageiros que conversaram com desconhecidos tiveram uma viagem significativamente mais agradável que os instruídos a permanecer em silêncio. Além disso, a produtividade da viagem não foi comprometida, pois o grupo instruído a se conectar com desconhecidos relatou nível de produtividade quase idêntico ao dos passageiros que deveriam ficar calados. Inclusive, incumbir-se da tarefa de dizer "bom dia" e falar do tempo pode acabar por aí, não tem problema, mas também pode levar a uma conversa agradável, à melhora no estado de ânimo, ao aumento da produtividade e — principalmente — a ser mais um tijolo firmemente assentado na construção do seu verdadeiro eu.

O único cuidado é não escolher uma estrutura que lhe permita a evitação. Ajudar com a louça depois de um jantar com os amigos é uma atitude generosa, mas, se você continuar na cozinha depois que todo mundo está papeando e tomando café na sala, sua construção terá sido negligenciada. Oferecer-se para trabalhar no comitê de arrecadação de fundos de seu grupo de *tai chi* é uma excelente estrutura, mas não se o comitê só se reúne *on-line*.

Qualquer que seja a estrutura que você escolher, grande ou pequena, demorada ou momentânea, enquanto estiver desempenhando seu papel você estará erguendo a construção do seu verdadeiro eu, um tijolo por vez. O papel de fotógrafo informal é uma estrutura que ensina a ser educadamente assertivo: "Por favor, todos juntos! Lynda, você poderia tirar os óculos escuros?". O papel de quem liga para pedir comida para a família toda ensina que a pessoa do outro lado da linha não espera que você seja cirurgicamente preciso ao fazer pedido e é capaz de lidar bem com a troca do tipo da pizza que seu filho adolescente inventou de fazer na última hora.

Sua estrutura pode servir de guia, mas, em última análise, você está construindo quem é e descobrindo quão forte pode ser de verdade. Inclusive, depois de um pouco de prática, acabará notando que na sua cidade não existem fachadas falsas.

9

De Montanhas a Montículos de Terra: Fica Cada Vez Mais Fácil

Cidade de Nova York, 1942. Um jovem magricelo, de 19 anos, chamado Albert está passeando no Jardim Botânico do Bronx. Ele para e começa a roer as unhas enquanto observa, de longe, uma mulher de pernas bem torneadas sentada em um banco. Após um instante, Albert endireita os ombros, vai até onde ela está e senta-se ao seu lado, abrindo um sorriso ao dizer: "O dia hoje está lindo, não está?".

Muitas décadas depois, aquele garoto magricelo tornou-se uma lenda no campo da psicologia, e sua experiência no jardim botânico se tornaria a base de uma das primeiras formulações da terapia cognitiva-comportamental (TCC), tratamento no qual este livro se baseia. Por que *Como ser você mesmo* se fundamenta na TCC? Em resumo, porque ela funciona. Com o passar dos anos, a TCC tem demonstrado repetidamente que é o tratamento mais efetivo para todas as espécies de desafios de saúde mental, de depressão a transtorno de estresse pós-traumático (TEPT) e Ansiedade Social Severa. Mas, em 1942, o Albert Ellis de 19 anos não sabia que psicólogos clínicos contemporâneos, quando solicitados a citar os psicoterapeutas mais influentes da história, iriam situá-lo acima de Freud. Naquele ano, o adolescente Ellis só sabia que sentia medo de falar com moças bonitas.

Ellis foi uma criança extremamente tímida. Apesar de toda proeminência e das óbvias excentricidades da vida adulta, quando criança se recusava a participar das peças da escola, "suando e tremendo de ansiedade" toda vez que tinha de declamar um poema ou receber um prêmio. Portanto, aos 19 anos, Ellis elaborou um projeto para si mesmo: uma estrutura. Decidiu conversar com quantas mulheres pudesse. Todo dia, ele ia ao que hoje se chama Jardim Botânico de Nova York.

Em uma entrevista de 2004 para a Rádio Pública Nacional (NPR), aos 90 anos de idade, ele se lembrava desse projeto como se fosse ontem: "Toda vez que eu via uma mulher sentada sozinha em um banco do parque, eu me sentava no mesmo banco e me dava um minuto para falar com ela. Se eu morrer, morri. Foda-se".[8] No período de um mês, Ellis falou com mais de 130 mulheres. No curto intervalo de tempo em que transcorria sua aproximação de uma mulher, no qual ele se sentava e lhe dizia "olá", Ellis era corajoso. E o que aconteceu? Segundo ele, "Vi filosoficamente, cognitivamente, que não aconteceu nada. Ninguém veio e me castrou. Tive uma centena de conversas agradáveis".

Não aconteceu nada. Esse é o desfecho ideal: nada. Nada que nossa imaginação consiga formular. Nada que nosso Crítico Interno consiga prever. Até mesmo uma rejeição, se acontecer de verdade, raramente será tão ruim quanto imaginamos.

Outra coisa que Ellis descobriu foi que a repetição era a chave. Assim como o experimento de Brandon Stanton mostrou, as primeiras abordagens foram as mais difíceis, mas toda vez que Ellis se aproximava

---

8 Como se pode deduzir, Ellis, além de ser um teórico brilhante e pioneiro, tinha um vocabulário que faria marinheiros corarem.

de outra mulher ficava um pouco mais fácil. A cada vez, ele se sentia menos ansioso. Sobretudo, recuperava-se mais rapidamente, e o suor e a agitação não duravam tanto. Inclusive, conforme a confiança aumenta à medida que você escolhe uma estrutura e desempenha seu papel, acontece aquilo pelo qual esperou esse tempo todo: a ansiedade também desaparece. Mas não precisa acreditar em mim. Veja o que o próprio Albert Ellis tem a dizer.

OS ÚNICOS TRÊS GRÁFICOS DESTE LIVRO

Como uma imagem vale mais que mil palavras, vamos introduzir alguns elementos visuais para ilustrar o que estava acontecendo com o jovem Albert Ellis. Dê uma olhada no primeiro gráfico. O eixo X é o tempo passando. O eixo Y é a ansiedade, ancorada nos termos científicos "de boa", embaixo, e "surtando", em cima.

Você sabe como funciona. A ansiedade social pode disparar subitamente, entrando em cena de repente, como um fantasma da casa mal-assombrada no Halloween. Em poucos segundos, todos os sistemas entram em colapso. Você sente vontade absurda de fugir, de dar a volta pelo caminho mais longo para que ninguém o veja, de pegar o celular para não ter de olhar nos olhos de ninguém. A evitação funciona — mais ou menos. Quando evitamos, a ansiedade desaparece como mágica, o que nos gera sensação de alívio, mas também a lamentável confirmação de que aquilo que acabamos de evitar — conversar com a mãe de um coleguinha de classe do filho, falar da partida da noite passada do time com os colegas de trabalho na copa do escritório, uma conversa rápida em um banco de jardim com uma beldade dos anos 1940 — era real e verdadeiramente um perigo. Sobretudo, a evitação nos deixa com a incômoda e persistente sensação de que não teríamos conseguido lidar com aquilo, afinal de contas.

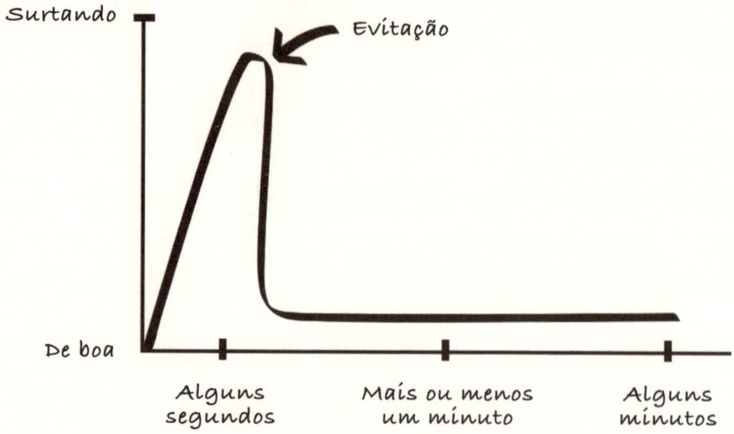

Por outro lado, dê uma olhada no que acontece no segundo gráfico. Isso é o que se passa quando aguentamos firme, quando temos coragem durante os poucos segundos que levam para nos juntar ao grupinho na festa, levantar a mão na sala de aula, ou, para o jovem Albert, sentar-se no banco do parque. A ansiedade dispara, mas, em seguida, quando suportamos a sensação, depois de chegar ao topo da montanha, é só descida, dali em diante. Tudo que sobe, desce. Quando chegamos ao pico, em vez de evitar, aprendemos outra lição. Ao contrário de reforçar a ideia de que a moça no banco é uma ameaça a ser evitada, aprendemos que ela é educada, mesmo que já tenha namorado. Aprendemos que, embora a sensação seja de desconforto, sentar ali não está nos matando; podemos lidar com a situação, mesmo que o que consigamos dizer não seja exatamente inteligente nem incrível. Claro que a ansiedade diminui mais devagar do que se fugíssemos dali, mas a viagem de descida daquele pico de ansiedade nos ensina exatamente o que Brandon Stanton e Albert Ellis descobriram: não só que estamos muito mais seguros do que nossa imaginação nos fez acreditar como somos capazes de lidar com aquela situação.

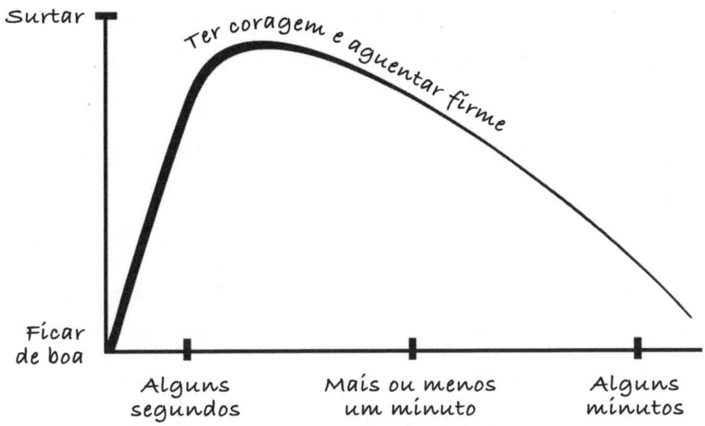

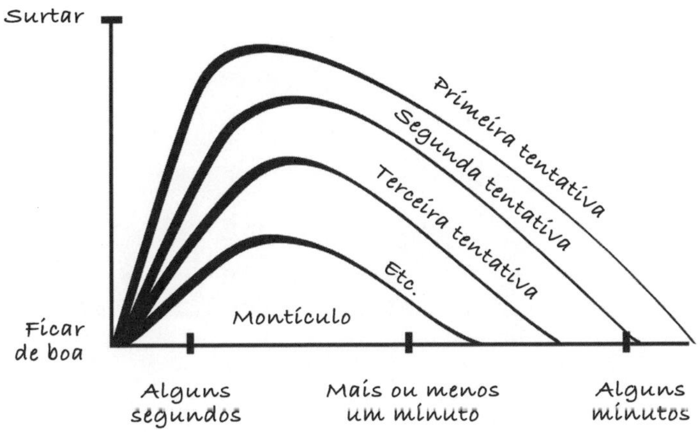

Agora, vejamos bem de perto a parte mais difícil: o auge do pico, ali onde perdemos o equilíbrio. Onde Jim foi se esconder atrás da moita. Onde Aisha finge um telefonema. Onde eu talvez tenha atravessado a rua para evitar voluntários insistentes e bem-intencionados em busca de doações, segurando pranchetas e sorrindo de orelha a orelha, mesmo que tenha resultado em não poder comprar a comida que eu estava morrendo de vontade de comer. Vai saber. Esse pico pode ser alto, mas, na realidade, é uma coisinha de nada. Subir até lá, chegar ao auge, na realidade não demora muito, algo entre dez segundos e um minuto. Portanto, você pode se comprometer a ter coragem por um minuto. Assim que fizer isso, daí em diante será mais fácil. Quanto mais aguentamos, mais simples a coisa se torna, e ainda acabamos comprando a comida que queríamos.

Felizmente, você não precisa ser tão meticuloso quanto Brandon ou Albert. Não precisa se aproximar de 130 mulheres atraentes, muito menos de dez mil desconhecidos. As primeiras vezes serão as mais difíceis: a primeira conversa, o primeiro clube do livro, o primeiro treino de tênis. Mas não pare na primeira vez. Na próxima oportunidade, faça de novo. E de novo. A cada vez, tanto a intensidade como a duração da ansiedade serão menores. Seu monte de ansiedade vai desmoronar e virar um montículo. E sua confiança será do tamanho de uma montanha.

10

Reunindo Tudo: Listando seus Desafios

Minha vida tem sido repleta de infortúnios,
a maioria dos quais nunca aconteceu.

— Montaigne

Se você procurar no dicionário a expressão "American Dream" [Sonho Americano], talvez encontre a foto sorridente de Jia Jiang. Aos 16 anos, Jia veio da China para os Estados Unidos com uma grande ambição: queria ser ninguém menos que o próximo Bill Gates. Mas, como em geral acontece, o tempo passou muito depressa. Ensino médio, faculdade, primeiro emprego, mestrado, casamento. Antes de que se desse conta, Jia estava na casa dos 30 com uma hipoteca, uma esposa e um bebê a caminho. Sabia que, se não se arriscasse logo, a meia-idade e um cargo médio de gerência iriam calcificar sua vida. Então, com o apoio da esposa, ele decidiu correr o risco: largou o emprego no mundo corporativo, que lhe pagava muito bem, e foi atrás do sonho de sua vida inteira: abrir uma *startup*.

Jia estava nas nuvens. Era exatamente o que tinha esperado: um ambiente criativo, sociável e acelerado. Ele transbordava de energia e esperança, mas, em quatro meses, bem quando um grande financiamento estava prestes a concretizar seu sonho, o sujeito deu para trás e deixou Jia com quatro funcionários, a própria família para sustentar e renda zero. Jia ficou arrasado. Sabia que tinha de achar outro apoio financeiro sem demora, mas foi tomado pela dúvida. Pensou que aquele investidor era um empresário veterano e, se decidira que a nova empresa não valia a pena como investimento, teria motivos para isso. As dúvidas de Jia viraram uma bola de neve. O Crítico Interno lhe disse, ironizando, que ele não passava de um pretensioso. Jia ficou paralisado quando cogitou a ideia de seguir em busca de outro financiador — a possibilidade de uma nova rejeição era por demais angustiante.

Então, Jia percebeu que a ansiedade estava atrapalhando a realização do sonho de ter a própria *startup*. Por isso, decidiu acabar com esse sentimento com um projeto intensivo que batizou de "100 Dias de Rejeição". Para sua grande surpresa, essa iniciativa resultou em um livro — *Rejection Proof: How I Beat Fear and Became Invincible Through 100 Days of Rejection*.* O projeto consistiu em se esforçar ao máximo para ser rejeitado, e todos os dias Jia fazia pedidos absurdos a pessoas completamente desconhecidas, por exemplo, "Topa um concurso para ver quem pisca primeiro?", "Posso tirar um cochilo nesta loja de colchões?", "Você poderia enviar esta encomenda ao Papai Noel?", "Posso descer pelo poste desta estação de bombeiros?", "Posso ser um manequim vivo nesta loja de roupas?". Muita gente disse não, mas, como Jia estava tentando ser rejeitado, receber um não tornou seu projeto um sucesso.

---

* *Sem Medo da Rejeição: Como Superei o Medo de Ouvir um "Não" e Me Tornei Mais Confiante*. 2. ed. São Paulo: Benvirá, 2021. (N. da T.)

Apesar de todas as recusas, Jia se surpreendeu com a quantidade de pessoas que disseram "sim": "Sim, você pode usar meu quintal para treinar futebol", "Sim, você pode se sentar no banco da frente desta viatura", "Sim, você pode dar uma palestra para minha turma de faculdade", "Sim, você pode fazer um anúncio neste voo", "Sim, o Papai Noel bailarino pode te ensinar passos de dança", "Sim, posso fazer os anéis olímpicos na forma de *donuts* crocantes para você em até quinze minutos".[9]

Bem, você não precisa pedir a um tosador de *pet shop* que corte seu cabelo, como Jia fez; mas, tal como ele, é importante agir e encarar seus temores. Assim, escolha algumas coisas que lhe dão medo. Não precisa ser nada que o faça urinar nas calças, só coisas que o assustem um pouco. Em termos técnicos, encarar os próprios medos chama-se *expor-se*, o que lembra algum tipo de contravenção ou parece alguma coisa que acontece livremente, mas no fundo é só uma palavra rebuscada para "prática".

Ali foi meu paciente há muitos anos, mas, para mim, continua sendo o rei de expor a própria ansiedade social. Na primeira vez que praticamos juntos, ele se mostrou relutante. Então, começamos com tarefas simples no hospital onde eu trabalhava. Primeiro, pedi informações na recepção sobre como chegar à lanchonete. Depois, foi a vez de Ali. A seguir, nós dois paramos um voluntário do hospital, identificado pelo jaleco rosa-salmão, e pedimos a mesma informação. No intervalo de meia hora, Ali começou a pegar o jeito. Enquanto andávamos pelo longo e movimentado corredor principal, sem ter sido estimulado a isso, ele parou uma pessoa totalmente desconhecida e perguntou como chegar ao estacionamento. Agradeceu a informação, e ela seguiu em frente. Então, ele começou a improvisar,

9 Você pode assistir a todos os vídeos de Jia com as situações de rejeição e não rejeição em fearbuster.com/100-days-of-rejection-therapy [conteúdo em inglês]. Acesso em: 17 mar. 2025.

variando a prática por conta própria. Parou outro desconhecido para pedir informações, mas, dessa vez, quando o rapaz lhe disse que seguisse por um lado do corredor, Ali começou a ir no sentido oposto. O rapaz deu uma corridinha para alcançá-lo e corrigir o rumo. Ali fingiu que tinha compreendido de repente, agradeceu enquanto o rapaz sorria e lhe desejava um bom-dia. Eu me afastei um pouco e fiquei assistindo à cena, orgulhosa e de queixo caído. Ali era como um DJ de se expor, mixando as melhores intervenções e se divertindo com isso. Em seguida, pediu informações a um terceiro desconhecido e, com brilho nos olhos, perguntou a essa pessoa que lado era "a esquerda". O desconhecido nem piscou. Apontou uma direção dizendo que era por ali. Ninguém se espantou. Ali ficou encantado: "Se eu plantasse bananeira, ninguém iria se importar!". Depois da sessão, espiei pela porta da minha sala com leve expectativa de que ele estivesse plantando bananeira em plena sala de espera.

Portanto, pergunte a si mesmo o que estaria fazendo se tivesse encarado seus medos e os superado. Não *Como me sentiria?*, mas *O que estaria fazendo?* O que estaria fazendo se me sentisse confiante? Para Brandon Stanton, a resposta foi: *Se não estivesse desconfortável, estaria pedindo licença a pessoas desconhecidas para tirar fotos*. Para Albert Ellis: *Se não estivesse ansioso, estaria conversando com moças bonitas*. Para Jia foi: *Se me sentisse confiante, encararia a rejeição, sacudiria a poeira e daria a volta por cima*.

E você? Aceitaria mais convites? Se apresentaria a mais pessoas? Daria as caras apesar da preocupação de ficar com o rosto vermelho? Seja qual for a resposta, use sua máquina de concretar e crie metas concretas. Você vai saber que está no rumo certo se puder conferir sua meta em uma lista: "Fazer uma pergunta ao professor depois da aula". Feito. "Olhar para a plateia o maior tempo possível durante a apresentação." Feito. "Ligar para o SAC sem ensaiar antes o que vou dizer." Feito. "Ir à festa do Jaime e conversar com duas pessoas." Feito. Por que suas metas precisam ser tão bem definidas? Do contrário, com objetivos vagos e incertos, como "Seja confiante", "Cause boa impressão", "Aja normalmente", é impossível saber se você alcançou o que almejava. Sei que sempre poderia ser mais confiante, e meu Crítico Interno choraria de rir se eu perguntasse se causei boa impressão ou agi normalmente, não importa o que tenha acontecido. Além disso, com um objetivo concreto, você saberá quando o tiver alcançado. Aproveitará o Momento ao máximo.

Sonhar com uma vida depois da ansiedade social é o começo de sua Lista de Desafios. Essa Lista de Desafios é parecida com a lista de desejos, no sentido de ser um inventário daquilo que você quer realizar.

Quando apresento a Lista de Desafios aos meus clientes, prometo que farei com eles as coisas que os assustam. Em sã consciência, não posso pedir-lhes que façam algo que eu mesma não estaria disposta a fazer. A fim de ajudar outras pessoas a superar a ansiedade social, já perguntei as horas a desconhecidos, apertei o andar errado de propósito em um elevador lotado, fui correr com o cliente, deixei cair o café em público, derrubei uma pilha de papel higiênico no supermercado (e depois recolhi tudo, não se preocupe. Minha mãe me criou bem.), andei para cima e para baixo em um corredor com um pedaço de papel higiênico preso de propósito na sola do sapato, entre outras coisas. Posso fazer tudo isso com relativa facilidade porque não são meus medos na vida; mas estes, sim:

1. Manobrar na minha velocidade habitual quando alguém está esperando pela vaga que estou desocupando, em vez de ficar estressada e me afobar.
2. Entrar na conversa quando meus filhos estão conversando com a família por videochamada.
3. Contar uma história para um grupo que não conheço bem.
4. Começar a me apresentar para pessoas que vejo o tempo todo, mas não sabem como me chamo.

Tudo isso me assusta um pouco. E eu seria hipócrita se lhe pedisse que fizesse coisas que o assustem um pouco e não fizesse as que me dão medo. Pode crer que já pensei em fingir, mas, por você, caro leitor, vou encarar meus medos.

Começando pelo primeiro. *Detesto* quando alguém está esperando para entrar na vaga de onde vou sair. Sinto que estou sendo pressionada, imaginando que o outro motorista está perdendo a paciência comigo. Fico preocupada que ele comece a buzinar com raiva ou me mostre o dedo do meio antes de arrancar enfurecido em busca de outra vaga. Portanto, para minha prática pessoal, decidi que simplesmente sairia da vaga com o carro na minha velocidade habitual na próxima vez que alguém estivesse à espera. E o que aconteceu? Nada. O motorista esperou. Foi uma coisa tão normal que achei que não contava. Mas contou. Aquele foi um Momento fácil. Alguns dias depois, aconteceu de novo. Dessa vez, o motorista se afastou devagar depois de ficar óbvio que eu estava com um carrinho de supermercado cheio até a boca e dois meninos saltitantes, sem a menor disposição para se sentar nas respectivas cadeirinhas. Ninguém buzinou nem me mostrou o dedo do meio. Ele só havia encontrado alguém que desocuparia a vaga, digamos, antes do pôr do sol.

Mas e se ele realmente tivesse buzinado e me mostrado o dedo? Você se lembra da estratégia de Substituir, no Capítulo 5? *Quanto isso realmente seria ruim? Quais as chances de isso acontecer? Como eu poderia lidar com isso?* Ser o alvo de uma buzinada ou de um gesto grosseiro por parte de um desconhecido poderia me deixar um tanto alarmada, mas eu poderia lidar com a situação. Poderia mandar uma mensagem para o meu marido dizendo "Dá para acreditar nesse cara?". A situação poderia se tornar um momento didático para as crianças sobre a importância de ter paciência. No fim das contas, ficaria tudo bem.

Falando em mostrar o dedo, em termos da sua própria Lista de Desafios, pratique coisas que o assustam, mas não pratique ser idiota. Pratique ser uma pessoa *autêntica*, não alguém enfurecido e descontrolado. Mesmo que a possibilidade de dar um basta no chefe deixe você ansioso, isso não é algo que queira praticar. Use o bom senso. Só porque a ideia de se permitir brigar no trânsito o deixa ansioso não significa que seja uma boa opção de pôr em prática.

Em vez disso, prefira coisas que possam levá-lo a ser mais autêntico. De fato, podemos, inclusive, chamar a Lista de Desafios de Lista de Autenticidade. Pense nisso: o que você estaria *fazendo* se a ansiedade não o estivesse atrapalhando? O que você quer fazer sem pensar tanto? O que a pessoa que você é faria se não tivesse medo? Inclua essas coisas, grandes e pequenas, na lista.

Agora, é a sua vez. Vamos começar com as coisas que deixam você com *um pouco* de medo. Faça uma lista de coisas pequenas e concretas que são como uma passagem sem escalas para a terra da ansiedade social (de pequeno porte).

1. ______________________________
2. ______________________________
3. ______________________________
4. ______________________________

Agora, na próxima oportunidade que surgir, experimente fazer essas coisas da lista. Já adianto que você vai se sentir muito pior antecipando os desafios do que efetivamente fazendo essas coisas. Essa é uma reação tão comum que até tem nome: *preocupação incoerente*. Considera-se "incoerente" por um motivo: assim como minha experiência com a vaga de estacionamento, é comum que a consequência de tentar fazer algo fora da zona de conforto propositalmente não dê em nada. Às vezes, alguém faz cara de reprovação ou de quem não está acreditando no que está vendo, mas nada que não possamos enfrentar. Jia aprendeu que, mesmo que o tosador do *pet shop* explicasse, em meio a risadas, que não cortava cabelo de seres humanos, ele seria cordial e não aconteceria nada catastrófico. Ninguém chamaria a polícia. Ninguém questionaria sua inteligência. Ninguém ficaria zangado. Mas a gente precisa passar por isso para acreditar. Inclusive, quando conversei com Jia a respeito do que ele antecipava *versus* a experiência em si, ele disse: "A incoerência fica evidente muito rápido mesmo. Se você faz isso algumas vezes, a calibragem muda na hora. Quando comecei, só conseguia pensar no pior que poderia acontecer: a pessoa pegaria um revólver, chamaria a polícia, iria me xingar. Na minha cabeça, essa reação era certeira. Mas, no final, percebi que era capaz de pedir qualquer coisa a qualquer um, em qualquer lugar".

Portanto, tudo bem se você se sentir um tanto desconfiado antes de experimentar as coisas da sua Lista de Desafios. Pranav *vai* se sentir ansioso quando pedir comida pelo telefone. Nelly *vai* se sentir apreensiva antes de um encontro. Ali *não queria* pedir informações sobre o caminho. Eu me sentia nervosa quando me apresentava aos pais da escola dos meus filhos. Mas fiz isso, mesmo assim, e é isso que importa. Se você consegue o aumento, o número de telefone da pessoa, um sorriso de volta, não importa. O importante é que você fez. O êxito de sua realização independe do resultado. O único critério é se você fez. Sim? Ponto para você.

Claro que nem tudo precisa ser oficialmente um item de sua Lista de Desafios. Você também pode encarar pequenos desafios de improviso. Há pouco tempo, a mochila do meu filho de 4 anos foi esquecida na escola. Mais tarde, naquele mesmo dia, quando me dei conta de que a mochila não estava em casa e nem no carro, e sem disposição para encarar uma lancheira com comida podre no dia seguinte, dei um pulo na escola para buscá-la. Quando entrei no estacionamento, geralmente lotado, pude ver através dos janelões que estavam fazendo uma reunião com a equipe inteira. Entendi que eu teria de passar por todas aquelas pessoas, incluindo o diretor da escola e todos os professores do meu filho, para recuperar a mochila. Por um instante, continuei sentada dentro do carro, sentindo uma enorme vontade de voltar para casa. Mas pensei com meus botões que deveria entrar lá, antes de me sentir confiante. Então, saí do carro. Entrei na escola, passei por todo mundo com um sorriso e um aceno, peguei a mochila e me encaminhei para a porta. A professora preferida dele estava sentada ao lado da porta. Ela sorriu e acenou. Em voz baixa, eu disse que ele havia esquecido a mochila. Ela sussurrou de volta: "Tudo bem. Até amanhã". Em suma: uma reação totalmente decepcionante. Tanto que até esqueci de contar ao meu marido quando voltei para casa. Um desafio por vez, continuo aprendendo que as consequências nunca são as que imagino. E, mesmo que alguma coisa desse errado, eu seria capaz de lidar. Sabe o que mais? Você também.

A LISTA DE DESAFIOS, FASE DOIS: LARGUE O SALVA-VIDAS

Conforme você for trabalhando na sua Lista de Desafios, não se preocupe se começar a se sentir empacado. Muita gente, inclusive eu, já passou por isso. A pessoa está fazendo tudo certo. Encara e é corajosa. Senta na banqueta e toca violão até esgotar o repertório. Entra de cabeça erguida no local do evento para conhecer mais colegas de trabalho. Continua na festa até quase todos terem ido embora. Mas, então, volta para casa decepcionada, pensando "Fui lá e fiz, que sei que é o que conta. Mas me senti péssima, o tempo todo. Minha ansiedade não diminuiu nada".

Não se aflija. Isso acontece o tempo todo. Você está disposto a escalar a montanha, então por que não desliza até embaixo pelo outro lado? A resposta é que você talvez esteja se segurando sem nem se dar conta. Como? Entra em cena a dra. Lynn Alden, da Universidade da Columbia Britânica, no Canadá. A dra. Alden vem estudando a ansiedade social há quase quarenta anos. Com seu antigo aluno, o dr. Charles Taylor, hoje membro do corpo docente da Universidade da Califórnia, em San Diego, formam a dupla dinâmica da pesquisa sobre ansiedade social. Quando conversei com eles, a dra. Alden me contou a história de uma paciente com quem tinha trabalhado. Vamos chamar essa moça de Beth: "Sempre que um homem que Beth achava bonito estava por perto, ela saía do local. Imagine o que você pensaria se fosse esse homem, se entrasse na sala em que Beth estava, e ela imediatamente se levantasse e saísse, todas as vezes?".

Sair da sala era o *comportamento de segurança* de Beth. O seu pode ser tomar dois drinques assim que chega à festa, colar na melhor amiga durante todo o almoço com conhecidos novos, ficar mirando o chão, permanecer à beirada da rodinha de bate-papo. Comportamentos de segurança são as atitudes que tomamos para disfarçar o que consideramos nossa inadequação, aquelas coisas que o Crítico Interno diz que estão erradas em nós. Essas são justamente a razão pela qual nosso medo persiste. As coisas que estamos fazendo nos mantêm aprisionados. Uma ironia, por certo, como o salva-vidas que nos prende debaixo d'água.

Por que seguimos mantendo comportamentos de segurança? Quando agimos assim, vem a sensação de que estamos nos escondendo, o que nos faz sentir seguros. Mas, em vez de realmente nos esconder, estamos nos escondendo à vista de todos. Mesmo pensando que estamos mascarando nossos defeitos, as pessoas podem enxergar quem somos. Sei que isso parece óbvio, mas, quando tentamos nos manter a salvo, na realidade estamos transmitindo uma mensagem totalmente diferente. Ensaiamos a fala porque queremos parecer capazes de falar bem, mas só damos a impressão de estarmos aflitos. Fustigamos os outros com perguntas intermináveis para evitar falar de nós mesmos, mas nosso interlocutor acaba se sentindo interrogado. Concordamos com tudo que o chefe diz, o que o leva a pensar que nem o estamos ouvindo.

Nas palavras da dra. Alden, "todo comportamento envia uma mensagem aos outros. Pessoas com ansiedade social podem se esquecer disso e pensar que estão apagando seu registro". Na realidade, porém, o comportamento de segurança envia uma mensagem em alto e bom som, exatamente oposta ao que a pessoa está tentando fazer. Sem querer, a mensagem que mandamos é: *Não sou sociável, sou distante, sou esnobe, sou genioso*, quando nada poderia ser mais distante da verdade. A paciente da dra. Alden achava que, saindo da sala, estaria a salvo de sua paixonite. Mas claro que ele era capaz de ver que ela estava ali. E ela percebeu que sua atitude poderia sugerir que era fria e orgulhosa. Com a ajuda da dra. Alden, Beth aprendeu a ficar na sala, onde teve a oportunidade de perceber que o homem que a interessava não só era amigável como também, no fim das contas, ela estava a salvo sem seu comportamento de segurança. Seu salva-vidas era o que realmente a mantinha presa debaixo d'água.

Ao longo dos anos, os drs. Alden e Taylor viram o mesmo processo acontecer repetidas vezes. O maior momento de clareza desses pacientes vinha quando podiam passar a ver seus comportamentos de segurança do ponto de vista dos outros. Aliás, imagine como você iria reagir se visse alguém de óculos escuros em um recinto, rolando a tela do celular para baixo, olhando para o chão com os braços cruzados, dando chá de sumiço toda vez que você entrasse na sala. Presumiria que ele não queria falar com você ou, pior ainda, que não gostava de você. Lembro-me do meu próprio momento de clareza: no ensino médio, um garoto especialmente sem noção, mas honesto, assinou meu livro do ano com um comentário em que me chamava de "retraída, mas agradável", o que me fez compreender cada vez mais que ao me dedicar a manter minha ansiedade a distância, eu estava mantendo os outros a distância também.

Como resolver isso? Nas palavras do dr. Taylor, "queremos que as pessoas sejam cientistas. Primeiro, você precisa ter boa noção de quais comportamentos de segurança está usando. Depois, pode fazer alguns testes experimentais e ver o que acontece se você remover esses comportamentos".

A boa notícia é que deixar de lado o salva-vidas, que, na realidade, está prendendo você debaixo d'agua, não só é algo que você pode fazer como também dá resultados. Como sabemos disso? No decorrer da década passada, Alden e Taylor realizaram uma série de estudos inovadores, nos quais pediam a pessoas que fizessem exatamente isso. Como me disseram, 92% das pessoas puderam identificar imediatamente os comportamentos de segurança que estavam usando. Sem dúvida, sei o que costumava fazer. Eu evitava olhar as pessoas nos olhos e me apresentar, preferindo, o que era estranho, fingir que já conhecia a pessoa. Isso a deixava confusa e criava um mal-estar generalizado. Mas, tão logo me dei conta do que estava fazendo, parei. E, em seus estudos, Alden e Taylor comprovaram que os participantes também podiam fazer o mesmo.

Em vários estudos, Alden e Taylor pediram a participantes com ansiedade social que conversassem por cinco minutos com um colaborador do laboratório, aquele tipo de bate-papo em que você conhece e se deixa conhecer, pré-requisito para qualquer nova amizade. Antes dessa situação, os participantes foram solicitados a descrever o que temiam que pudesse acontecer na conversa. Em outras palavras, qual Revelação o Crítico Interno previa para essa situação? As respostas variaram: "Vou dizer alguma idiotice", "Meu parceiro vai pensar mal de mim", "Vão achar que sou estranho", e tantas outras coisas mais.

Em seguida, foi perguntado aos participantes quais eram seus comportamentos de segurança: o que faziam para tentar se sentir mais seguros ou impedir uma Revelação? Novamente, as respostas foram bastante variadas:

Penso bastante em como dizer a coisa certa.
Tapo a boca com a mão quando falo.
Ensaio o que vou dizer em seguida enquanto a outra pessoa está falando.
Sorrio, sorrio, sorrio.
Tento me concentrar em como enuncio as palavras.
Fico monitorando, o tempo todo, o que estou dizendo.
Penso em respirar para me acalmar.

Depois, metade dos participantes recebeu as seguintes instruções, assim que terminou de preencher os espaços em branco com seus medos pessoais e comportamentos de segurança:

> *A fim de ajudar a vencer sua ansiedade, é importante descobrir se aquilo de que tem medo pode realmente acontecer. Para tanto, você deve tentar não fazer o que normalmente faz para impedir que a outra pessoa pense que você é idiota. Por exemplo, durante a conversa, não faça nada para se salvar, não evite olhar nos olhos. Pense apenas que você quer descobrir o que vai acontecer quando não evita olhar nos olhos da pessoa. Fazendo isso, você será mais capaz de verificar se suas expectativas se confirmam.*

A outra metade dos participantes não recebeu nenhuma informação sobre seu comportamento de segurança. Só lhes foi dito que deixasse o tempo passar, que superar a ansiedade era como entrar em uma banheira de água quente: desagradável no começo, mas depois de um tempo a pessoa se acostuma e se sente melhor.

A fase seguinte era levar cada pessoa até sua própria conversa individual de cinco minutos. O que aconteceu foi realmente incrível. Em primeiro lugar, os participantes que deixaram seus comportamentos de segurança de lado pareciam *menos* ansiosos. Inclusive, quando pararam de tentar disfarçar, em vez de toda a ansiedade desmascarada vazar, eles pareceram *mais* à vontade.

Depois, quando Alden e Taylor pediram que os colaboradores falassem sobre essa experiência, advinha com quem tinham gostado mais de conversar? Com o grupo que havia deixado de lado seus comportamentos de segurança. Com quem tinham gostado mais de passar o tempo? *Idem.* Quem queriam ter como amigo? Você já sabe, não é?

No entanto, o mais interessante é que os participantes que abandonaram os comportamentos de segurança acharam que os colaboradores gostaram deles porque pareciam menos ansiosos. Na realidade, porém, os colaboradores disseram que tinham gostado deles porque eram mais amigáveis, mais dispostos a conversar, demonstravam interesse e se envolviam mais com a situação. Em outras palavras, os participantes achavam que os interlocutores tinham gostado deles porque faziam *menos coisas ruins*, quando, na realidade, os interlocutores tinham gostado deles porque faziam *mais coisas boas*. Depois que toda a energia gasta ensaiando sentenças ou editando a aparência tinha sido economizada, a simpatia autêntica — as coisas boas — tinham naturalmente ocupado os espaços vazios.

Mais uma vez, a palavra "autêntico". Ou seja, ser quem é. De fato, quando usamos comportamentos de segurança, sabemos que estamos parecendo falsos. Sabemos que não estamos mostrando ao mundo quem somos de verdade, que, na realidade, o que mostramos é uma versão filtrada e extremamente editada. Os comportamentos de segurança são destinados a ocultar seu verdadeiro eu, aquele que seu Crítico Interno diz que é cheio de defeitos. Em vez disso, porém, os comportamentos de segurança nos mantêm presos à ideia de que somos deficientes e é impossível gostar de nós. Nunca temos a oportunidade de provar que essas ideias estão equivocadas. O irônico é que, quando os participantes do estudo pararam de tentar se salvar, puderam ser quem eram. E isso, por sua vez, permitiu que se relacionassem de modo genuíno. Além disso, o que não foi surpresa, eles se divertiram muito mais que os participantes que tinham sido instruídos a apenas deixar o tempo passar.

Para Jia Jiang, a diferença entre as duas primeiras tentativas de ser rejeitado ilustra a diferença entre disfarçar usando comportamentos de segurança e deixá-los para trás. No Dia Um, para realizar sua tentativa inaugural de rejeição, ele decidiu que perguntaria a um desconhecido — o segurança que trabalhava no saguão do prédio onde tinha seu escritório — se ele podia lhe emprestar 100 dólares. Jia filmou a ação no celular, e, no vídeo, o segurança está sentado à mesa, inclinado na direção da tela do computador. Antes mesmo de chegar a essa bancada, Jia fala de repente: "Com licença, você acha que poderia me emprestar 100 dólares?". O segurança parece confuso e diz que não. Mas logo um esboço de sorriso surge em seu rosto, ele ergue os olhos para Jia e pergunta: "Por quê?". Mas Jia está assustado demais para ouvir o que ele disse e responde: "Não? Tudo bem. Não. Certo, obrigado", e sai apressado dali.

Que comportamento de segurança Jia usou? De que maneira está tentando impedir que o segurança pense que ele é doido varrido? Nesse caso, é a velocidade. Jia se aproxima rapidamente, formula sua pergunta e sai andando, como ele mesmo descreve, "parecendo um bicho pequeno fugindo de um predador". Já para a maioria das pessoas, podemos evitar olhar nos olhos, falar entredentes usando tom de voz baixo ou ficar parados a alguns passos de distância. O que faz sentido: estamos todos tentando nos manter a salvo.

Mais tarde, porém, quando Jia estava editando o vídeo desse encontro, viu o que tinha deixado escapar. O segurança não fora hostil em absoluto, só se mostrara perplexo. Jia também se deu conta de que a pergunta do guarda, "Por quê?", era um convite para estender a conversa. Jia podia ter sido honesto e dizer que estava "tentando vencer o medo de ser rejeitado, então se forçava a fazer pedidos absurdos". Ou poderia ter dito que deixaria sua carta de motorista como garantia, prometendo devolver logo o dinheiro. Mas Jia permitiu que seu comportamento de segurança levasse a melhor e, assim, fugiu.

Jia jurou que faria melhor no dia seguinte.

No Dia Dois, foi a uma lanchonete na hora do almoço. Quando estava enchendo o copo na máquina de refrigerante, viu um anúncio que dizia "Refil grátis". Seus olhos brilharam. Depois de terminar o hambúrguer de bacon, foi ao balcão. No vídeo do celular, um atendente jovem, de óculos, avental vermelho e braço coberto de tatuagens, se aproxima e pergunta em que pode ajudá-lo. Dessa vez, Jia olha direto para o rapaz, sorri de orelha a orelha e melhora um pouco a postura para responder:

— Sim, seu hambúrguer é muito bom. Posso ganhar um refil do hambúrguer?

O atendente pergunta:

— Um o quê?

— Refil do hambúrguer.

— Refil do hambúrguer — o atendente repete, tentando compreender o pedido. — O que o senhor quer dizer? — Ele não está sendo hostil. Assim como o segurança, está apenas perplexo e curioso.

— Um refil grátis. Vocês têm refil grátis para hambúrguer?

O atendente enfim compreende e diz:

— Ah, não tem refil grátis para hambúrguer.

— E como tem para o refrigerante, mas não para o hambúrguer? — Jia insiste, perguntando com confiança firme, como se seu pedido fosse totalmente razoável.

O atendente dá uma risadinha quando responde, dando de ombros:

— É desse jeito, cara.

Jia sorri, agradece, diz que gostaria ainda mais daquela lanchonete se dessem refil grátis de hambúrguer e vai embora.

Que diferença! Mesmo tendo recebido outro "não" (um sucesso, já que seu objetivo era ser rejeitado, como você se lembra), Jia não sentiu o pânico que o tomou com o segurança, e descobriu que a *maneira* como você pergunta faz grande diferença. Ainda que continuasse ansioso, sem seu comportamento de segurança, Jia não pareceu ansioso. Estava com as costas aprumadas, olhando diretamente para o atendente, não para baixo ou por cima da cabeça dele; estava sorrindo e falando em tom de voz e na velocidade habituais. Jia desacelerou e agiu tranquilamente. E não é que pareceu estar confiante? Depois de apenas dois experimentos, um com comportamento de segurança e outro sem, Jia descobrira um segredo importante: é você quem dá o tom. Aja como se não estivesse ansioso, deixe de lado os comportamentos de segurança e não só vai se sentir melhor como obterá uma resposta melhor. E sabe o que mais? Ninguém vai saber que você está atuando. E sabe o que é ainda melhor? Daqui a algum tempo, você não estará.

Quando conversei com Jia sobre sua descoberta, ele disse: "Percebi que *o que* eu estava pedindo estava fora do âmbito das normas sociais, mas *como* estava pedindo, não. Não toquei uma buzina nem dancei nenhum passinho. Me aproximei de maneira respeitosa. E, em geral, as pessoas reagem da mesma maneira".

Minha primeira hipótese de como isso funcionava me ocorreu na faculdade. No meu primeiro ano, eu era "conselheira residente", uma espécie de veterana que morava no alojamento dos calouros, não necessariamente para manter a ordem, mas para servir de fonte de informações aos primeiranistas na transição para a vida universitária. Como medida de saúde pública, todos os conselheiros residentes tinham alguns envelopes com itens para uma atividade sexual segura, os quais ficavam colados na porta do quarto dos residentes, e os alunos pegavam ali o que precisavam. Normalmente, eu cuidava para sempre repor os itens que iam sendo retirados, mas no final da primavera fiquei atolada com uma montanha de exames de fim de semestre e deixei os envelopes vazios e esquecidos pendurados na minha porta.

No fim do ano, no dia em que os alunos estavam saindo daquele alojamento, eu estava empacotando minhas coisas no quarto. Minha porta estava aberta, porque eu esperava que os amigos viessem me distrair. Mas, então, um aluno que não reconheci — óculos, cabelo espetado — deu uma rápida batida na porta e meio que entrou para perguntar se eu tinha camisinha. Fiquei impressionada com a audácia daquele rapaz e respondi que não: "Desculpe, acabou. Mas tem a porta de outro conselheiro neste mesmo corredor, à direita. Quem sabe?". "Obrigado", ele disse e saiu.

Quase vinte anos depois, ainda me lembro da atitude daquele aluno com sentimento de admiração. Precisava com urgência de um preservativo, o que indicava o que pretendia fazer assim que conseguisse. Mas não estava com medo de revelar tudo isso a uma desconhecida *e* pedir ajuda, duas coisas que costumam ser um bilhete sem volta para a terra da ansiedade social. Ele facilmente poderia ter pensado: *Ela vai me achar maluco/esquisito/pervertido* e sair dali rapidinho, mas, em vez disso, bateu à porta, mostrou o rosto e fez sua pergunta como se não fosse nada demais.

Como Jia, o que aprendi foi que é você quem dá o tom. O aluno à minha porta fez seu pedido com confiança, e respondi no mesmo tom. Agora, você pode perguntar: e se ele só estivesse fingindo? E se tivesse repetido um mantra antes na cabeça, como *Não é nada demais, não é nada demais*? Para dizer a verdade, não faz diferença. De todo jeito, minha reação de jogar o jogo salienta o fato de que, se você trata uma coisa como se fosse totalmente razoável, será. Ou você pode simplesmente fingir que é a Beyoncé. Ou, no caso daquele aluno, o Rapaz da Camisinha. Até hoje, sou grata ao jovem que, sem querer, me deu a primeira aula sobre ansiedade social. Pelo bem de todos, realmente espero que ele tenha encontrado uma camisinha.

Apesar da aula do Rapaz da Camisinha, me escorei por anos em alguns comportamentos de segurança. Sempre que me apresentava a uma plateia de desconhecidos — como convidada em um *podcast* ou em uma entrevista de rádio —, a antiga ansiedade batia com força. Por isso, durante muito tempo, a segurança estava em ter respostas anotadas sempre à mão, inclusive, tenho de admitir, palavra por palavra, às vezes. Sei que seria mais natural e daria respostas melhores se não estivesse colada no salva-vidas das respostas anotadas, mas, com tantas pessoas me vendo e ouvindo, deixar de lado essa espécie de segurança e me soltar não pareciam boas opções.

Infelizmente, isso queria dizer que é exatamente o que eu tinha de fazer. Se queria me formar no curso de ansiedade social, tinha de dar entrevistas sem anotações de antemão. Ainda trataria a entrevista com o respeito e o preparo que merecia, mas precisava confiar que seria capaz de me lembrar dos pontos que era preciso salientar. Assim, quando surgiu a oportunidade de dar uma entrevista ao vivo em uma rádio, permiti-me ficar agoniada por um instante (ou uma hora) e depois pensei que devia fazer aquilo antes de me sentir confiante, porque a confiança apareceria (obrigada, Capítulo 7!).

Essa era a próxima fase da minha Lista de Desafios, sem comportamentos de segurança:

5. Sorrir e puxar conversa com pessoas que acho que não gostam de mim (várias mães mal-humoradas, uma professora mal-humorada, vários colegas mal-humorados). Fazer isso várias vezes.
6. Atender ao convite para dar uma entrevista em um *podcast* gravado, que pode ser editado, mas sem minhas anotações usuais. Fazer isso sempre que receber o convite.
7. Dar uma entrevista ao vivo em rádio (credo, sem possibilidade de edição!), sem minhas anotações usuais (mas, pelo menos, sem câmeras!).

Com o tempo, acabei fazendo todas essas coisas, e tudo saiu bem. Todas as vezes fiquei ansiosa, mas escalei a montanha até o alto. Isso é importante:

eu estava ansiosa. Você também estará. Não deixará de sentir ansiedade. Sentirá ansiedade, mas vai endireitar os ombros e seguir em frente.

Muito bem, agora é a sua vez. Portanto, vamos adicionar mais itens a sua Lista de Desafios. Como já realizou coisas de menor porte com a coragem que lhe cabia, incentive-se, a partir deste momento, a encarar situações que assustam um pouco mais e, dessa vez, deixe de lado aquilo que você acredita ser sua fonte de segurança. Se sua preocupação for as mãos tremerem, seu salva-vidas pode ser beber só direto da garrafa, não de um copo que pode sacudir e derrubar o líquido. Se sua preocupação é enrubescer, pode vestir uma das muitas blusas de gola alta. Se está pensando que vai ficar sem ter o que dizer, pode ir a festas só na companhia do parceiro. Então, largue o salva-vidas, ponha a cerveja no copo e deixe a garrafa de lado. Vista a blusa de decote em V, e que se dane a vermelhidão. Vá sozinho à festa. Ou a três festas. Qualquer que seja seu salva-vidas, deixe-o em casa e veja o que acontece. Experimente ou, como me disse um dia uma terapeuta baixinha, especialista em ansiedade social, "faça ou não faça. Sem essa de tentar".

A seguir, preencha os espaços em branco com novos desafios e com os comportamentos de segurança que gostaria de abandonar. Depois, como me disse o dr. Richard Heimberg, o já citado pai da pesquisa sobre ansiedade social, quando lhe perguntei qual era o segredo para superar a ansiedade social: "Vá em frente e faça".

5. Meu desafio (o que estaria fazendo se não sentisse ansiedade): ____

   Comportamentos de segurança que eu gostaria de abandonar: __ ____

6. Meu desafio (o que estaria fazendo se não sentisse ansiedade): ____

Comportamentos de segurança que eu gostaria de abandonar: __

____

7. Meu desafio (o que estaria fazendo se não sentisse ansiedade):

____

Comportamentos de segurança que eu gostaria de abandonar:

____

Muito bem. Como diz o dr. Seuss, você está a caminho de grandes realizações, está em marcha e indo em frente! Estamos quase chegando à parte mais difícil de sua lista. Conforme for se aproximando dos pontos mais doloridos, talvez você queira se incentivar com algumas frases positivas, as chamadas afirmações. As afirmações costumam ser ironizadas, pois lembram aquelas sessões de franqueza absoluta diante do espelho do banheiro, e a internet faz pouco caso delas: "Fico melhor a cada dia, em todos os sentidos. A menos que tenha um novo seriado para maratonar, pois aí não vou sair de casa."; "Respeito e expresso todos os aspectos do meu ser, sejam quais forem as leis municipais e estaduais." Fazemos pouco caso das afirmações porque são bregas e bobas, e o pior é que parecem mentira.

Se, em desespero, tentamos nos incentivar a encarar a Lista de Desafios recorrendo a afirmações como *Dou conta! Serei incrível! Claro que sim!*, acabamos por nos sentir desanimados. Por quê? Porque não acreditamos nessas palavras.

Em vez disso, experimente essa opção: use afirmações com valores sobre os quais você tem 100% de certeza, mesmo que não tenham relação direta com a tarefa que tem pela frente. Você leu certo. Mesmo que não tenha nada a ver com seus Desafios, afirme para si mesmo o que já sabe que é verdade a seu respeito: *Assim como o sol nasce e se põe, sou leal como amigo. Dou valor a ser um bom ouvinte. Sou uma mãe realmente boa. Conquistei mais do que pensei que seria possível e fiz isso por mérito próprio.* Pode parecer bobagem uma afirmação sobre o amor que sente pela família, ou sobre sua fé religiosa, quando está a ponto de entrar em uma reunião trimestral de avaliação de vendas, mas funciona.

Nesse mesmo sentido, você pode ganhar forças com afirmações sobre os próprios atos de coragem. Uma pesquisa de 2017 sobre rastreamento visual feita por pesquisadores holandeses constatou que, quando os participantes traziam à mente uma recordação da própria integridade — por exemplo, quando defenderam um amigo e mais ninguém fez isso; quando puderam ter acusado um colega e não fizeram isso —, eram capazes de olhar diretamente para fotos de pessoas zangadas. Portanto, use afirmações sobre suas verdades. Fale das vezes em que fez a coisa certa. Lembre-se do que há de melhor em você, e o melhor aparecerá.

LISTA DE DESAFIOS, FASE TRÊS: A PARTE MAIS DOLOROSA

E cá estamos, na reta final. Quais são as coisas que mais assustam você? Não passe para esta fase antes de ter encarado o que dá um pouco de medo, depois o que dá um pouco mais de medo, e depois de já ter experimentado deixar de lado os comportamentos de segurança. Mesmo que já esteja bem perto da parte mais difícil, ainda estamos ganhando terreno aos poucos.

O que talvez você perceba é que ter se incentivado a enfrentar o que dava um pouco de medo e depois o que assustava um pouco mais resultou em tornar menos terríveis as piores coisas que lhe causavam medo. Elas ainda o deixarão muito assustado, mas talvez exista uma ponta de disposição para enfrentá-las, quando antes não havia nem sombra disso. E por quê? Conforme você vai enfrentando seus desafios de pequeno e médio portes, reposiciona gradativamente os limites de sua ansiedade social. Como tão bem resumiu o dr. Richard Heimberg, falando do processo quando conversei com ele, “boas exposições desencadeiam uma espiral de sucesso”.

Vamos, então, para a reta final. Quais são seus maiores medos? Pense em coisas concretas que fazem você querer ficar escondido atrás da cortina. Se está começando a pensar em uma rota de fuga, saiba que encontrou seus maiores desafios. Os meus são estes:

8. Entrar em contato e entrevistar pessoas de destaque na psicologia para este livro (respire fundo).
9. Fazer uma entrevista ao vivo, com câmera, usando o mínimo possível de anotações escritas (credo!).
10. Entregar um livro de verdade ao mundo, contando minha própria história de ansiedade social (duas vezes credo!)

Para mim, essas últimas situações realmente preenchem a cota. Estava de cabelo em pé quando entrei em contato, sem nenhuma preparação, com titãs acadêmicos para dizer que não só tinha a presunção de escrever um livro sobre um tópico que eles dedicaram a vida a pesquisar como ainda queria pedir que oferecessem voluntariamente seu tempo e seus conhecimentos para me ajudar nesse projeto. Esperei até o último e vergonhoso momento possível para mandar um e-mail a eles, com medo de que me achassem uma intrometida sem noção, que não tinha a menor ideia do que estava falando. Mas, na realidade, foram tão gentis que nem acredito. Oitenta por cento deles me respondeu o e-mail dizendo que aceitavam ser entrevistados. Abriram espaço na agenda e na mente e foram extremamente generosos comigo.

Então, fiquei lisonjeada por um momento e, em seguida, basicamente aterrorizada quando me convidaram para dar uma entrevista *on-line*, ao vivo. Tinha chegado, enfim, a hora de vencer meu medo irracional, da vida inteira, de ser filmada ao vivo, o que não queria dizer que eu desejava fazer isso para uma plateia *on-line* com milhares de pessoas. Reconheço que me preparei e ensaiei de maneira exagerada, apesar de, naquele momento, isso me parecer indispensável. Foi difícil pegar no sono na noite anterior. No dia da entrevista, me tranquei no escritório e tentei trabalhar, mas só consegui ficar aflita durante horas, tomada pela adrenalina. Na hora combinada, entrei no *link* e dez minutos depois já tinha acabado. A pessoa que me entrevistou foi amigável, riu das minhas piadinhas e me convidou a voltar quando eu quisesse. Inclusive, recebi alguns e-mails com elogios de pessoas que tinham visto o programa. Eu tinha encarado a luzinha verde no meu *laptop* e sobrevivido para contar a história.

Alguns meses depois, o mesmo programa tornou a me convidar. Dessa vez, foi muitíssimo mais fácil. A montanha do meu medo de câmeras ainda não tinha virado um montículo, mas a erosão fora considerável. A luzinha verde agora parecia menos um raio *laser* atravessando minha alma e mais uma abertura para um mundo onde eu poderia compartilhar quase tudo que se pesquisava em psicologia e talvez até ajudar alguém com isso.

Por último, há este livro na sua mão. Durante anos, quis ser escritora. A vida inteira tive a ambição de escrever um livro, mas, quando resolvi que seria sobre ansiedade social, percebi que teria de escrever sobre mim mesma. E isso não é uma coisa fácil de fazer para quem, como eu, sabe o que é ansiedade social. Sem dúvida, estou muito mais aberta atualmente do que já estive cinco, dez e especialmente vinte anos atrás, mas divulgar coisas sobre mim ao público em geral, no formato de livro, foi o mais longe da zona de conforto que já estive na vida.

Havia demônios a vencer. Eu podia ter mencionado "cantar no caraoquê" ou "me apresentar em um *show* de comédia improvisada para amadores", mas, mesmo que essas situações me dessem vontade de me fingir de morta, não eram as coisas que estavam me atrapalhando a vida. No entanto, minha dificuldade de entrar em contato com figuras de autoridade especialistas em sua área, ser filmada ao vivo falando para uma plateia invisível de milhares de pessoas e me tornar vulnerável a críticas e análises ridículas como autora de um livro eram situações que, sem dúvida, estavam me atrapalhando a vida. Essas eram as situações que, se eu não encarasse, com certeza iriam me impedir de viver como eu queria. Estava dividida entre a cruz de encarar de frente meus medos (que, racionalmente, eu sabia que eram exagerados e distorcidos) e a espada do arrependimento.

Agora, é a sua vez. Se não estiver pronto, tudo bem. Retorne para o início ou para o meio de sua Lista de Desafios e complete mais algum. Pegar embalo com isso pode injetar confiança e deixar o pior um pouco menos assustador. Então, o que lhe causa muito medo? O que está atrapalhando sua vida? Chame aquela pessoa para sair com você. Dance no casamento da sua filha. Mude de emprego, de casa. Diga o que pensa. Faça-se presente. Preencha os espaços em branco a seguir e faça essas coisas. A confiança vai aparecer. Siga em frente *e viva* a vida.

8. ______________________________
9. ______________________________
10. ______________________________

Como será enfrentar cada item de sua Lista de Desafios? A maior parte das vezes vai ser difícil, mas vai valer muito a pena. Você perceberá que a confiança aparecerá. Descobrirá o que existia em você o tempo todo e nem sabia. Em outros momentos, pode não dar tão certo. Você se sentirá decepcionado consigo mesmo. Vai soltar o freio de mão de toda sua valentia, e nada vai mudar. Vai sentir que é inútil tentar aumentar a zona de conforto. O Crítico Interno vai lhe dizer que fique sentado, de bico calado, cabeça baixa, pensando que não é para você: *Você não foi feito para ter confiança*.

Fora isso, de vez em quando, alguma coisa ruim *vai* acontecer. As pessoas criticam. Falam. Tem gente que se dedica a detestar. Mas, se sua prática não estiver indo como planejado, pergunte-se quem agiu de modo impróprio. Em sua Lista de Desafios, Camilla perguntou a um desconhecido que horas eram, mas ele a ignorou. Quem agiu como não devia? Camilla ou o desconhecido? Julio fez uma pergunta em uma reunião, e o chefe se exaltou com ele. Mais uma vez, quem se comportou mal: Julio ou o chefe?

Você se lembra das estratégias de Substituir e Aceitar dos Capítulos 5 e 6? Essas táticas não são apenas um ponto de partida: também podem ser vistas como processos de limpeza. Pergunte-se: Quanto aquela experiência foi *realmente* horrível? Pode continuar sendo algo que lhe dá aflição, mas quem se lembrará disso em alguns dias? (Provavelmente, ninguém além de você.) Com que frequência coisas assim acontecem com as pessoas? (Provavelmente, bastante.) Com quantas pessoas isso já aconteceu? (Muitas; é uma experiência humana.) Por exemplo, em sua Lista de Desafios, Dante fez uma pergunta em aula, mas o professor não entendeu o que ele queria dizer. Dante tentou explicar, mas tropeçou nas palavras. O professor pareceu confuso e deu uma resposta que não correspondia à pergunta. Dante ficou envergonhado, mas, quando olhou à volta, percebeu que os colegas não pareciam estar se importando. Algumas semanas depois, quando Dante foi até a sala do professor distraído, este não pareceu se lembrar dele. Evidentemente, não tinha sido nada demais.

Por último, faça a si mesmo a pergunta que já deve lhe soar familiar a essa altura: *Como posso lidar com isso?* Winnie, por exemplo, sempre ia embora da igreja assim que o serviço terminava, para evitar ficar presa nas rodinhas de conversa. Como rezava sua Lista de Desafios, houve um domingo em que ela continuou por ali, resolvida a encarar seus medos. Mas, antes que pudesse dar um bom-dia a alguém, foi encurralada pela excêntrica residente da igreja, uma senhora inofensiva, mas de atitudes incomuns, que cheirava fortemente a naftalina e tinha restos de pasta de dente seca nos cantos da boca. Winnie aguentou firme por vinte minutos antes de achar uma desculpa e ir correndo para o carro. Depois de se acalmar, ela se perguntou o que poderia ter feito. Como podia ter enfrentado a situação? Ligou para a mãe e contou o que tinha ocorrido. Em vez de ficar horrorizada, a mãe achou que havia sido a coisa mais engraçada do mundo, e Winnie percebeu que tinha uma ótima história para contar no trabalho no dia seguinte.

Agora, você não precisa lidar com esse tipo de situação contando à sua mãe o que aconteceu e pode enfrentar a situação de qualquer maneira saudável que funcione para você. Mas Winnie descobriu uma coisa: a prática que deu errado pode render uma boa história. Todo mundo gosta de ouvir histórias de constrangimento: esses momentos humanizam você, mostram que você tem senso de humor e podem, inclusive, fazer com que o outro compartilhe uma história constrangedora também. E sabe do que mais? Isso faz parte de como desenvolvemos intimidade, tema sobre o qual falarei mais no Capítulo 16.

Portanto, faça sua Lista de Desafios. Depois repasse os itens pensando em Substituir e Aceitar. Dê-se um pouco de estrutura, desempenhando um papel do seu agrado. Tenha coragem durante todo tempo que pode levar para chegar até o topo. Aceite os desafios, um pouco de cada vez. E deixe os salva-vidas em casa. Desse ponto da montanha em diante, é só ladeira abaixo. Venha deslizando pela encosta até estar de volta à vida. Quanto mais você praticar, mais fácil será.

Por fim, lembre-se do mito da confiança. Você não ganha confiança no vácuo e depois parte para conquistar o mundo. Ao contrário, você aprende a ser confiante, a superar a ansiedade e a levar a vida com autenticidade, *fazendo* coisas desafiadoras. E uma vida autêntica inclui um pouco de rejeição, momentos de desconforto, uma dose de insegurança. E sabe do que mais? Também inclui profunda satisfação com suas conquistas, mesmo quando elas não se mostrarem exatamente como imaginou que seriam. Com prática contínua, você vai perceber que sua vida incluirá muitos Momentos e até mesmo euforia. Mantendo a prática, você vai aprender que, mesmo quando acontecer algo desagradável, poderá seguir em frente, continuar tendo coragem. Você pode dar conta.

Mas não precisa acreditar em mim. Acredite em Jia, que me disse: "Foi uma surpresa a facilidade com que diziam 'sim'. Percebi quantas oportunidades eu tinha perdido porque sentia medo de as pessoas me rejeitarem, mas era só eu rejeitando a mim mesmo". Nesse momento, ele fez uma pausa, e aprendi a reconhecer essa pausa em cada paciente, assim como em mim mesma. Era o Momento. Depois, com tom de surpresa na voz, ele acrescentou: "O mundo é muito mais legal do que eu pensava".

PARTE 4

Desmistificando a Ansiedade Social

11

Como (e Por Que) Direcionar a Atenção de Dentro Para Fora

Blá-blá-blá. Blá-blá-blá. Blá-blá. Para Diego, a residente parecia a professora do Charlie Brown falando. Ela estava fazendo uma revisão de como realizar um exame de testículo em um paciente de expressão alarmada, mas Diego estava muito ocupado tentando parecer calmo, com cara de médico, o que não lhe permitia escutar o que a médica estava falando. Então, ela parou o blá-blá-blá e olhou para ele como quem esperasse que dissesse alguma coisa. Com sobressalto, Diego percebeu que era para fazer algo, o que, dadas as circunstâncias, provavelmente era um exame de testículo.

Diego era aluno do terceiro ano de medicina, mas, até aquele momento do curso, tinha mais a impressão de estar do lado errado da mira de um atirador de elite. No primeiro e no segundo ano da faculdade, ele basicamente ficou enfurnado em uma sala de estudos ou trabalhando horas sem fim no laboratório de anatomia, decidido a se tornar aluno-modelo. Porém, neste ano, quando ele e os colegas passaram da sala de aula para o hospital, ele se viu tragado pelo choque cultural. Agora, estava em um mundo inteiramente novo de responsabilidades, ajudando a cuidar de pacientes reais, vivos, não lidando com os cadáveres do laboratório de anatomia ou com os pacientes imaginários dos estudos de caso dos manuais.

Seu maior desafio, no entanto, era estar sob os holofotes. Como os residentes e os médicos de plantão não confiavam nos alunos para fazer qualquer coisa sem supervisão, além de respirar, Diego era observado o tempo todo por uma figura de autoridade. Devia aferir os sinais vitais, obter o histórico do caso e realizar exames físicos, mas sempre se sentia como se estivesse atuando. O Crítico Interno ficava murmurando em seu ouvido: *Eles sabem que você não tem ideia do que está fazendo. Você não tem nada que fazer aqui. Você parece um idiota.*

Diego contou que o pior era quando tinha de fazer um exame físico e efetivamente tocar no corpo de alguém. Segundo ele, "definitivamente, a pior coisa era quando tinha de colher material para um Papanicolau, fazer um exame de toque em um seio, um exame de testículo, ou algo assim". Diego disse que, por ser observado pelos supervisores e ter de tocar os pacientes, se sentia ansioso o tempo todo.

Com isso, empenhava-se ao máximo para disfarçar essa ansiedade. Quando falava, ficava se monitorando para garantir que estava usando sua "voz de médico" e um vocabulário que impressionasse o suficiente. Enquanto outra pessoa falava, ele ficava ensaiando na cabeça o que dizer em seguida, pesando e avaliando cada palavra, para garantir que não diria nada grosseiro, insensível ou idiota.

Porém, toda edição de imagem que Diego fazia — concentrando-se em sua ansiedade e monitorando o que falava — estava comprometendo radicalmente seu trabalho. Em geral, não prestava atenção no que estava sendo dito a ele pelo paciente, pelo médico de plantão nem pelo residente. Tinha de pedir que a pessoa repetisse. Ficava distraído e se perdia durante uma anamnese ou se esquecia do sistema circulatório inteiro ao longo de um exame físico. Nos treinamentos de atendimento a pacientes acamados, Diego não respondia às perguntas do médico do caso, a menos que lhe fizessem uma pergunta direta, então tinha um "branco" e não conseguia se lembrar das palavras que minutos antes estava repassando mentalmente.

Enfim, depois de uns dois meses de hospital, sua avaliação de meio de semestre dava margem a algumas melhorias, para não dizer outra coisa. Os residentes relatavam que ele era um aluno distraído e desconcentrado. Para os médicos de plantão, parecia preocupado. Diego ficou desanimado e irritado. A única coisa que queria era se sair bem, ser um bom médico. Alguma coisa tinha de mudar.

A essa altura, você já sabe que a ansiedade social não passa de uma *distorção*. Uma noção equivocada de que existe algo errado com você e todo mundo vai perceber. Esse defeito será Revelado. Essa, porém, não é a única mentira que a ansiedade social conta. Nesta parte do livro, vamos colocar os mitos da ansiedade social na berlinda.

Diego é um exemplo clássico do primeiro mito da ansiedade social: *preciso monitorar a mim e a minha ansiedade o tempo todo*. Diego planeja e ensaia o que diz, garante que sua voz não seja esganiçada nem trêmula e avalia cada palavra a fim de assegurar que pareça inteligente, ao mesmo tempo que não ofenda ninguém e, no geral, evite críticas. O que acontece é que tanta edição de imagem é um processo exaustivo, além de, no fim das contas, comprometer seu desempenho e mantê-lo prisioneiro da ansiedade social.

Assim como combustíveis fósseis e capital político, a atenção é um recurso limitado. Temos um tanto para distribuir antes que acabe. No caso de Diego, toda sua atenção está voltada a si mesmo e a gerenciar sua ansiedade, fenômeno acertadamente chamado de *atenção autocentrada*. Essa espécie de atenção consome nossa energia ao direcionar todo o foco sobre nosso corpo (*Pareço esquisito, não pareço?*), nossas emoções (*Estou surtando*), nosso desempenho (*Por que eu disse aquilo? Pareci um idiota*) ou como nos comportamos (*Eu devia sorrir para ela. Mas talvez isso causasse má impressão. Mas não sorrir é ainda pior, certo? Ai, está parecendo que estou planejando enfiar essa mulher no meu porta-malas*). Desse modo, saímos de um encontro social sabendo muito pouco sobre o que realmente se passou.

E onde é que vamos buscar dados para preencher as lacunas? Infelizmente, perguntamos à nossa ansiedade, que merece tanto crédito quanto perguntar a um vendedor de carros usados qual modelo deveríamos comprar. Ou perguntamos ao Crítico Interno, o que é ainda pior. Em suma, olhamos *para dentro* a fim de enxergar como estão indo as coisas do lado de *fora*.

Em um baile do ensino médio ou na avaliação anual de desempenho, usamos nosso desconforto para determinar como estamos sendo percebidos. Isso se chama *percepção sentida*. *Sentimo-nos* idiotas, então devemos estar cuspindo asneiras. *Sentimo-nos* fracassados, então todo mundo deve estar pensando isso de nós quando saímos dali. De novo, passa a impressão de ser verdade, então pedimos à nossa ansiedade — seguramente a fonte menos confiável de informações — que nos tranquilize. Não admira que nada esteja dando certo.

Como se não bastasse, esse autocentrismo reverbera muito além dos momentos ansiosos. Pesquisadores da Universidade Wilfrid Laurier, em Ontário, no Canadá, pediram a universitários socialmente ansiosos que travassem uma conversa de cinco minutos para conhecer um assistente de laboratório (como você provavelmente já percebeu, pesquisadores de ansiedade social adoram conversas de cinco minutos para conhecer pessoas). A fim de induzir a atenção autocentrada, metade dos participantes devia prestar bastante atenção nos próprios sentimentos, pensamentos, atos e sensações corporais durante a conversa. Já a outra metade devia prestar bastante atenção nas palavras e nas expressões faciais da pessoa com quem conversavam. Depois da conversa, os pesquisadores deixaram os participantes em paz por vinte e quatro horas. No dia seguinte, o grupo autocentrado relatou ter se recriminado com críticas mais duras e mais frequentes que o grupo atento ao interlocutor. De fato, o primeiro mito da ansiedade social — *O tempo todo preciso monitorar a mim e a minha ansiedade* — desencadeou uma repercussão negativa que durou vinte e quatro horas.

No caso de Diego, o mito também o manteve aprisionado no curto-circuito da ansiedade social. Ele queria desesperadamente que as coisas dessem certo, o que o deixava ansioso e o levava a monitorar seu desempenho. Só que tanto autocentrismo limitava sua atenção, o que, ironicamente, fazia as coisas irem de mal a pior. A previsão do seu Crítico Interno de que seu desempenho ficaria aquém do esperado tornava-se uma profecia que se autocumpre.

Portanto, se o automonitoramento está atrapalhando sua vida, o que você deveria fazer? Como sair da própria cabeça? A resposta está na nossa próxima ferramenta: direcione a atenção de dentro para fora.

Lembra-se daquela canção infantil "Cabeça, Ombro, Joelho e Pé"? Cante-a em silêncio para si mesmo, e não precisa fazer os gestos com as mãos que acompanham a música (a menos que queira, o que seria excelente). Preste atenção em sua cabeça. Depois, mude o foco para os ombros. Permaneça ali por um instante, antes de descer para os joelhos e, por último, para os dedos dos pés. Observe qual é a sensação de mudar o foco da atenção de uma parte do corpo para outra. Para um observador externo, essa ação é invisível, mas internamente sua atenção está ativa, deslocando-se de um ponto para outro. Esse mesmo conceito se aplica a voltar a atenção de dentro para fora. Você escolhe para onde vai sua atenção. Podemos mudar o foco que está para nosso interior, voltado para nossos comentários internos, e dirigi-lo para fora, registrando o que está acontecendo à nossa volta nesse momento. Podemos prestar atenção nas palavras do nosso interlocutor. Para Diego, isso quer dizer que a médica residente não lembraria mais a professora do Charlie Brown. Podemos prestar atenção no rosto da outra pessoa. Podemos focar no que está acontecendo agora, já. E, principalmente, podemos nos concentrar na tarefa que temos pela frente, o que, muito adequadamente, se chama *atenção focada na tarefa*.

Para nos ajudar nessa questão, temos a dra. Susan Bögels, da Universidade de Amsterdã, na Holanda, pesquisadora criativa que ensina a nos distanciar dos comentários internos e sintonizar nas pessoas à nossa volta. A dra. Bögels nos estimula a construir uma musculatura focada na tarefa, à semelhança dos músculos propriamente ditos, com um exercício por vez. E, quando dizemos "focada", não é como as encaradas que os lutadores de luta livre se dão antes do combate. Em vez disso, apenas tenha como meta focar a maior parte da atenção na tarefa. Que seja 51%.

A dra. Bögels recomenda praticar levar a atenção para fora primeiro focando em algo tranquilo e fácil, como caminhar no bosque, esvaziar a lava-louça, fazer carinho no gato. Parece fácil, mas, assim como o *mindfullness* (atenção plena) do Capítulo 6, nossa atenção, muitas vezes, não faz o que lhe é dito e se desvia para outra coisa, ignorando o que você quer que ela faça. Sem problemas: isso é o que um cérebro faz. Gentilmente, traga a atenção de volta para a tarefa.

Quando for capaz de focar a maior parte da atenção naquela tarefa tranquila, aumente a dificuldade. Tente prestar atenção em um programa de TV, de rádio, ou em um *podcast*, por alguns minutos. Depois desse tempo, resuma o que ouviu.

O próximo passo consiste em focar em pessoas reais, ao vivo, por exemplo, em conversas ao telefone, e, a seguir, cara a cara. Dirija a atenção para a tarefa que tem pela frente — seja ouvir ou falar —, em vez dos comentários incessantes do Crítico Interno. Quando estiver falando, o foco deve estar na mensagem, não na maneira como seu teor está sendo transmitido. Com alguma prática, quando se pegar preso em um curto-circuito de ansiedade durante uma conversa, você será capaz de devolver a atenção às tarefas à sua frente, que são falar e ouvir, interagindo com o interlocutor.

Observe bem que seu foco deve voltar para a tarefa, não para alguma outra coisa aleatória. Prestar atenção em outra coisa além da tarefa imediata ("Talvez eu me sinta melhor focando na respiração", ou "Preciso. Checar. O. X.") é uma *distração*, não nosso objetivo. Em vez disso, redirecione o foco para o que você deveria estar fazendo.

Para deixar mais claro o poder que existe em direcionar a atenção de dentro para fora, tente este experimento sugerido pelo dr. David Clark, de Oxford. Ele diz para você ter duas conversas separadas com atendentes de loja, colegas, seja quem for. Na primeira, concentre a atenção no seu interior, no seu desempenho, no seu corpo, em sua ansiedade. Monitore o que está dizendo e faça o melhor possível para administrar a impressão que o outro possa ter de você. O foco é *você, você, você*. Depois, na segunda conversa, volte a atenção para fora. Olhe para o rosto do interlocutor. Ouça com atenção o que essa pessoa está dizendo. O foco é *ela, ela, ela*. Essa é uma mudança fundamental. Em qual cenário a conversa é mais produtiva? Qual é mais agradável? Em qual você obtém a melhor resposta? Aposto uma apresentação excelente de "Cabeça, Ombro, Joelho e Pé" que é a segunda. Segundo o dr. Clark, fazer isso "ajuda a pessoa a descobrir que o que fazia para controlar a ansiedade social não estava servindo para nada e, na realidade, aumentava o problema. Tente fazer essa coisa corajosa e desafiadora — mudar o comportamento — para poder aprender algo novo".

Diego fez exatamente isso. Praticou desviar o foco da atenção, concentrado em monitorar e avaliar cada palavra que dizia. Valendo-se de toda a energia que assim se tornava disponível, ele prestou atenção nas tarefas à sua frente: aferir os sinais vitais, ouvir as perguntas dos pacientes e, sim, desempenhar o papel de médico, colhendo material para um Papanicolau e realizando exames de testículo. Conforme foi praticando, a diferença se tornou palpável. Diego percebeu em que medida a atenção estava concentrada no seu interior, o que ele acreditava ser proveitoso, mas lhe reservava muito pouco para o exercício profissional. Atualmente, ele não se permite mais ser tragado pelo vórtice de profecias autocentradas. Ao direcionar a atenção de dentro para fora, ao contrário de parecer estúpido, Diego criou espaço para ser um médico atento e solícito, bem diferente de uma pessoa idiota.

Às vezes, quando nos sentimos socialmente ansiosos, também direcionamos nossa atenção para o que está do lado de fora, mas a tendência é nos concentrarmos no que possa estar indo mal. O interlocutor desvia o olhar, e achamos que ele está desesperado para achar um jeito de sair dali. Nossa colega muda o jeito de se sentar na cadeira, e entendemos que ela está achando que somos estranhos. Temos medo do julgamento da outra pessoa, mas, ironicamente, nos retorcemos como um *pretzel* para provocar esse julgamento. Isso se chama *atenção à ameaça*.

No momento em que nos sentimos ameaçados, nos fechamos por dentro e enxergamos ameaças por toda parte. Isso faz sentido: o coelho fica de orelha em pé o tempo todo para farejar a raposa. Mas esse sistema de alerta vem com um custo. A fim de ilustrar esse processo, olhe à sua volta e procure objetos azuis. O céu azul, a cor de suas calças *jeans*, talvez um passarinho azul ou um livro na estante. Pronto? Muito bem. Agora, tente se lembrar do que mais você viu e era *real*. Exatamente. Quando nossa atenção está focada em algo, não percebemos outras coisas. Provavelmente, existem muitos objetos vermelhos à sua volta, mas, como você não estava prestando atenção nisso, não os viu. É a mesma coisa com a ameaça. Quando nosso foco seleciona especificamente pessoas virando as costas e franzindo a testa, não vemos os gestos de aprovação e os sorrisos que igualmente acontecem.

Ah, os rostos. Somos especialistas em visualizar ameaças no rosto das pessoas. Imagens de rostos enfurecidos e enojados têm sido usadas em incontáveis estudos sobre ansiedade social para provocar aumento no ameaçômetro. Até mesmo rostos sorridentes são interpretados como ameaça pelo cérebro socialmente ansioso. E, embora possa fazer sentido evitar um rosto enfurecido, evitar um rosto sorridente não parece útil a ninguém. Mas um grupo de pesquisadores na Holanda, liderado pelo dr. Mike Rinck, da Universidade Radboud de Nimega, nos Países Baixos, criou um método engenhoso para treinar o cérebro socialmente ansioso para se sentir confortável com um rosto sorridente. No estudo, Rinck e seus colegas mostraram aos participantes imagens de rostos em uma tela de computador, e o equipamento vinha com um controle de videogame do tipo *joystick*. Quando essa alavanca era movida em uma direção, aumentando o foco no rosto, ele crescia tanto que acabava desaparecendo, e, quando era acionada no outro sentido, o rosto encolhia até sumir. Aumentar o tamanho do rosto na tela representava aproximação e afastar a imagem representava o mesmo que o recuo da evitação. Depois de centenas de vezes, metade dos participantes foi instruída a aproximar uma multidão de imagens sorridentes, enquanto a outra metade, a afastar as imagens da tela, fazendo-as encolher até desaparecerem em uma tela escura. A cada movimento do *joystick*, os pesquisadores esperavam que os participantes que atraíam os rostos sorridentes poderiam reconfigurar o cérebro para ver essa imagem simplesmente como um rosto amigável do qual era seguro se aproximar.

Para testar se o treinamento era transferido para a vida real, os pesquisadores pediram a cada participante que fizesse um discurso de um minuto para uma câmera. Também foi dito a eles que os vídeos seriam avaliados em termos de qualidades como capacidade de atração, simpatia, competência, entre outras. Diante da iminência de um julgamento, o grupo que tinha praticado se aproximar dos rostos sorridentes mostrou-se menos ansioso (e também mais feliz) depois do discurso que o grupo que tinha afastado os rostos sorridentes. Em suma, tinha funcionado.

Claro que não vamos sair pela vida com um controle de videogame que nos permite afastar coisas indesejadas e aproximar as demais (embora alguém realmente devesse inventar algo assim). Então, como nos adaptar aos dados de laboratório?

Uma maneira é fazer um jogo com você mesmo. Quando estiver fora de casa, conte quantas pessoas você vê usando óculos. Depois, conte quantas estão com fones de ouvido. Ou quantos homens deixaram crescer barba. A contagem é consciente, mas isso nos ensina inconscientemente a mudar o foco de atenção para o rosto dos outros. No fim das contas, o número de óculos, fones de ouvido e bigodes não importa, mas, sim, que você está olhando para rostos humanos, e isso é muito importante. No começo, você vai sentir uma sensação estranha. Olhar diretamente para o rosto de alguém, mesmo que essa pessoa não reaja, pode parecer estranho, mas insista. Eu mesma faço isso quando estou em um vagão de metrô lotado, em um *shopping center* ou no parquinho com meus filhos depois da escola. Quando olho de propósito para o rosto das pessoas me sinto mais ancorada e mais relaxada. Minha atenção se volta para fora, e isso me traz informações mais precisas sobre o que está acontecendo: estou rodeada de consumidores entediados, vendedores exaustos, crianças cheias de energia. Como disse Anthony, um paciente, depois de uma hora na estação de metrô olhando a cara das pessoas, "espere um pouco: são só *pessoas*!".

Quanto a Diego, agora ele olha o rosto das pessoas no hospital — pacientes, residentes, médicos — não em busca de sinais de desdém por ele, mas a fim de prestar atenção no que estão dizendo. Em vez de manter o foco em seu interior, nas suas preocupações e em estratégias para lidar com as situações, ele se concentra nas pessoas e no que tem de fazer naquele instante. O resultado de ter desmistificado o primeiro mito da ansiedade social é que Diego se tornou um médico melhor, além de menos ansioso.

Melhor ainda foi que, ao final do primeiro ano no hospital, tendo direcionado o foco de sua atenção de dentro para fora, Diego também reverteu completamente sua avaliação inicial, e os residentes o consideraram atento e focado. Os médicos escreveram que ele era observador e ágil. Tinha dominado a habilidade de obter o histórico do paciente, de aferir os sinais vitais e, sim, de realizar exames de testículo, mas ele sabia que a chave para ser um bom médico não era nada disso, mas, sim, prestar atenção na tarefa, não em sua ansiedade.

12

Ver Para Crer: Como Você se Sente Não é o Que Aparenta Ser

Enquanto dava um gole no seu expresso com leite, Mei disse que detestava dar palestras: "Abomino essas situações com todas as minhas forças".

Estávamos no início da primavera, e Mei tinha ido ao meu consultório para sua primeira consulta. Ela falou que tinha uma palestra agendada para agosto, para um público estimado de 500 pessoas, e mais 2 mil conectadas *on-line*. Embora ainda faltassem cinco meses, ela já estava apavorada. Disse que não aguentaria ficar se sentindo assim durante meses: "Vou morrer. Com certeza vou morrer". Como a morte parecia uma péssima opção, era preciso destruir o segundo mito da ansiedade social: *Como me sinto é como aparento ser.*

Mei é diretora em uma empresa de calçados da qual você com certeza já ouviu falar. Com óculos da moda e cabelos curtos, parece muito mais moderna do que a maioria das mães na casa dos 50 e poucos anos. É afetuosa e graciosa, além de dedicada, como se deduz pela velocidade com que anda e do copo de café grande que carrega o tempo todo. Ela gosta do trabalho e da equipe unida que coordena, mas, toda vez que é convocada para fazer uma apresentação, pede ao colega Yaser que a faça no seu lugar ou insiste em mandar os *slides* da apresentação por e-mail a todos os interessados e apresentá-los por teleconferência para ninguém poder vê-la. Umas duas vezes, quando não teve outro jeito, ela ligou e disse que estava doente.

Por que uma mulher inteligente e capaz como Mei se torna uma gelatina ao sol quando está diante de uma apresentação de *slides*? Segundo ela: "Sinto-me uma idiota que mal consegue balbuciar. Fico aflita de acabar me descontrolando e de todo mundo pensar que sou um poço de ansiedade".

Mei não é a única a se sentir assim. Quando estamos ansiosos, pensamos que estamos nus na praça. Seja qual for o motivo da preocupação — parecer burro, incompetente, sem personalidade ou alguma outra coisa —, supomos que isso está escrito na nossa testa e todos podem ler. Para Mei, tudo se resumia a crer que "acabo aparentando aquilo que me dá medo".

Esse segundo mito é incrivelmente comum. Por quê? Qual a razão dessa ideia de como nos sentimos é o que aparentamos ser? O principal culpado está bem aqui: nosso corpo. Para explicar melhor, vamos dar uma rápida olhada na fisiologia da ansiedade.

Todas as emoções são físicas: a tristeza é lenta e pesada; a raiva é um jato de adrenalina e dentes arreganhados; o nojo é estremecer de asco. E a ansiedade? Cuidadosamente refinados ao longo de milênios de evolução, todos os sistemas trabalham juntos para enviar oxigênio aos pulmões e encher de sangue os maiores músculos do corpo, deixando o indivíduo pronto para atacar ou bater em retirada. O resultado é a assinatura fisiológica da ansiedade: o enrubescer ocorre com a dilatação dos vasos sanguíneos. O suor é a consequência natural da elevação da temperatura corporal. O fôlego curto e a boca seca são sinais de maior demanda de oxigênio e água. Mãos e pés frios? Vítimas da súbita vazão do sangue para os grandes músculos. Mãos e lábios trêmulos? Pode pôr a culpa na adrenalina que inunda o corpo, deixando-nos trepidantes como um motor em alta rotação. Os músculos entram em fadiga depois de ficarem contraídos como uma mola apertada. Por fim, o sistema gastrointestinal descarrega todo peso extra, por assim dizer, deixando o corpo mais leve para podermos correr mais depressa e com mais agilidade.

Nenhuma dessas sensações é particularmente agradável. Uma ansiedade prolongada nos deixa esgotados, com ombros tensos, dores nas costas e no estômago. Além disso, é difícil pensar sob o jugo da adrenalina, o que dificulta a concentração, atrapalha saber o que dizer em seguida, lembrar o que estava falando, e essa não é exatamente a impressão que você quer causar em uma entrevista de emprego, por exemplo; em um encontro ou, no caso de Mei, em uma apresentação para uma plateia lotada.

No entanto, não são só os sinais físicos da ansiedade que nos denunciam: trata-se mais de quanto damos atenção a eles. Você provavelmente conhece alguém que é o completo oposto da princesa do conto de fadas *A Princesa e a Ervilha*, uma pessoa que não sabe se está com fome nem tem ideia de como aconteceu aquele machucado. Por outro lado, você provavelmente também conhece alguém com noção extremamente clara de como seu organismo funciona. Essa pessoa, inclusive, pode ser você. Essa consciência do próprio corpo (ou a falta dela) é chamada de *consciência interoceptiva*.[10] Não surpreende que a consciência interoceptiva seja mais sensível em pessoas com algum tipo de ansiedade. Inclusive, quando pessoas em sintonia com o próprio corpo se sentem corar, suar,

---

10 Uma maneira fácil de mensurar a consciência interoceptiva consiste em tentar detectar o próprio ritmo cardíaco. Você pode experimentar isso agora: sente-se em uma cadeira com as costas retas, sem encostar em nada; coloque as mãos no colo e respire normalmente. Consegue acompanhar como o coração está batendo? Caso não consiga, não se aflija. De todo modo, isso é normal, mas algumas pesquisas indicam que pessoas com ansiedade social são especialmente precisas na percepção e na avaliação de seus batimentos cardíacos, o que sugere uma capacidade bem exercitada de monitorar o próprio corpo.

tremer, gaguejar ou ficar com os olhos rasos d'água, é quando tudo começa a transbordar e ficamos ansiosos com nossa ansiedade. De fato, se é nosso corpo que acende a chama do mito de *como me sinto é como aparento ser*, nosso cérebro é que assopra a brasa.

Isso acontece devido a uma peculiaridade do pensamento chamada *ilusão da transparência*, que é exatamente o que o nome sugere. Achamos que nossa condição interna é visível e vai nos denunciar. Na vida normal, não ansiosa, geralmente presumimos que os outros compartilham nossas experiências. Inclusive, a maior parte do tempo as pessoas podem ver o que vemos, ouvir o que ouvimos; mas, nos momentos de alta ansiedade, parece que esquecemos que o que se passa no interior do nosso corpo e do nosso cérebro é, de fato, privado. Sentimos o coração batendo, o pânico aumentado, os pensamentos se atropelando e achamos que todo mundo é capaz de enxergar através de nós, como se fôssemos uma água-viva. Porém, quando nos lembramos da nossa realidade, sabemos que não somos essas criaturas. Um estudo até constatou que simplesmente dizer aos participantes que existe isso que se chama ilusão de transparência foi suficiente para que recuperassem o autocontrole e tivessem melhor desempenho ao fazer um discurso. Além disso, quando o discurso dos participantes foi avaliado, os examinadores concordaram que lembrar os participantes da realidade não só serviu para fazer com que se sentissem melhor como os ajudou a melhorar seu desempenho.

Muito bem. Agora está na hora de um jogo da memória com perguntas e respostas. De que lado fica a alça para abrir a geladeira: direito ou esquerdo? De que cor era sua casa quando você era criança? Einstein tinha bigode? Já tem as respostas? Muito bem. Para responder a essas perguntas, você provavelmente formou uma imagem na cabeça. Você "viu" a geladeira, a casa da infância, o rosto bigodudo de Einstein. Criou e manteve essas imagens na tela da imaginação. O cérebro faz a mesma coisa quando ficamos ansiosos, o que perpetua o mito de "como me sinto é como aparento ser".

Quando estamos presos nas malhas da ansiedade social, frequentemente nos enxergamos na tela da nossa imaginação, mas não se trata da mesma imagem refletida no espelho do quarto. Em vez disso, vemos nossa imagem como se estivéssemos na Sala dos Espelhos Distorcidos da Casa da Ansiedade Social. E essa imagem distorcida é o que achamos que os outros estão vendo. Por exemplo, quando eu estava no ensino médio, me convidaram, de última hora, para ser a mestre de cerimônia de um *show* de talentos da escola. Como eu queria ser legal, aceitei, mas não tive tempo de ensaiar (demais). No palco, fiquei paralisada, com aquele sorriso de gato de desenho animado plantado no rosto, enquanto mal conseguia balbuciar palavras inteligíveis durante o *show*, tentando animar uma plateia desapontada e entediada. Ou, pelo menos, foi o que senti. Quando realmente penso a esse respeito, tenho certeza de que não foi tão terrível assim, mas, quando trago à memória lembranças de mais de vinte anos, me enxergo no palco, vista pela perspectiva da plateia, o que, de modo interessante, *é uma imagem que realmente nunca vi*. Estou "vendo" uma pessoa que parece perdida e assustada, como se as coisas de fato tivessem acontecido assim, só que as imagens na minha cabeça são fruto apenas da minha imaginação.

Em quais informações estou baseando minhas lembranças? Você se lembra da *percepção sentida* do Capítulo 11? Estou baseando minha lembrança na minha *impressão* daquela apresentação. Eu *me senti* assustada e sem lugar, então presumi que *parecia* assustada e sem lugar. Como não posso voltar no tempo, nunca saberei, mas, mesmo sendo totalmente uma invenção, é assim que me lembro da situação na minha cabeça. E agora a imagem que eu nunca vi deu um jeito de se infiltrar na minha memória.

A tendência a nos lembrar de nossos momentos de ansiedade pelo viés da nossa imaginação, ainda que nunca tenhamos visto a situação por esse ângulo, é comum, mas também é a chave para desbancar o mito de *como me sinto é como aparento ser*. Então, como fazer isso? Basta pegar o telefone que está no seu bolso.

Um método de fato eficiente para substituir o filme imaginário que passa na sua cabeça é fazer um filme de verdade. Peça a alguém de confiança que grave um vídeo de você conversando, fazendo uma apresentação ou qualquer coisa que lhe provoque ansiedade social. Eu sei, eu sei. "Mas detesto assistir a mim mesmo! Detesto mais até que ouvir minha voz na caixa de entrada de mensagens!" Você pode até detestar tudo isso, mas a recompensa valerá a pena: você poderá, finalmente, se ver como os outros o veem.

Assim que fizer o vídeo, antes de vê-lo, pergunte-se o que exatamente acha que vai ver. De olhos fechados, forme uma imagem interna nítida de como *pensa* que vai parecer: vai enunciar apenas palavras aleatórias e incoerentes? Vai tremer como vara verde? Se perguntarmos a Mei, talvez ela diga: *Vou parecer idiota, o que quer dizer que vou me interromper várias vezes, pular de um tópico para outro, dizer "hum" a cada duas palavras e ficar com cara de quem saiu direto do filme* Debi e Loide.

Agora, reúna coragem e aperte *play*. Nos primeiros segundos, você vai experimentar uma sensação visceral — *Essa pessoa* sou *eu?* —, mas saiba que todo mundo sente a mesma coisa: é perfeitamente normal. Agora, veja as imagens como se fossem de uma pessoa desconhecida. Assista ao vídeo com toda a objetividade possível e pergunte a si mesmo se seus receios se tornaram realidade. *Essa pessoa* parece idiota? *Essa pessoa* pula de um tópico para outro? Quantas vezes *essa pessoa* se interrompe? Adotar uma perspectiva isenta permite que você se veja e se ouça como é realmente. Há boa chance de que indícios visíveis de ansiedade apareçam aqui e ali, mas não tão evidentes quanto você imagina. Como você se sente por dentro e como aparenta ser não são a mesma coisa.

Agora, assista ao vídeo de novo e preste atenção nas outras pessoas que aparecem nele, como seu interlocutor na conversa ou a plateia. Encontre um momento em que se lembra de ter sentido a ansiedade tomando conta de você: algum erro, uma pausa, o instante em que teve um "branco". Agora, pergunte-se: *As outras pessoas parecem ter notado? As outras pessoas estão reagindo como se tivesse sido um erro crasso? Se um desconhecido entrasse agora na sala, pensaria que uma dessas pessoas parece ser realmente estranha?* (Provavelmente, não.) Se for uma conversa, compare ambos os interlocutores. *A outra pessoa está se interrompendo e tropeçando nas palavras?* (Provavelmente, um pouco — bem-vindo à raça humana.) O mais importante, porém, é dar as boas-vindas às evidências de que como você se sente não é como aparenta ser.

Quando assisto a algum vídeo com um paciente no consultório às vezes tiro uma foto da cena em que ele se sentiu pior, mergulhado na própria ansiedade. Depois, tiro uma foto de outro momento, quando se sentiu muito bem, calmo e com a atenção voltada para fora. Apresento, então, as duas imagens, lado a lado. Aprendi essa técnica (assim como obtive as fotos a seguir) com uma equipe do King's College em Londres e da Universidade de Oxford. Dê uma olhada. A imagem da esquerda mostra o homem vendo seu pior momento durante uma conversa. Ele se lembra de como ficou ansioso, com toda a atenção voltada para si mesmo, certo de que seu rosto parecia esquisito. Na da direita, ele comenta que se sentia focado no que acontecia fora, muito menos ansioso, e sem nem pensar em qual seria sua expressão facial. Qual a diferença na aparência dele nas duas fotos? Exatamente nenhuma. A única diferença estava em como ele se sentia. Não só seu rosto não parecia estranho como seus sentimentos não eram visíveis.

No entanto, as pessoas, às vezes, assistem aos vídeos e reparam que parecem esquisitas. No mesmo estudo, a equipe do King's College e de Oxford descreve dois clientes com quem trabalharam. Um homem estava preocupado com a ideia de que os colegas pudessem reparar em como suas mãos tremiam enquanto ele bebia uma cerveja, então ficava de costas para o grupo toda vez que dava um gole, pensando que era um jeito ótimo de esconder a ansiedade, até que se viu no vídeo. Então, percebeu que parecia estranho se virar de costas a cada gole e que podia ter transmitido a todas as pessoas do bar a ideia de que não estava interessado nelas, quando a verdade era exatamente o contrário.

Uma mulher com quem a mesma equipe trabalhou estava preocupada de parecer burra, por isso seguia uma lista previamente elaborada de assuntos para conversar, monitorando mentalmente como pensava que estava se saindo. Assim, conseguia se sentir melhor por dentro. No vídeo, porém, dava a impressão de que ministrava uma palestra em vez de ouvir o que os outros diziam, para, então, responder adequadamente. De novo, obtinha exatamente o resultado contrário do que pretendia. Experimentou ouvir o que diziam e só falar o que lhe viesse à mente; e, no vídeo, como ficou satisfeita de perceber, essa atitude deu a impressão de ser amigável e receptiva. Bingo.

No mesmo sentido, se você vir algo de que não gosta — a rapidez da sua fala, a ausência de contato visual, torcer as mãos repetidamente —, não entre em pânico. Todos esses são comportamentos de segurança: são o que você tenta fazer para se salvar e se sentir menos ansioso. Lembra-se da sugestão de deixar de lado o salva-vidas que está prendendo você debaixo d'água? Assim que identificar seus comportamentos de segurança, pode renunciar a eles.

Na próxima vez em que Mei fez uma apresentação ao grupo, pediu a Yaser que gravasse o evento no celular. Depois, ele enviou o vídeo ao e-mail dela, e, após trancar a porta de sua sala, ela assistiu à gravação, espiando entre os dedos, como se fosse um filme de terror. No começo, Mei se retraiu. Era muito difícil se ver gravada. *É assim mesmo que meu cabelo fica? Fico repetindo "hum" demais!*, foi o que ela pensou, mas então se lembrou do que deveria estar buscando. Sua previsão era que iria parecer um desastre de tão ansiosa, uma idiota balbuciante, uma pilha de nervos. Pensou que ficaria se remexendo sem parar, faria movimentos bruscos, só falaria asneiras. Depois de respirar fundo, tentou assistir ao vídeo de novo, agora objetivamente. *Essa pessoa está irrequieta e se mexe sem parar? Essa pessoa está pondo tudo a perder? Essa pessoa não está falando coisa com coisa?* Mas, em vez de pensar que dizer tanto "hum" seria desagradável, Mei ficou surpresa. Ela só viu alguém, uma mulher, falando de seu trabalho e compartilhando seus conhecimentos. Sabia como tinha se sentido por dentro o tempo todo, mas ficou abismada quando descobriu que como se sentia — nervosa, balbuciante, idiota — não era, de jeito nenhum, a imagem que passava. Em vez disso, parecia apenas um pouco tensa. Interrompeu sua fala algumas vezes, sim, e até tropeçou nas palavras, mas o que lembrava como um tremendo fiasco internamente tinha sido só um detalhe, visto da superfície. Então, veio à sua mente um documentário sobre natureza que vira um dia, um episódio em que vulcões submarinos podem explodir no solo oceânico mais profundo, mas na superfície mal se avistavam borbulhas.

E, naturalmente, o que aconteceu com a grande apresentação de Mei? Ao todo foram 500 pessoas no auditório e milhares de outras mais *on-line*; ela estava nervosa antes, não há dúvida, mas dentro do esperado. Não telefonou para dizer que estava doente. Não implorou a Yaser que fosse no seu lugar. Antes da apresentação, imaginou que era como tinha se visto no vídeo: uma mulher capaz, falando do que mais gostava no trabalho, e fazendo isso no palco. Mais tarde, ela me ligou com tom de triunfo na voz, enquanto tomava um golinho no café, para dizer que sua fala havia sido aplaudida e parabenizada.

O que podemos aprender com Mei? Que existem grandes discrepâncias entre como *pensamos* que aparentamos ser e como *de fato* somos. O que vemos na imaginação — na Sala dos Espelhos Distorcidos — é uma distorção. Por isso, não pergunte à sua ansiedade qual foi a impressão que passou. Em vez disso, lembre-se de que é preciso ver para crer.

PODE VIR

Jake estava correndo o mais rápido que podia. Corria depressa na esteira até ficar sem fôlego, mas não era para entrar em forma, perder peso ou treinar para uma corrida. Em vez disso, estava tentando ficar com o rosto tão vermelho quanto possível, antes do fim do intervalo de almoço, para poder voltar à loja de artigos eletrônicos onde trabalhava e ver se os colegas percebiam.

Como assim?

Prometo que daqui a pouco isso vai fazer sentido. Às vezes, exibimos, sim, sinais visíveis de ansiedade, e de fato enrubescemos, suamos e tremendos, mas neste terceiro mito pensamos que todo mundo não só vai notar isso como também vai nos criticar duramente. Em outras palavras, *as pessoas vão julgar.*

No caso de Jake, ele ficava vermelho quando fazia exercícios, tomava mais de uma cerveja, se sentia inseguro e, sobretudo, ansioso. Podia ver isso no espelho, em fotos, e, às vezes, as pessoas comentavam. No verão, podia culpar o calor pelo rosto vermelho, mas no frio essa desculpa não se sustentava. Ele disse que às vezes ficava vermelho, e depois mais vermelho ainda, porque se sentia envergonhado de estar com o rosto vermelho, e, então, mais vermelho ainda por achar que as pessoas reparavam que estava corado. Um desastre.

Quando sente que o calor está aumentando, o que passa pela cabeça de Jake é: *Se eu ficar vermelho, vai parecer que estou escondendo alguma coisa. E depois as pessoas vão pensar que tem alguma coisa errada comigo, como uma doença, ou que sou um pervertido.* Jake estava convencido de que as pessoas veriam seu rubor e pensariam que ele tinha sérios problemas.

Perguntei a Jake se alguma vez isso já havia acontecido, e ele respondeu: "O pior foi uma vez que tinha essas duas adolescentes que eu estava atendendo na loja. Uma delas falou 'Credo, qual é o seu problema?' e, dessa vez fiquei roxo". Depois disso, Jake ficou enfiado na seção de eletrodomésticos, onde a maioria dos clientes — especialmente adolescentes — nunca ia.

O círculo vicioso funciona assim: primeiro, temos uma reação corporal (que é a parte fácil: qualquer um que tenha corpo pertence a esse grupo), mas depois — e esta é a parte crucial — pensamos que essa reação corporal é vergonhosa. *As pessoas vão achar que tem algo errado comigo se virem minhas mãos tremendo. Seria horrível se eu ficasse com tontura e desmaiasse em público. As pessoas vão reparar que meu olho treme e coisas ruins vão acontecer.* No caso de Jake, o temor era que, ficando vermelho, *todo mundo vai pensar que tem algo errado comigo.* O passo final é prever situações em que o corpo pode traí-lo e tentar disfarçá-las, como Jake se escondendo entre aspiradores de pó e forninhos elétricos para evitar a Revelação. Ou seja, a receita perfeita para um resultado torturante.

Algumas pessoas vão a extremos para tentar ocultar seus sintomas. Uma vez, tive uma paciente chamada Jocelyn, para quem o ciclo começava com suor. Era uma mulher corpulenta que sempre sentia calor e estava convencida de que o suor na testa e as manchas úmidas na roupa, debaixo do braço, faziam as pessoas pensarem, enojadas, que ela devia ter algum problema. Sentia-se sempre constrangida em público e, por isso, aplicava um poderoso antitranspirante prescrito pelo médico, religiosamente, a cada hora, nas axilas e na testa — o que a privava de permanecer em qualquer compromisso por mais de sessenta minutos. Chegou até a costurar esponjas na cava do uniforme de trabalho, mas o material deformara e saíra do lugar, deixando tudo pior. Lidar com o suor tinha sequestrado toda sua atenção, seu tempo e, com isso, sua vida.

Assim como Jake e Jocelyn, quando ficamos estressados por causa de uma questão corporal, o corpo reage na mesma proporção, o que é exatamente o contrário do que estamos almejando. No caso de Jake, ele passou de enrubescido, por conta do estresse, a estressado, porque ficava com o rosto vermelho. O que desencadeava o próprio processo de rubor era o *medo* de enrubescer, a preocupação de que os outros reparassem e desaprovassem.

O mito do julgamento inevitável ganha impulso com o *efeito holofote*, fenômeno no qual superestimamos a extensão em que nossos atos e nossa aparência são alvo da atenção dos outros. Tal fenômeno ganha força quando nos sentimos especialmente expostos ou vulneráveis. Alguns estudos mostram que, sempre que nosso cabelo não está nos melhores dias, a camiseta que usamos é muito chamativa, jogamos mal a partida de vôlei ou nos atrapalhamos com um Nintendo antigo (esses estudos não são o máximo?), superestimamos de modo consistente a quantidade de atenção que recebemos. Quando nos sentimos estranhos, esquisitos ou idiotas, nossa percepção da crítica alheia vai às alturas, mas em nenhuma situação o holofote social chega perto de ser tão intenso quanto acreditamos. Essa não é uma ideia nova: já em 1936, em seu trabalho clássico *How to Win Friends and Influence People*,* Dale Carnegie dizia que a pessoa com quem você está falando "está cem vez mais interessada em si própria, em seus desejos e problemas, que em você e seus problemas". Cada um de nós está no centro do próprio mundo, mas nos esquecemos de que todos estamos na mesma posição.

---

* *Como Fazer Amigos e Influenciar Pessoas*. Rio de Janeiro: Sextante, 2019. (N. da T.)

O processo por meio do qual nosso cérebro processa a ambiguidade contribui com os toques finais para o mito "os outros vão me julgar". Para nos manter a salvo, preenchemos qualquer lacuna de ambiguidade com uma ideia do pior que pode acontecer e, assim, nos preparar e não sermos pegos de surpresa. Veja estes exemplos:

Seu chefe lhe pede que vá até a sala dele.
As pessoas dão risada de alguma coisa que você disse.
A amiga não responde à sua mensagem de texto.
Um amigo de muito tempo comenta como sua aparência mudou.

Você imediatamente supôs que seu chefe iria criticá-lo duramente por alguma coisa? Ou ele poderia simplesmente querer elogiá-lo ou lhe atribuir um novo projeto? As pessoas deram risada porque você disse algo constrangedor? Ou engraçado? Será que a amiga que não respondeu à mensagem de texto estava com raiva de você ou ocupada? O amigo de tanto tempo estava tentando estragar seu dia ou dando uma indireta de como você parece bem?

É isso que acontece quando Jake sente que as pessoas estão olhando para ele: supõe o pior. Notaram que ele está de cara vermelha e pensam que ele tem um problema sério. Qual a solução, nesse caso? Quando Jake se abriu com seu amigo Charles, o conselho que ouviu não foi o que esperava. O amigo sugeriu: "Tenho uma ideia do que dizer para elas. É mais ou menos assim. 'Não fiquei vermelho. É que você é tão espetacular que fico em chamas'". Jake achou ridícula a sugestão. Sendo uma pessoa inteligente, a chance de dizer uma coisa dessas era zero.

É aqui que voltamos à cena de Jake correndo na esteira. Em vez de lhe dar um repertório de frases de efeito, nosso objetivo é tornar o rubor algo sem importância. Observe que eu não disse que nosso objetivo era *impedir* o enrubescimento. Em vez de ter medo de ficar vermelho, Jake disse ao seu rubor "Pode vir". Chegara a hora de desmitificar essa crença e descobrir não só que as pessoas não reparam, mas que reparar não significa necessariamente condenar.

Os exercícios na esteira tornaram Jake especialista em ficar vermelho. Fazer exercícios físicos provoca muitas das mesmas sensações desagradáveis da ansiedade: coração batendo forte, suor, fôlego curto e, evidentemente, ficar vermelho.[11] Uma sessão de levantamento de peso ou de flexões pode deixar você tremendo. Subir e descer uma escada correndo ou fazer agachamentos seguidos acelera o ritmo do coração. Até mesmo um bom treino com bolas de peso pode deixar suas mãos um pouco trêmulas, se é com isso que você está tentando se acostumar.

Você também pode ser criativo: tampe o nariz e puxe o ar por um canudinho para ficar um pouco zonzo, sente-se com a cabeça entre as pernas por um instante e logo se endireite para sentir que vai desmaiar; ou sente-se em uma cadeira giratória e fique girando até ficar tonto, como se tivesse 5 anos e estivesse à vontade no escritório da mamãe. Todas essas são opções que ajudam a se acostumar com essas sensações. Uma vez tive um paciente que, aterrorizado com o espaço apertado e as limitações de um aparelho de ressonância para cabeça e pescoço, preparou-se para esse exame deitando-se no chão com a cabeça debaixo da cama. Quando isso perdeu a graça, ele sofisticou o treino: continuou com a cabeça

---

11 Bônus: fiquei abismada com a pesquisa sobre os benefícios dos exercícios físicos para a saúde mental. Muitos estudos comprovam que os exercícios físicos melhoram a vida de pessoas com depressão, TEPT, TDAH e pânico, ou seja, praticamente qualquer desafio que você puder imaginar. Além disso, os exercícios têm sido usados para ajudar as pessoas a parar de fumar, dormir melhor, aumentar a energia, acelerar o funcionamento cognitivo e aumentar a libido. Se conseguisse engarrafar e vender, você ficaria bilionário. E sabe o que mais? Também funciona para ansiedade social, não só para lidar com as sensações mais incômodas, ou quando você ficar com a cara vermelha, mas também para gastar energia nervosa. Um bom treino antes de algum evento ajuda a acalmar os nervos.

debaixo da cama, mas colada no chão com fita adesiva. O único problema foi que ele se esqueceu de avisar à esposa sobre esse treino, e, quando ela viu que o marido estava grudado no chão, precisou ser convencida a não ligar para a emergência.

Mas estou divagando. O ponto é que seu objetivo consiste em se acostumar com as peculiaridades do corpo, seja questão de suor, tremor, trepidação, rubor ou o que for. Lembra-se do conceito de *se expor* (Capítulo 10)? É a mesma coisa. "Exposição" quer dizer apenas vivenciar o medo em vez de fugir dele, e se dar conta de que não é tão ruim, e, depois de um pouco de prática, até perde a graça.

Após algumas sessões na esteira, Jake se sentiu pronto para tentar o passo seguinte. Desligou o equipamento e foi para o vestiário, onde tomou uma ducha quente para garantir que o rosto ficaria bem vermelho. Assim que acabou de se vestir, saiu da academia e cruzou a área do estacionamento para chegar à loja onde trabalhava. Estava dando certo: ele se sentia encalorado e corado, o que, pela primeira vez na vida, era exatamente o que queria.

As portas automáticas se abriram com o ruído característico, e ele entrou na loja para o grande momento de encarar o medo de ser julgado. Foi andando entre as gôndolas, atravessou o setor de aparelhos de TV, depois o de videogames, onde, em dias de pouco movimento como aquele, muitos colegas estariam passando o tempo. Conforme avançava, ia cumprimentando as pessoas, tentando olhá-las nos olhos. Alguns disseram "oi". Um comentou a última derrota do Red Sox, mas não disse nada sobre o rosto de Jake. Ele se sentiu um pouco invisível, para dizer a verdade. Tanto trabalho para ficar com a cara vermelha — ele sabia que as pernas estariam doloridas no dia seguinte —, e ninguém deu a mínima.

Certa vez, trabalhei com uma paciente chamada Leslie que tinha a preocupação de as pessoas repararem nas pausas que ela fazia na conversa.

Portanto, dissemos "pode vir" para as interrupções incômodas e inventamos um experimento no qual ela teria uma conversa, na sessão, com uma de minhas colegas de trabalho. Sem que a colega soubesse, Leslie deliberadamente parou de falar no meio de uma sentença e deixou a conversa em suspenso enquanto, mentalmente, contou até cinco antes de recomeçar a falar. Em uma entrevista subsequente com a colega, pedimos que ela falasse de sua reação. Ela relatou: "Foi um pouco estranho, mas pensei que você só tivesse perdido o fio da meada. Para dizer a verdade, enquanto ficamos ali sem falar, só comecei a pensar nas coisas que tinha para fazer hoje", ela admitiu francamente. "Na verdade, nem pensei em você".

Isso é típico. Pense na última vez em que você reparou que a pessoa que fez uma pausa na fala disse "hum" com expressão estranha ou incomum. Você foi maldoso e crítico? Provavelmente, não. O mais provável é que apenas tenha percebido e depois seguiu em frente. Quanto a Jake, se alguém lhe tivesse perguntado, com ar intrigado, se estava tudo bem, ele poderia simplesmente ter dito "Sim, estou bem". Nada de ruim. Sem julgamentos, só curiosidade.

Mas e a adolescente? Depois de pensar um pouco, Jake se deu conta de que nem sabia se ela estava se referindo ao seu rubor quando perguntou a ele se tinha alguma coisa errada. Jake se indagou se, inconscientemente, tinha tentado esconder o rosto ou agir como se houvesse algum problema, e isso poderia ter parecido suspeito, levando a garota a perguntar. Talvez não tivesse nada a ver com seu rubor, afinal.

E se tivesse? Pessoas mal-humoradas, que criticam tudo, estão por toda parte. Sem dúvida, praticamente todo mundo conhece pelo menos uma pessoa assim. Mas, se alguém diz uma grosseria, *quem está agindo de modo inadequado*? Você ou a outra pessoa? Mesmo que aconteça o pior que você está esperando, podemos voltar para a boa e comprovada ferramenta, perguntando: *Quanto isso realmente seria ruim? Quais as chances de isso acontecer? Como eu poderia lidar com a situação?*

Vamos resumir nosso processo de desmistificação: contrariamente à noção de que somos transparentes e estamos sob a luz dos holofotes, nossos pensamentos e nosso corpo, em geral, são ignorados. O modo como nos sentimos não é o que aparentamos ser. Além disso, mesmo que os outros reparem em nós, isso não significa, necessariamente, que vão nos criticar. Reparar geralmente cessa quando reparamos. As pessoas só começam a se perguntar sobre nós quando chamamos indevidamente a atenção, costurando esponjas na cava da roupa ou nos escondendo atrás do mostruário de adegas portáteis. Como bônus, lembremos que, se alguém diz uma grosseria, isso fala mais sobre ele que sobre você. Ser alvo de julgamentos não dá razão aos juízes.

É importante salientar que Jake continua ficando vermelho com a mesma frequência: sua fisiologia natural não mudou nada. Mas sua *atenção* a esse fato mudou. Depois do treinamento repetido na esteira, Jake construiu confiança suficiente para se colocar ao lado do mostruário de celulares, que é a seção mais procurada de toda a loja. Ao longo dos meses, dobrou o valor da comissão que recebia, ganhando o prêmio de "Estrela em Ascensão" como vendedor, na reunião seguinte, com todos os funcionários. Ao aceitar o certificado, Jake enrubesceu, mas, dessa vez, foi de orgulho.

13

"Preciso Parecer Inteligente/Divertido/ Interessante": Como o Perfeccionismo é um Atraso de Vida

Rosie estava em uma roda com mais seis participantes de uma conferência e ia ficando cada vez mais calada conforme a conversa ia e vinha à sua volta. Tocando o crachá colado na blusa, pensou em coisas que gostaria de dizer, mas, quando enfim resolvera o que perguntar, o tema já havia mudado. Com isso, sentiu que sua determinação diminuía. Quando fizera a inscrição e entrara nesse grupo, sentia-se corajosa, mas agora se sentia invisível.

Até essa altura da conferência, Rosie ainda não tinha se sentido corajosa nenhuma vez. Chegava a uma apresentação no minuto em que estava começando e saía mal terminava, sentindo-se incapaz de participar do bate-papo antes e depois do evento. Ficava trabalhando na própria apresentação na hora do almoço. O que ia dizer já estava pronto havia dias, mas mudar minúcias no teor da fala lhe dava a sensação de que estava fazendo algo produtivo, enquanto evitava as rodinhas de conversa do intervalo de almoço. Em uma reunião para criar uma rede de novos contatos entre os alunos da faculdade, ela havia se aproximado de alguns grupos, mas imediatamente se sentiu sufocada e intimidada; depois de alguns instantes, deu um jeito de sumir dali, com a desculpa de ir ao banheiro, de ter recebido uma ligação de emergência ou de repentinamente se lembrar de que precisava resolver um problema em outro lugar. O pior é que Rosie sentia que todo mundo ao redor estava estabelecendo conexões com as pessoas, abraçando antigos colegas e conversando com facilidade.

Rosie se inscrevera na conferência para apresentar seu trabalho de conclusão de curso da graduação e criar uma rede de contatos para facilitar a próxima etapa, como aluna de mestrado ou mentora. Tinha plena consciência de que as vagas eram limitadas, de modo que pensara bastante na impressão que queria causar nos futuros colegas: rápida de raciocínio e encantadora, divertida e sensível, competente e inteligente, mas não dominadora nem intimidadora. Era uma incumbência e tanto, e ela se mantinha sentada em silêncio na roda, mexendo, distraída, no crachá, sentindo-se totalmente incapaz de dançar conforme a música. Ela relata: "Lembro-me, inclusive, de ter pensado que não fazia ideia de como ser uma pessoa normal. Tinha a sensação de estar completamente deslocada. Tinha certeza de que havia algo errado comigo".

Logo após a palestra, Rosie marcou uma consulta e me pediu que fizesse uma prática social, afirmando, sem rodeios: "Nunca descobri como ser normal".

Como não existe déficit de habilidades sociais na ansiedade social (voltarei com mais detalhes sobre isso no Capítulo 16), eu sabia que havia algo mais em jogo. Rosie falou sobre a palestra, sobre se sentir cada vez mais desanimada conforme os grupinhos se formavam à sua volta, e acrescentou: "É meio como não saber falar a língua local", ela disse, a título de descrever suas crises de ansiedade social. Quanto à própria competência, ela completou: "Posso passar horas planejando como lidar com uma situação social. Mas, se as coisas não acontecem como planejei, fico muito furiosa comigo mesma. Fico analisando as coisas depois, para ver o que não deu certo, para não acontecer de novo. Tenho 25 anos e já deveria saber como manter uma conversa, correto? Quer dizer, não tem desculpa cometer esse tipo de erro, não é? Falar com os outros deveria ser fácil. Não devo ofender ninguém, nem fazer a outra pessoa se sentir mal, e devo ser inteligente, confiante e sensível. Ah, e sagaz também; preciso pensar rápido. E não me diga para ser 'natural'. Detesto isso. Se eu fosse 'natural', me comportaria do jeito mais esquisito, estranho e fingido que existe".

Bem-vindo à estratosfera do perfeccionismo. Não admira que não dê para respirar. Aqui, temos o quarto mito da ansiedade social: *Tenho de agir com perfeição*. Agora, cruzamos a linha e atingimos outro nível, com seus padrões inatingíveis, rígidos e implacáveis; padrões diretamente vinculados à noção de que nosso valor como pessoa depende dos nossos resultados. De fato, em uma cultura que cultiva o "impecável" como padrão, não espanta que sejamos ansiosos; porém, é um erro de denominação falar de "perfeccionismo". São poucas as pessoas que esperam que sua vida social, ou em outra esfera, seja realmente perfeita. Ao contrário, o perfeccionismo diz respeito a nunca ser bom o bastante.

Enquanto Rosie falava da palestra e de outras situações sociais em que estivera desde então (reuniões no laboratório, mostrar o laboratório a um colega visitante, ir a barzinhos com colegas de sala, o que era altamente desagradável), deixava escapar as regras que ditavam sua conduta:

Sempre parecer inteligente.
Sempre ter algo inteligente para dizer.
Nunca fazer pausas ou intervalos de silêncio na conversa.
Sou a responsável por manter meu interlocutor interessado na conversa o tempo todo.
Tenho de ser divertida.

Tenho de me comportar bem.
Tenho de causar boa impressão.
Tenho de me conectar com todo mundo.
As pessoas precisam gostar de mim.
Se eu não for engraçada nem "legal", as pessoas não vão apreciar minha companhia.

Já deu para sentir a pressão? Os perfeccionistas adotam critérios impossíveis para o que é ter sucesso e critérios amplos para o que constitui fracasso. Só de escutar as regras que ela seguia me fez sentir extremamente inadequada, o que fazia todo sentido. Seria muito difícil achar alguém que conseguisse corresponder àquelas expectativas.

Em um estudo ilustrativo, o pesquisador líder na área da ansiedade social, dr. Stefan Hofmann, da Universidade de Boston, investigou a correlação entre padrões elevados demais e ansiedade social. Ele e a equipe pediram a indivíduos com e sem ansiedade social que fizessem um discurso (assim como fazer pessoas conversarem por cinco minutos, quem pesquisa ansiedade social também adora pedir às pessoas que façam um discurso). Antes de falarem, todos os participantes assistiram ao mesmo vídeo de alguém fazendo um discurso exemplar: fluente, com boa dicção, confiante. No entanto, o comentário introdutório que ouviram sobre o discurso-modelo variava bastante. No grupo com padrões elevados, o que os participantes ouviram foi: "Na realidade, a maioria das pessoas se saiu um pouco melhor do que essa no vídeo a que vão assistir". No grupo de padrões baixos, os participantes ouviram que, "na realidade, a maioria das pessoas não se saiu tão bem quanto a do vídeo a que vão assistir".

Na etapa seguinte, todos os participantes deveriam dizer como achavam que tinham se saído no discurso. Os que não sofriam de ansiedade social pensavam que tinham se saído muito bem, independentemente do comentário que ouviram antes de assistir ao discurso. Mas, para os participantes com ansiedade social, o discurso-modelo fez toda a diferença. Os que tinham padrões elevados e pensavam que tinham de superar um discurso quase perfeito avaliaram o próprio discurso como um fracasso total. Mas, no grupo com padrões baixos, quando disseram a eles que a maioria tinha ido mal e aquele era o vídeo de uma pessoa que tinha se superado e era uma exceção à regra, sua opinião sobre o próprio discurso não teve diferença em relação à opinião do grupo de sujeitos não ansiosos. Em outras palavras, quando a referência social era baixa, as pessoas com ansiedade social pensaram que tinham se saído bem. Quando era elevada, presumiram que tinham ido mal, *independentemente de como, de fato, tinham se saído.*

Se um lado do perfeccionismo está atrelado a expectativas elevadíssimas, o outro está ancorado em opiniões mais rasteiras que minhocas rastejando, no que diz respeito às próprias habilidades. Inclusive, as ideias de Rosie sobre suas habilidades sociais eram tão depreciativas quanto suas expectativas eram inatingíveis.

Não tenho habilidades sociais.
Não sei como não ser desajeitada.
Não sei como me comportar normalmente.
Nunca me faço entender como gostaria.
Tem alguma coisa errada comigo.
Sou um fracasso total.

Essas afirmações saíram direto do manual do perfeccionismo: existe uma distância entre sua percepção sobre as expectativas e quanto você acredita em sua capacidade de corresponder a elas. Quanto maior for a distância, mais a pessoa se desespera. As regras de Rosie para interagir e sua aprovação das próprias habilidades mostram o que os psicólogos denominam *pensamento dicotômico*, mais conhecido como "pensamento tudo ou nada". Seja como for que você chame esse processo, significa que, se pensamos que alguma coisa não saiu de maneira perfeita, então foi um fracasso. Em particular, vemos tudo pelo viés pessoal: se não conduzimos uma conversa tranquila, em que fazemos comentários inteligentes e perspicazes, acreditamos que somos um fracasso completo.

Todavia, o que se constatou é que somos os únicos que pensamos assim. É incomum pedir a amigos e conhecidos que nos avaliem, mas um estudo da Universidade Washington fez justamente isso. Os pesquisadores pediram a sujeitos com e sem ansiedade social que viessem com um amigo para o estudo e, depois, que estes dissessem a verdade nua e crua. Os pares de amigos foram instruídos a avaliar a qualidade de sua amizade e quanto gostavam um do outro, entre outras coisas. No geral, as pessoas com ansiedade social avaliaram a si mesmas de modo negativo, mas os amigos fizeram avaliações positivas, tão positivas quanto os amigos das pessoas sem ansiedade social.

Então, o que está acontecendo aqui? Em primeiro lugar, pautamos nossa conduta por padrões rígidos e quase inatingíveis, mas somos compreensivos e solidários com as demais pessoas. Como se usar dois pesos e duas medidas não fosse ruim o bastante, também tentamos enxergar nos outros o seu melhor, mas supomos que eles veem o pior que existe em nós. Quando você para e pensa sobre isso, nossa suposição de que os outros serão críticos e vão nos rejeitar é muito pouco generosa conosco.

A mentalidade perfeccionista mais perniciosa de todas, porém, está em pensar que nosso valor como pessoa depende do nosso desempenho social. Qualquer coisa menos que perfeito não é bom o bastante, o que, na terra do pensamento dicotômico, é estar bem próximo de ser "totalmente incompetente". Quando uma perfeccionista como Rosie inevitavelmente não consegue corresponder a seus padrões sociais inatingíveis, ela leva para o lado pessoal, concluindo que, se é péssima fazendo alguma coisa, logo é uma imprestável.

Já para outros perfeccionistas, a conclusão é que todo mundo é imprestável. Uma pessoa assim é minha paciente Vivian.

Sentada à minha frente, no meu consultório, Vivian resmunga: "As pessoas têm mania de criticar. Minha geração acha que está sempre no direito de tudo e é tão mesquinha. O mundo está cheio de gente idiota. Quer dizer, o que faz você pensar que pode andar por aí sem contribuir em nada para o mundo?".

Quando ela disse "você", entrei em alerta. Era a primeira consulta de Vivian, de 24 anos, socialmente ansiosa, e, como eu estava percebendo, com muita, muita raiva.

"Não sei socializar, e, de todo modo, todas as pessoas da minha geração são traiçoeiras, imaturas e superficiais. Eu esperava que fossem inteligentes, sensíveis e maduras, mas só ficam fofocando e falando mal pelas costas, todas cheias de si e arrogantes".

"Todas as pessoas" eram seus colegas de trabalho. Vivian tinha acabado de entrar em um novo emprego na divisão de arrecadação de fundos de uma ONG. Gostava bastante do trabalho por ser uma atividade significativa e gratificante. O que ela detestava eram as pessoas. Sentia-se infeliz: desejava profundamente ser aceita, mas não conseguia parar de julgar e condenar os outros. A vida *on-line* era ainda pior. Toda vez que rolava o *feed* do Instagram, era impossível não fazer breves comentários cortantes em fotos de festas, caminhadas e reuniões. Desprezava as fotos em grupos porque a faziam se sentir muito sozinha. *On-line* e pessoalmente, Vivian sabia que afastava as pessoas ou, então, se sentia culpada de estar sendo ridícula, como dizia, recriminando todas as pessoas por serem mesquinhas, cheias de si ou idiotas. Era como assistir a um jogo de tênis: culpar, recriminar, culpar, recriminar.

Conforme Vivian ia falando, às vezes o tom de sua voz reclamando subia tanto que ela começava a gritar. Isso vinha com sua tendência a falar na terceira pessoa: "Você anda por aí como se merecesse estar neste mundo. Você anda por aí como se não desse a menor contribuição para a sociedade ou como se merecesse viver. A menos que faça uma grande contribuição ou seja alguém com valor de verdade como pessoa, você não merece andar por aí". Suas palavras me fizeram encostar mais um tanto na minha cadeira. Levei algumas sessões para perceber que ela não estava falando diretamente de mim, mas, sim, estava gritando para o mundo em geral.

Deixei que nosso primeiro encontro corresse solto. Depois que Vivian saiu para pegar o elevador, a recepcionista me chamou com um aceno e disse em voz muito baixa: "Será que na próxima vez você poderia reservar uma sala no fim do corredor? Da sala de espera, dava para ouvir a moça".

Assim como Rosie, os padrões de Vivian eram tão altos, tão rígidos, que, aos próprios olhos, ela mal se qualificava para estar viva. Aceitara, sem reservas, o mito de *ter de agir com perfeição*. Sua ansiedade e seu desconforto iam na contramão de sua autoestima e faziam com que se sentisse sem o menor valor. Mas, como dissera, via os outros "andando por aí como se, claro, pensassem que merecem estar neste mundo", o que fazia com que julgasse todos como arrogantes, agindo como se tivessem todos os direitos. Isso a deixava furiosa consigo mesma e com todos. Mas, na realidade, essas outras pessoas eram simplesmente normais. Para Vivian, a distância entre suas habilidades e suas expectativas era imensa, não porque suas habilidades fossem inferiores, mas porque suas expectativas eram altas demais. Como os outros ousavam se sentir confiantes? Não se empenhavam tanto quanto ela.

Enquanto a ansiedade social clássica pode significar retrair-se em vez de se aproximar, pegar o caminho mais longo para não encontrar ninguém, nunca levantar a mão em classe, esse não é o único modo como ela pode se manifestar. Julgamentos, raiva e hipersensibilidade a críticas não parecem o estereótipo da ansiedade social. Em vez do lobo em pele de cordeiro, era o cordeiro em pele de lobo arreganhando os dentes quando a pessoa se sentia encurralada por possíveis julgamentos ou humilhações. Vivian tinha tudo isso. Era do grupo das cerca de uma em cada cinco pessoas socialmente ansiosas cuja ansiedade se manifestava como irritabilidade e raiva. Ao invés de se acovardar no canto, partia para o ataque com tudo.

As manifestações podem ser diferentes, mas os objetivos são os mesmos: evitar a rejeição; evitar sentir-se ansioso; ser aceito. Existe uma necessidade humana fundamental de pertencer. Considera-se que a raiva resulta de um objetivo impedido de ser alcançado. Por isso, como sentir ansiedade atrapalha ser aceito, ficamos completamente enfurecidos.

A título de ilustração, voltemos a Rosie, nossa universitária com inibição clássica. Se fosse convidada para uma festa, ela provavelmente ficaria em casa e, só para garantir, deixaria todas as ligações caírem direto na caixa de mensagens, para o caso de alguém telefonar para tentar convencê-la a ir. Por outro lado, Vivian iria à festa, mas com atitude intimidadora, tentando controlar qualquer conversa, mudando de assunto se alguma coisa não lhe conviesse, e sempre sendo a primeira a se distanciar. Faria comentários hostis sobre outras pessoas e se intrometeria imediatamente para corrigir alguém que tivesse o azar de dar alguma informação incorreta: "Não, de fato, as pessoas usam muito mais que 10% do cérebro. Isso não passa de um mito". Ou: "Acho que você quis dizer Dia do Trabalho, não Dia dos Mortos em Combate".

Vivian era agressiva e desagradável, mas, por ter decidido que rejeitaria antes que pudesse ser rejeitada, se sentia menos ansiosa, que era o mesmo resultado que Rosie alcançava ficando em casa.

Se você pensar bem, tudo isso faz sentido. A relação entre rejeição e raiva é forte. Se somos feitos para entender pistas sociais ambíguas como indícios de rejeição — um sorriso como zombaria, não como expressão amigável; uma pausa na conversa como aborrecimento, não como um simples intervalo —, nosso cérebro encontrará o que buscamos. O que é inócuo torna-se rejeição. E o que faz nosso cérebro reptiliano diante de uma ameaça? Foge ou luta. Ir se esconder na cabine do banheiro é fugir, mas, se pensamos que nossa aceitação está sendo comprometida, ficamos zangados. Isso é luta, sem tirar nem pôr.

Contudo, apesar das frequentes *experiências de raiva*, as pessoas propensas à ansiedade social têm menos *manifestações de raiva* que as não ansiosas. O que isso significa? Significa que, às vezes, suprimimos nossa raiva, mas, como é inevitável, a raiva acaba escapando, talvez em forma de hostilidade, irritabilidade ou atitudes passivo-agressivas. Também pode escapar, mas ficar contida dentro de nós, causando distúrbios gastrointestinais, dores nas costas ou no pescoço, ou dores no maxilar por bruxismo.

E o que fazer com toda essa indignação que faz o sangue ferver? Vivian diria para "banir os idiotas"; mas, considerando que só podemos mudar quem somos, seria preferível começar por aí.

Vamos iniciar com nossas crenças. Todos temos crenças, ou seja, aqueles conhecimentos e valores que nos norteiam e vamos acumulando ao longo dos anos. As crenças podem se originar diretamente de nossos pais e colegas de escola, ou podemos absorver essas noções por osmose, da sociedade em geral. Algumas delas são construtivas: *se eu treinar, provavelmente ficarei melhor. Na maioria, as pessoas são boas. Não faça uma tatuagem se estiver bêbado.* Mas algumas crenças não são benéficas, especialmente quando servem como a fagulha perfeita para desencadear outro ataque de ansiedade social. Por exemplo:

Todo mundo precisa gostar de mim.

As pessoas vão pensar mal de mim se eu cometer algum erro.

Minha felicidade depende mais das outras pessoas que de mim.

Não posso ser feliz, a menos que a maioria dos meus conhecidos me admire.

Se as pessoas vissem quem sou de verdade, não conviveriam comigo.

As emoções precisam ser controladas.

Expressar emoções é sinal de fraqueza.

Vivian vivia segundo a maioria dessas crenças; mas, debaixo de todas as implicâncias, ela sabia o que realmente acontecia: "As pessoas me evitam porque não sei interagir com elas com facilidade. E depois eu as evito porque fico furiosa por elas não terem me dado outra chance. Não é assim que quero que as coisas sejam".

Por que a ansiedade social se alastrou tanto nos últimos tempos, especialmente entre jovens adultos como Rosie e Vivian? Se perguntar a uma dezena de especialistas, obterá uma dezena de respostas. Há quem diga que nossa cultura confessional reduziu os estigmas, de modo que as pessoas se sentem mais seguras para falar de sua ansiedade. Também podem dizer que os "pais-helicóptero" criaram uma geração de jovens despreparados para enfrentar as interações sociais da idade adulta. As respostas são múltiplas, mas um fator de grande importância nesse cenário são as redes sociais. No caso de Vivian, ela via no Instagram uma foto de pessoas do trabalho saindo para comer e beber sem ela e sentia sua insegurança aumentar (com o ressentimento).

Toda essa ansiedade social induzida pelas redes sociais tem menos a ver com as plataformas em si. Inclusive, o MySpace e outros *sites* de bate-papo que já foram comuns inspiravam a mesma ansiedade que os aplicativos do momento. Mas, seja qual for a plataforma, as redes sociais são um tipo de *encenação*. E encenar exige perfeccionismo na autoapresentação. Sem dúvida, as pessoas cultivam sua imagem pública desde o início dos tempos (peruca com rabo de cavalo ou encaracolada e branca de talco? Que tipo de chapéu usar?), mas, agora que estamos armados com telefones celulares com câmeras e filtros, podemos editar a impressão que queremos causar como nunca antes na história.

Além disso, a extensão e a intensidade do acesso à vida da pessoa que as redes sociais promovem não têm precedentes. Algumas preferem apresentar a vida imperfeita e cheia de crises com mais honestidade que outras; mas, diante de tanto escrutínio e contando com a habilidade de controlar nossa edição de imagem, o ímpeto de nos apresentar sob o ângulo perfeito é, de fato, forte. Aliás, a aprovação é uma questão quantitativa. A frequência das curtidas, o número de amigos e de seguidores, tudo é quantificado. Os *sites* que ensinam a fazer isso advertem: "Uma foto que não se encaixa no seu *feed* do Instagram é suficiente para fazer você perder seguidores para sempre". É difícil resistir ao imperativo do perfeccionismo pulsando no cerne da ansiedade social. Lembra-se das regras internas de Rosie? *Todo mundo precisa gostar de mim* agora se tornou: *Todo mundo precisa me curtir, me seguir, me repostar.*

O perfeccionismo também está no cerne de outro fenômeno das redes sociais, algo tão disseminado que foi incluído no *Oxford English Dictionary* em 2013 como acrônimo: FOMO — *fear of missing out* (o medo de ficar de fora). FOMO é a "apreensão generalizada de que os outros podem estar vivendo experiências enriquecedoras das quais não participamos", o que, à primeira vista, pode não parecer tão perfeccionista. Mas qual é o resultado disso? Sentimo-nos inadequados, rejeitados, e pensamos que há alguma coisa errada conosco. Essas conclusões do tipo "tudo ou nada" são a essência do perfeccionismo. No caso de Vivian, checar o Instagram tarde da noite e ver fotos de pessoas reunidas sem ela — como na festinha de ontem para degustar a cerveja caseira, a noitada no novo bistrô inaugurado no centro —, ou fotos de qualquer reunião festiva, era uma declaração explícita de que ela era um fracasso social.

À medida que o conceito do FOMO foi evoluindo com o passar do tempo, foram se evidenciando suas várias roupagens. Para descobrir qual é a sua, pergunte-se: "Se *realmente* fiquei de fora dessa situação, o que isso quer dizer sobre mim?".

A primeira conclusão é *tomei a decisão errada*. Essa ideia está diretamente ligada ao perfeccionismo. A decisão em pauta pode ser algo tão irrisório quanto o último restaurante que você resolveu conhecer ou tão importante quanto a carreira profissional que escolheu, mas, seja qual tenha sido essa escolha, sua confiança nos próprios julgamentos fica abalada. Não foi a escolha certa. Não foi boa o bastante. Esse tipo de FOMO alimenta afirmações irrespondíveis e ansiogênicas, como "e se?", "se eu tivesse...". Inclusive, um estudo de 2013 revelou que os participantes que sentiram níveis mais altos de FOMO também relataram níveis mais baixos de satisfação com a vida em geral.

A próxima versão do FOMO é as *outras pessoas estão se divertindo mais que eu*. Essencialmente, isso é inveja, ou seja, um misto de inferioridade com ressentimento. Esse é o tipo que mais se aproxima do verdadeiro significado de FOMO: de que você foi excluído pelos outros, sem querer ou de propósito, porque não estava a par, não teve acesso ou não conseguiu reunir a coragem de ir participar. Seja como for, esse tipo de FOMO está diretamente ligado a não ser bom o bastante.

Finalmente, a última resposta à pergunta "Se realmente fiquei de fora dessa situação, o que isso quer dizer sobre mim?" é *Sou imprestável*. Vivian diria: *Eles são imprestáveis*, se é que você me entende. Nada mais, nada menos que o perfeccionismo se manifestando em forma de insegurança.

Sendo assim, qual o custo do FOMO, além de fazer a pessoa se sentir ansiosa, invejosa e insegura? Tornamo-nos fechados, o que também está na essência da ansiedade social. Mas, quando nos voltamos para dentro, como fazia Diego, perdemos de vista o que está acontecendo ao nosso redor. E esse é o maior custo do FOMO: nós, de fato, ficamos de fora do que acontece fora de nós. Vamos pensar assim: finja que está em casa tendo uma noite perfeita de descanso. Mas, então, você dá uma olhada nas notificações e nas atualizações e encontra uma festa onde não está, e sua mente para de aproveitar o sossego de casa e começa a comparar, perguntando-se se não teria feito a escolha errada: *Será que estão se divertindo mais que eu? Sou imprestável mesmo*. Qual é o resultado disso? Acabamos desanimando e nos distraindo, saindo do momento mais importante que existe: aquele em que realmente estamos. Nosso cérebro não está preparado para se ocupar de múltiplas tarefas ao mesmo tempo; por isso, quando ficamos indo e vindo entre o momento presente e atualizar o *feed* em uma rede social, acabamos com uma série de saltos e interrupções e, de fato, deixamos de viver situações.

Para Vivian, assim como para qualquer um de nós, há duas maneiras de resistir a essa atração. Em primeiro lugar, lembre-se de que as pessoas postam nas redes sociais o melhor que lhes acontece e só mostram os pontos altos do que estão vivendo. Nossa tendência é postar quando as coisas estão indo bem: férias, conquistas, filhos fazendo gracinhas, fotos em que parecemos em excelente forma. Ninguém posta fotos limpando a caixa de areia do gato, comprando absorventes em promoção, com o cabelo horrível. Todo mundo passa por essas coisas tanto quanto você, só que esses momentos não vão para a vitrine. Resista a comparar imagens editadas com sua realidade cotidiana sem filtros.

O outro remédio é JOMO — a alegria (*joy*) de ficar de fora. JOMO representa a escolha deliberada de desfrutar o momento em que de fato estamos. Às vezes, JOMO é celebrada como fuga: moletons, cabelo sujo, pote de Nutella e uma colher. Porém, tem mais a ver com manter um foco proposital na situação em que você efetivamente está. O fluxo constante de conexões tecnológicas leva as pessoas a valorizar e a sentir necessidade aguda de ter espaço, de modo que o antídoto perfeito para o ímpeto perfeccionista de estar continuamente em uma conexão social pode ser a decisão deliberada de ficar em casa lendo um livro, se aconchegar com seu amor em vez de zanzar pela cidade ou simplesmente tomar um chá e ir cedo para a cama.

Bem, este é o momento em que preciso alertar como é fácil que a evitação seja confundida com JOMO. Nós que somos pessoas socialmente ansiosas também somos perfeccionistas, no final das contas; por isso, é fácil entrar no modo "tudo ou nada" de pensar que as escolhas são sempre ou ir a todas as festas ou só ficar em casa com as cortinas fechadas. Porém, a mentalidade tudo ou nada não é a resposta para o perfeccionismo.

Então, o que é? Em 1980, o dr. David Burns, hoje professor emérito de Stanford, publicou seu primeiro livro de autoajuda para depressão, baseado em pesquisas, que se tornou um clássico, com milhões de exemplares vendidos: *Feeling Good: The New Mood Therapy*.* Nessa obra, há um capítulo sobre o perfeccionismo intitulado "Ouse ser mediano", no qual o dr. Burns aborda a questão usando algo que Rosie conhecia muito bem: artigos científicos. Ali, o autor relata que, quando jovem e em treinamento, levou dois anos aperfeiçoando um artigo científico que tinha escrito. Era um trabalho excelente, e até hoje ele sente orgulho daquele artigo, mas percebeu que os colegas haviam produzido muito mais material nos mesmos dois anos. Ele pensou que seu primeiro artigo era realmente bom, que valia "98 unidades de excelência", e também que poderia produzir dez artigos valendo 80 "unidades de excelência" no mesmo intervalo de tempo, com resultado líquido de 800 unidades, o que seria muito melhor que as meras 98 obtidas por sua obra-prima ao cabo de dois anos.

Nossa universitária Rosie, sempre pensando em termos acadêmicos, vibrou com essa ideia de ousar ser mediana. Faixa preta de caratê, ela se submeteu deliberadamente a alguns treinos medíocres. Indagou dos colegas

---

* *Antidepressão: A Revolucionária Terapia do Bem-estar*. Porto Alegre: Edipro, 2017. (N. da T.)

de trabalho quantas vezes eles ensaiavam alguma apresentação que fariam no laboratório (em média, uma ou duas do início ao fim e talvez outra com os *slides* de teor mais técnico) e tentou fazer o mesmo, em vez de se preparar e ensaiar demais, como até então. Mas o melhor foi que Rosie decidiu experimentar manter conversas que alcançassem 50% de seus critérios. Foi um alívio instantâneo. Ela só precisava ser 50% engraçada, confiante ou inteligente. Segundo ela: "Era o oposto de Lake Woebegone.* Eu estava *tentando* ser mediana".

E o que aconteceu? Como sentia menos pressão, Rosie passou a agir com mais naturalidade, o que lhe proporcionou interações melhores que quando se sentia tensa e infeliz. Passou a sair das conversas sentindo-se muito bem, o que aumentou sua confiança. Antes, quando era inundada pela sensação de ser responsável pela interação inteira, tinha de ser espirituosa e fluente o tempo todo, sem nunca alcançar esse objetivo. Quando almejou ser medíocre, com silêncios na conversa, arcando só com parte da interação, não toda ela, talvez dizendo algo inteligente, talvez não, Rosie não só alcançou seu objetivo como ainda se sentiu disposta a tentar de novo, criando, assim, um círculo virtuoso, que, além de mais produtivo — ela estava ganhando muito mais prática —, era mais agradável.

Quanto a Vivian, foi preciso bastante treino para conseguir falar consigo mesma e com os outros com menos raiva. A perfeccionista radical que havia nela achava que pegar pesado com ela mesma era mais eficiente. Ela dizia que era uma forma de "amor exigente"; mas, aos poucos, conseguiu perceber que ser tão crítica fazia com que ficasse presa no mesmo lugar. Tentar ser mediana ajudou, mas também foi bom tentar ser mais generosa consigo mesma. Quando uma colega chamada Annie a tratou com simpatia, ela, a princípio, pensou que Annie não deveria ter

* Lake Woebegone, cidade fictícia criada para um programa de rádio estadunidense, onde todas as mulheres são fortes, os homens são atraentes e as crianças são acima da média. (N. da T.)

nada melhor que fazer e certamente não tinha amigos. Depois, percebeu o que estava fazendo e se permitiu pensar que Annie realmente pudesse gostar de sua companhia. Alguns dias depois, Vivian passou bons momentos conversando com um novo colega, recém-contratado, e pensou que ele devia estar desesperado para conhecer as pessoas, mas depois se permitiu pensar que poderia ser simpática e agradável, sem ser tão defensiva. E, pela primeira vez, acreditou nisso.

Às vezes, padrões mais altos levam a pessoa longe. Muita gente de sucesso atribui suas conquistas a um toque de perfeccionismo. Mas, às vezes, percebemos que estamos tentando aplicar nosso novo entendimento sobre perfeccionismo com um pouco de perfeição demais. Josh, um paciente que tive, era *chef* em um restaurante em San Francisco, na Califórnia. Depois que conversamos sobre o conceito de perfeccionismo, ele veio na semana seguinte bastante confuso e com raiva dizendo: "Ter procurado você foi a pior decisão que tomei em muito tempo", o que me deixou assustada. "Estou questionando meus padrões de excelência. Quase despedi um cozinheiro após uma série de erros; mas, então, pensei que talvez estivesse sendo perfeccionista demais, por isso deixei que ficasse. No entanto, no dia seguinte, o idiota jogou fora o caldo de carne de vitela que eu estava cozinhando havia dois dias. Depois, tive uma reunião com meu encarregado do marketing sobre marca e posicionamento do restaurante e desisti de todas as ideias que ele me apresentou porque pensei que estava sendo perfeccionista demais".

É importante ter sempre em mente que o perfeccionismo só vira um problema quando seus padrões de excelência estão *atrapalhando sua vida*. Se um padrão elevado está dando certo para você em algumas áreas — no caso de Josh, padrões elevados de operação em seu restaurante —, está tudo bem. Essa é a versão não destrutiva do perfeccionismo chamada *empenho positivo*. Ao contrário de se sentir um fracasso depois de inevitavelmente deixar a desejar segundo padrões perfeccionistas, o empenho positivo envolve ter padrões elevados, mas não inatingíveis, além de a pessoa que se esforça se sentir satisfeita e feliz quando esses padrões são atingidos.

Com o tempo, Rosie começou a comparecer a atividades promovidas por seu programa acadêmico e até tomou a iniciativa de realizar alguns encontros. Mas não ia a nada além de um cinema ou um jantar. Não ia a bares movimentados, onde poderia haver jogo de dardos ou mesa de sinuca. Ou a pistas de boliche. Preferia morrer a ir a um caraoquê. Tinha desenvolvido uma maneira de se manter na periferia da vida social universitária, mas, como sentia medo de passar vergonha, nunca tinha se arriscado a ir mais adiante. Dizia que "não queria parecer idiota". Para ela, "conhecer pessoas era como um labirinto com raio *laser*: um erro, e todos os alarmes disparam à minha volta".

Essa não é uma crença nova. Em meados dos anos 1960, o psicólogo Elliot Aronson testou a mesma noção em um dos meus estudos prediletos. Os participantes eram informados de que aquele era um estudo sobre "causar boa impressão": "Vocês vão ouvir a gravação de um estudante tentando entrar para a equipe da Copa Intercolegial de Conhecimentos".

Os participantes eram aleatoriamente distribuídos entre quatro grupos que iriam ouvir uma fita. Cada fita continha a gravação de um "candidato" respondendo a cinquenta perguntas variadas e depois falando um pouco sobre si mesmo e sua história de vida. Qual era a diferença entre as fitas? Em uma delas, o candidato é firme, respondendo corretamente à maioria das perguntas. Em outra, o candidato vai mal e responde corretamente a menos de um terço das perguntas. Mas aqui é onde a situação fica mais interessante: a terceira e a quarta fitas eram idênticas às duas primeiras, exceto pelo final, quando se ouve uma batida metálica súbita, o ruído de uma cadeira sendo arrastada, e o candidato exclamando: "Oh, meu Deus, derramei café no meu terno novo!".

Depois de ouvirem a fita designada, os participantes eram solicitados a dar sua impressão do candidato. Quem foi mais aprovado e respeitado? O mesmo candidato venceu todas as vezes: o sujeito competente que derrubou o café na roupa.

Em geral, supomos que cometer erros é ruim. Fazemos de tudo para evitar fazer uma besteira, mas supor que normalmente somos firmes e competentes na realidade funciona ao contrário.[12] O erro provoca o efeito mágico de aumentar a atratividade do candidato competente. Por quê? Aronson e seus colegas concluíram que o acidente com o café tornou o candidato mais humano, mais acessível. Continua sendo impressionante, mas não mais intimidador. O sujeito deixa de ser sobre-humano para ser humano e, portanto, mais atraente. Gostamos mais das pessoas quando elas são imperfeitas. Por isso é que fazer pouco caso de si mesmo é engraçado e por que celebridades tropeçando no tapete vermelho acabam sendo adoráveis.

Ninguém gosta de se sentir envergonhado, mas a evolução nos protege. O constrangimento é entendido como um pedido não verbal de desculpas e de apaziguamento que evoluiu para, de fato, promover a confiança. As pessoas que se envergonham com mais facilidade são mais cordiais, mais confiáveis e mais generosas. Tenha em mente que a ansiedade social vem com um pacote completo.

Aos poucos, Vivian foi aprendendo a ser menos dura consigo mesma, *on-line* e pessoalmente. E, conforme foi relaxando nos critérios para se julgar, também passou a ser mais tolerante com os outros. Quando Anna a convidou, com alguns colegas, para jantar em um restaurante muito barulhento, com grande dificuldade de estacionar, ela deixou tudo isso

12 O próprio fato de, neste momento, você estar preocupado em ser considerado firme e competente significa que está tudo certo com você.

de lado em vez de reclamar para o grupo. Em vez de conduzir a conversa com pulso firme, tentou ouvir e só seguir o fluxo natural do que ia sendo dito, e, para sua surpresa, percebeu que estava se divertindo. Antes, Vivian achava que andava em uma corda bamba finíssima em termos de vida social, mas, conforme foi se soltando, sentiu alívio quando percebeu que essa era uma corda larga e acolhedora.

E Rosie? Reuniu toda coragem que tinha e foi a um bar com mesas de sinuca. Com relutância, entrou em um dos times, na esperança de que ninguém notasse se ela não jogasse na sua vez. Mas, para sua surpresa, muitas pessoas ali também eram péssimas, e quem não era nem se importou por ela jogar mal. Não precisou acatar o mito nem precisou ter desempenho perfeito. Nem tinha a ver com o bilhar. Encorajada por essa experiência, algumas semanas depois ela foi ao boliche, lançou várias bolas na canaleta, acabou com uma contagem bem baixa de pontos, mas se divertiu demais. Quem se importou com o resultado que ela conseguiu? Exatamente ninguém. Mas quantas pessoas, pela primeira vez, se sentiam felizes de ser como eram, imperfeitas? Exatamente uma: Rosie.

14

Você Não Tem Problemas Para Socializar (E, Não, Você Não Leu Errado)

Nada nos impede tanto de agir com naturalidade
quanto o desejo de parecer natural.

— François VI, duque de La Rochefoucauld,
Máximas, 1665

As paredes altas da academia de boxe, feitas de blocos de concreto, ficavam mais vistosas com os murais: uma tinha o logo da academia em tamanho gigante e outra exibia pinturas realistas dos campeões locais de boxe. As prateleiras de estilo industrial estavam lotadas de bolas suíças, cordas de pular e luvas de todas as cores imagináveis. Em torno de dois ringues de tamanho oficial, sacos de pancada pendiam do teto, esperando para serem golpeados. Aquela era uma academia perfeitamente equipada. Só havia um problema: estava vazia. Quer dizer, exceto pelo dono, Derrick.

Derrick me procurou assim que a academia abriu, pedindo que fizesse com ele um treinamento intensivo de socialização. Dada sua profissão, ele não usava o termo "intensivo" à toa.

Seu pai, uma lenda local do pugilismo no passado, tinha mantido outra academia de boxe na zona sul da cidade durante vinte anos. Derrick, com 30 anos recém-completados, falou da academia original: "Há boxeadores de alto nível treinando ao lado de alunos iniciantes, funcionários de escritório, executivos, mães com filhos na aula de futebol, arruaceiros. É praticamente as Nações Unidas do boxe". O novo local era a primeira tentativa que faziam de expandir o negócio. O pai de Derrick o incumbira de gerenciar a nova academia.

Mas Derrick se culpava pela falta de público no novo endereço: "Meu pai conhece todo mundo de peso. Consegue conversar com qualquer pessoa. Reza a lenda que um chefão da máfia local foi à academia dele logo que abriu, tentou extorquir uma 'verba de proteção', e meu pai convenceu o sujeito a treinar". Derrick riu. "A capacidade social do meu pai não tem igual. Ele faz o Bill Clinton parecer tímido".

Em seguida, o sorriso de Derrick desapareceu: "Não herdei essa capacidade. Não me entenda mal, adoro estar na academia, tem uma energia especial. Uma coisa que está no ar. É só que, quando minha cabeça começa a funcionar, tudo dá errado", ele explica. "Se fico na frente de uma turma, vai tudo bem. Posso ensinar o básico da luta e os exercícios de aquecimento, sem problema. Posso mostrar a academia a um novo interessado, e até aí tudo bem. É quando as coisas não são estruturadas que fica tudo estranho". Ele batuca os dedos na mesa, mostrando antebraços largos como minha perna cobertos de tatuagens. "Quero que as pessoas tenham a melhor experiência de treino de boxe da vida aqui na academia. Quero que saiam dizendo como o lugar é incrível. Por isso, tento conversar com as pessoas depois da aula, usando o charme, como via meu pai fazer o tempo todo, mas nunca sai do jeito certo. Ou me expresso com muita veemência, ou me dá um 'branco'. Tem alguma coisa errada comigo. Não tenho a capacidade de socializar direito. Tenho o melhor mentor do mundo, mas simplesmente parece que não consigo usar essa habilidade do jeito que deve ser. Se conseguisse fazer o que meu pai faz, a academia nova estaria lotada de gente".

Derrick diz que, quando sai com os amigos, fica ainda pior. Os amigos ficam provocando, dizendo para ele ir falar com alguma garota.

"Tento me aproximar e me apresentar, mas logo fico em dúvida sobre o quero dizer e dou para trás". Quando tenta de novo, dá um "branco" na sua cabeça. Tanta indecisão ao se aproximar o deixa preocupado de parecer ameaçador, o que faz com que duvide ainda mais de si mesmo: "As garotas, provavelmente, pensam que estou indo me desculpar por alguma coisa em vez de acharem que as estou paquerando". Ele suspira. "Não sou muito fã de aplicativos de namoro, mas é melhor que um bar. Pelo menos, você sabe que deu *match*".

No entanto, sua maior preocupação é a academia, por ser o legado da família. De acordo com Derrick, a reputação deles está em jogo. Ele me pediu para "dar um grau" em sua capacidade de socializar: "Preciso de um intensivo de habilidades sociais para atrair mais clientes. Não sou como meu pai. Não levo jeito".

Isso é importante: Derrick supunha que a academia vazia era decorrência de suas poucas habilidades sociais. E, de fato, quando o constrangimento a nosso respeito nos domina, podemos pensar que o vazio em nosso fim de semana, na agenda, na cama, é resultado de falta de capacidade de socialização. Achamos que existe alguma regra que ignoramos, alguma magia que não aprendemos.

Com isso, chegamos ao quinto mito: *tenho péssimas habilidades sociais*. Quando a ansiedade social nos toma de assalto, pensamos em coisas como "Não sei como puxar conversa", "Não sou muito bom de jogar conversa fora", "Não vou ter nada para dizer", "Sempre acabo fazendo alguma idiotice", ou, como Rosie, concluímos que não sabemos ser normais. A habilidade é *parte* da equação, mas uma parte pequena. A cultura ocidental criou algumas regras básicas, como cumprimentar com um sorriso e um aperto de mão firme ou, por exemplo, não tocar amistosamente o ombro de uma líder mulher em uma cúpula do G-8, sem que ela permita o gesto. Por outro lado, pode ser que sua capacidade de socialização seja subdesenvolvida por conta de fatores sociais. Você pode estar enferrujado, mas não é um caso perdido. Diferentemente de como Derrick pensava, não é uma questão de *não levar jeito*. Se há alguma coisa atrapalhando, é a ansiedade, que simplesmente não permite que você tenha acesso a suas habilidades.

Pense em como você se comporta com as pessoas com as quais se sente confortável. Sua capacidade de socialização continua deficitária? Provavelmente, não. Assim como acontecia com Derrick, no mais das vezes, o aparente sumiço de nossas habilidades sociais é culpa do Crítico Interno. Se você está bastante preocupado em parecer ameaçador, esquisito ou desajeitado, o Crítico Interno vai repreendê-lo com muitos falsos-positivos. Ou, como Derrick (Rosie ou Vivian, por assim dizer), se você se pressionar muito para que as coisas se desenrolem com perfeição, é garantido que vai se sentir sufocado. A inibição subsequente, então, *dá a sensação* de que você não tem capacidade de socializar. A sensação é de não ter ideia do que fazer, de não ter nada para dizer, de ter certeza de que fará uma idiotice ou arruinará tudo. Mas a sensação de que não temos habilidades sociais resulta da ansiedade, não o contrário.[13]

---

13 A diferença entre ansiedade social e falta de traquejo social é que a primeira é uma distorção perpetuada pelo Crítico Interno, ao passo que asegunda é falta legítima de habilidade (apesar de, geralmente, passível de correção). Sem o medo e a inibição, como em geral acontece quando você está com amigos de confiança e a família, suas habilidades sociais se mostram totalmente adequadas. Já as pessoas que se sentem socialmente desajeitadas, de fato têm um desencontro entre sua capacidade de socialização e as expectativas sociais, e isso não é uma distorção. Para saber mais a respeito, consulte o excelente livro do dr. Ty Tashiro, *Awkward: The Science of Why We're Socially Awkward and Why That's Awesome* [Habilidades Sociais: A Ciência Por Trás da Falta de Traquejo Social e Por Que Ela Pode Ser Produtiva, em tradução livre].

Não ter nada para dizer ou se sentir visado é um problema, não resta dúvida, mas não é um problema de inabilidade: é um problema de confiança. É interessante que a maioria dos que sofrem de ansiedade social tenha, de fato, excelente capacidade de socialização, mas quando nos sentimos inibidos utilizamos essa habilidade de modo que nos impede de ganhar confiança. Mantemos a outra pessoa falando para não termos de abrir a boca. Fazemos inúmeras perguntas. Comportamo-nos de maneira que os pesquisadores chamam de *socialmente inócua*. Concordamos com um movimento de cabeça seguidamente ou dizemos "sim" o tempo todo. Costumamos não interromper. Usamos o que os linguistas rotularam de *respostas de eco*, por exemplo, "hum, hum", "nossa! É mesmo?", a fim de mostrar que estamos ouvindo com interesse. Sabe o que mais? *Tudo isso exige habilidades sociais de altíssimo nível.* Somos mestres em ler o grupo, ser agradáveis, prestar muita atenção, manter a paz, encorajar os outros para que tomem a dianteira sem que nem percebam.

Mesmo depois de termos decidido que arruinamos a situação, demos um passo em falso, dissemos algo ofensivo sem querer, ainda demonstramos mais habilidades de socialização pedindo desculpas ou nos explicando. A falta dessas habilidades realmente nos colocaria em apuros, o que acabaria nos deixando isolados. De fato, um estudo de 2012, realizado em Berkeley, na Universidade da Califórnia, descobriu que, embora seja incômodo se sentir envergonhado, isso desempenha uma função social fundamental ao atuar como gesto pró-social. Em suma, não temos déficit de socialização, muito pelo contrário. Em vez disso, somos simplesmente inibidos. Então, por que a sensação é a de que não temos habilidades sociais?

Porque sempre acabo fazendo algo constrangedor, ou talvez você diga: *porque sempre provoco um silêncio angustiante*. Ou: *as pessoas me olham com cara estranha e fico sem saber se não me ouviram ou pensam que sou idiota*. Muito bem. O que acontece é isto: a ansiedade social só ataca quando temos medo do julgamento, medo da Revelação. Com o(a) parceiro(a), a família, os amigos íntimos, você provavelmente é aberto e descontraído.

Mas com desconhecidos ou pessoas que não conhece tão bem fica inibido e se acha incapaz de socializar.

E não é só você. Apresento-lhe Harris.

Harris O'Malley se descreve como *geek*, mas não é alguém que poderia ter saído da série de TV *The Big Bang Theory* (que, aliás, conta a história de um grupo de *nerds*, não *geeks*. *Geek* é um gênero de ficção, enquanto *nerd* é alguém de ciências exatas). Harris é um sujeito aberto, confiante, muito feliz no casamento. Mas, durante a faculdade, era diferente. Naqueles tempos, além de ter opiniões já formadas sobre a semiótica de *Gattaca: A Experiência Genética* e de *Cidade das Sombras*, bem como de possuir uma camiseta irônica dos três lobos uivando para a Lua, que ele alegava usar "sem a menor ironia", ele também alimentava um sentimento furioso de inibição.

Sua marca registrada era ser "o cara que não é bom com as garotas". Para Harris, toda vez que uma moça o colocava na categoria dos amigos ou ele ouvia dela algo como "penso em você mais como um irmão", ele sentia como se tivesse perdido um jogo cujas regras desconhecia. Certa vez, muito frustrado, concluiu que devia estar fazendo algo errado e, como Derrick, resolveu que era por falta de habilidades sociais. Abriu o *notebook* e digitou "como se dar bem com as garotas" no campo de busca.

Daquela vez, a busca de Harris no Google o levou a uma malfadada jornada de vários anos, em que se embrenhou no mundo dos chamados *pick-up artists* [mestres da sedução], composto de homens que adotam um tipo de conduta na qual assumem papel dominante, conduzindo e iniciando as conversas em geral, acentuando a masculinidade, sem deixar as mulheres tomarem a dianteira nas interações. Harris pensava que eram suas habilidades sociais que tinham comprometido sua vida amorosa e que regras de como agir poderiam aprimorá-las.[14] Em vez disso, essa mentalidade o tornou vulnerável a um sistema rígido que via as mulheres como algoritmos, na melhor das hipóteses, e como alvos, na pior. Segundo Harris: "O mundo da sedução basicamente me ensinou a ser manipulador e controlador, e, se uma mulher fazia algo fora do fluxograma, havia algo de errado com ela. Minha vontade era melhorar socialmente, mas se tratava mais de uma tática de vendas onde a pressão era muito alta. Era realmente tóxico".

Quinze anos depois, Harris tornou-se o criador de um *blog* premiado, intitulado *Paging Dr. NerdLove* [Chamando o dr. Nerd do Amor, em tradução livre], que consegue ser, ao mesmo tempo, prático, muito engraçado e perspicaz. Anos após ter deixado o mundo dos *pick-up artists* para trás, ele oferece conselhos sobre amor e encontros para *nerds*, *geeks*, *otakus* e *gamers*, "sem todos aqueles elementos tóxicos. Só o que funciona e é sadio".

No papel do dr. NerdLove, Harris diz que "os *geeks* têm o pior superpoder do mundo: conseguem prever o pior resultado possível de qualquer coisa. Podemos dizer com exatidão como se aproximar de alguém e dizer 'oi' vai terminar conosco na cadeia". Mas isso não é exclusividade dos *geeks*; qualquer pessoa com ansiedade social sente que sua capacidade de socialização lhe escapa entre os dedos como areia.

E, às vezes, nossas habilidades sociais nos escapam mesmo. Nossa preocupação se torna uma profecia que se cumpriu. Mas isso não acontece só com você. É um fenômeno tão comum que tem até nome: *déficit de desempenho induzido pela ansiedade*. Ocorre quando, precisamente porque estamos ansiosos, começamos a agir de maneira estranha. A cabeça parece oca. Derrubamos a bebida. Caímos não de modo adorável, como a

14 Essas regras podem soar parecidas com a estratégia de desempenhar um papel apresentada no Capítulo 8, mas são definitivamente falsas e de fachada. As regras e os algoritmos dos mestres da cantada criam uma *persona* com a intenção de enganar; exatamente o oposto do que é ser autêntico.

atriz Zooey Deschanel cairia. Em um golpe cruel de ironia, esses acidentes disparam as sirenes de alarme das outras pessoas e dão margem a momentos de grande constrangimento.

Como estamos enviando sinais de que alguma coisa está fora de ordem, o ameaçômetro das pessoas próximas também dispara, ou seja, o cérebro reptiliano é ativado nas funções mais elementares. Quer seja a ponta branca da cauda de um cervo em disparada, uma nuvem de tinta ejetada por uma lula para camuflar sua fuga, ou Derrick ou Harris se aproximando de mulheres com a energia atravessada que passava a mensagem de *Tudo bem, eu também não iria querer falar comigo*, quando transmitimos sinais de ameaça, as outras pessoas olham para nós para poderem reagir de acordo e se manterem a salvo. Mas todos olhando para nós no nosso pior momento é a última coisa que queremos, sem contar que é aquilo que mais tememos.

Quando nos sentimos inibidos, já estamos pensando demais. Não conseguimos mais acessar inconscientemente nossas habilidades, de modo que, às vezes, temos de nos lembrar delas de maneira consciente. Que fique bem claro: *você já sabe como fazer tudo isso*, mas quando se sente intimidado e inibido magicamente se esquece delas. Seguem alguns lembretes para a próxima vez em que você se sentir prestes a liberar a própria nuvem de tinta.

Contato visual. Pense em manter o contato visual entre um terço e dois terços do tempo em que conversar com uma pessoa. Menos de um terço indica ansiedade, evitação ou submissão, e mais de dois terços força a intensidade do contato. Não é preciso perfurar a outra pessoa com o olhar. Faça contato, desvie os olhos, retome o contato, desvie o olhar.

Tom de voz. É estranho, mas falar mais baixo, em geral, está ligado ao olho no olho. Quando estamos ansiosos, costumamos falar com os olhos pregados no chão, o que direciona a voz de modo errado e comprime as pregas vocais, abafando o que estamos dizendo. Por outro lado, se olhamos a pessoa diretamente, é provável que ela também escute com clareza o que dizemos.

Corpo. Posicione o corpo na mesma direção de sua atenção. Aponte os pés, o corpo todo e o olhar na direção da pessoa com quem você está falando ou para o centro do grupo.

Aproximar-se de uma pessoa ou entrar em um grupo. No papel do dr. NerdLove, Harris recomenda a "Regra dos Três Segundos": quando vir uma pessoa com quem pretende conversar, você tem três segundos para se aproximar e dizer "olá". Isso é principalmente útil para os homens, pois ficar perto de alguém em silêncio rapidamente causa estranheza. Dizer alguma coisa em até três segundos também funciona quando você entra em um grupo; não precisa contar a piada perfeita nem dizer algo concreto: lembre-se de que você não está em busca da perfeição. Expressões como "Olá, como vai?" ou "Não pude deixar de ouvir que..." são mais que suficientes. Em seguida, assim que estiver dentro, basta que você ouça. Não é preciso dizer mais nada até se sentir à vontade; mas, se fizer as duas coisas que menciono a seguir, você se sentirá confortável muito mais depressa. A primeira é abandonar os comportamentos de segurança. O que você está fazendo para tentar conter a ansiedade? Mantém-se à margem do grupo? Chegue mais perto. Está ao telefone? Guarde o celular e olhe para a pessoa com quem estiver falando. Lembre-se do que Jia descobriu no balcão do restaurante: é você quem dá o tom de seu comportamento. A segunda é direcionar a atenção de dentro para fora. Lembra-se do Diego? Desvie a atenção do Crítico Interno, ou do coração que bate com força, e concentre-a no que cada pessoa do grupo está dizendo. Você não precisa ser extrovertido; basta ser curioso. Após prestar atenção em algumas rodadas da conversa, talvez você se perceba com uma vontade incomum: de dizer alguma coisa. E isso nos leva a...

Entrar na conversa. Para mim, essa parte costumava ser muito difícil. Eu prestava atenção, uma ideia brotava na minha cabeça, mas eu não conseguia achar uma brecha para participar da conversa. Quando, enfim, conseguia, o assunto já tinha mudado ou alguém tinha justamente lançado a ideia que estava na ponta da minha língua, o que me deixava indignada com a pessoa e frustrada comigo. Levou tempo, mas aprendi a inspirar rapidamente pela boca e me inclinar um pouco para a frente. Esses dois sinais diziam ao grupo que eu estava prestes a dizer algo, com a boca aberta e a postura alongada e para a frente. Na primeira vez que deu certo, fiquei tão abismada quando todas as cabeças se voltaram para mim que esqueci o que ia dizer.

Quando estiver sentindo que sua capacidade de socialização está evaporando, você pode conscientemente pensar nesses lembretes; mas, como Harris descobriu, seu objetivo é superá-los, não ficar dependente deles.

Você talvez se pergunte o que pode acontecer se se atrapalhar. Isso vai acontecer. Eu me atrapalhei. Ainda me atrapalho. *Todo mundo se atrapalha*. Todo mundo conta aquela piada que não tem graça ou faz um elogio que, sem querer, parece ofensivo. Qualquer um pode levantar a mão para um "toca aqui" que mais ninguém percebe. Tentamos obter um resultado e conseguimos outro que não esperávamos. Acontece com todo mundo. Se, sem querer, você ofender alguém, peça desculpas.[15]

---

15 Harris aponta algo importante: às vezes, homens *realmente* inconvenientes se aproveitam do rótulo de "socialmente ineptos" como desculpa para desrespeitar os limites de uma mulher. Depois, apresentam um falso pedido de desculpas dizendo "Sou socialmente inábil" para insinuar que é a mulher que está exagerando na reação e deveria admitir o desrespeito, mesmo que se sinta assustada. (Se agora você estiver pensando se é o seu caso, posso quase garantir que não é, e o próprio fato de você se preocupar com essa possibilidade significa que você não faz isso.) A pessoa que é *de fato* socialmente inábil ou tem ansiedade social pode transgredir limites por acidente, mas quase sempre se dá conta, recua e pede desculpas. Por outro lado, quem é inconveniente vai desrespeitar os limites e usar a desculpa de

Contudo, lembre-se também de que você não tem de ser perfeito. Assim como Rosie e Vivian, ouse ser mediano. Se ficarmos esperando até ter garantias de que faremos um comentário incisivo, inteligente e no momento apropriado, o mais provável é ficarmos plantados no lugar em silêncio. Sentimos medo de provocar uma reação negativa ou de gerar um momento de constrangimento, de modo que não fazemos nada. Assim, baixe seus padrões elevadíssimos. Pense em dizer "olá" em vez de soltar a piada perfeita. Faça duas perguntas em vez de esperar até ter preparado mentalmente um monólogo fascinante. Ouça com 51% de curiosidade genuína ao que estiver sendo dito.

Alguma vez você já se viu em um local fechado com um rapaz perfumado além da conta? Eis o porquê: o motivo final que nos faz saber que a ansiedade é questão de confiança, não de habilidades, é o efeito placebo. Um estudo da Universidade de Liverpool, na Inglaterra, descobriu que usar um aerossol perfumado, em comparação com um inodoro, leva rapazes heterossexuais a agir com mais confiança. Com um projeto experimental engenhoso, os pesquisadores demonstraram que a confiança obtida com o aerossol se manifestou no comportamento.

Nesse estudo, cada participante primeiro foi fotografado e, em seguida, gravado em um vídeo de quinze segundos em que imaginava estar se apresentando a uma jovem atraente. Avaliadoras heterossexuais foram recrutadas para avaliar as fotos e os vídeos quanto à atratividade, mas nao foram informadas se os rapazes estavam usando o aerossol com perfume ou sem. Nas fotos, as mulheres não viram diferença de atratividade entre os

---

ser "socialmente inábil", presumindo que seu direito a agir de qualquer jeito é maior que o da mulher de se sentir segura e confiar em sua reação instintiva. Você pode ler na íntegra, em inglês, a excelente coluna de Harris sobre o assunto em: www.doctornerdlove.com/socially-awkward-isnt-an-excuse/. Acesso em: 19 mar. 2025.

homens usando fragrância e os que não usavam. Mas, nos vídeos, consideraram mais atraentes os homens que usavam a fragrância, *ainda que não pudessem sentir o aroma*, o que sugere que existe diferença no *comportamento* dos homens que os tornou mais atraentes. Vamos chamar esse fenômeno de "Efeito Axe". Na verdade, esse produto faz meus olhos lacrimejarem, mas o efeito placebo que surte em garotos adolescentes é a razão pela qual o Axe, que promete "ajudar a causar uma primeira impressão correta", é uma marca multimilionária que domina o mercado. Uma fragrância não aumenta magicamente a atratividade. Os rapazes do estudo sempre tiveram as mesmas habilidades sociais. O efeito placebo apenas lhes deu a confiança de colocá-las em prática.

Em resumo, quando nos sentimos desajeitados, rapidamente culpamos nossa capacidade de socialização. E, apesar de às vezes nossas habilidades sociais parecerem nos faltar, o que atrapalha é nossa inibição, mas isso pode ser modificado. Em um estudo antigo, de 1976, pesquisadores pediram a quarenta universitários com ansiedade social que enfrentassem situações nas quais precisariam ser assertivos, por exemplo, pedir aumento ou solicitar a um vizinho para baixar o som. Metade dos participantes foi instruída a reagir do mesmo modo que faria na vida real, enquanto a outra metade deveria reagir com toda assertividade que imaginava possível. (Dica: *Isso é parecido com aquela história do Capítulo 8 de desempenhar um papel.*) Os participantes puderam melhorar seu desempenho de acordo com a orientação que recebiam, aumentando ou diminuindo a assertividade, como aqueles interruptores com botão de controle de luminosidade.

De novo, ao contrário do mito de *Tenho péssimas habilidades sociais*, nosso problema não é necessitar de mais habilidades, mas, sim, diminuir a inibição. Mas sabe de uma coisa? Você já conhece os caminhos para ter menos inibição. Como fizeram os participantes do estudo sobre assertividade, desempenhe um papel, atribuindo-se uma missão. Ouse ser mediano.

Finja até que você *seja* assim. E, por último, deixe de lado os comportamentos de segurança. Mantenha distância do aerossol corporal.

Em retrospecto, Derrick entendeu que a academia nova não tinha lotado na inauguração simplesmente porque nenhum negócio fica a pleno vapor da noite para o dia. Depois de mais um tempo, ele também se deu conta de que o sucesso de um negócio não depende só do culto a uma personalidade, como ele presumira. O sucesso do pai não vinha somente de sua capacidade de socialização; mas, em vez disso, resultava de uma combinação de localização, marketing, dedicação ao trabalho, tempo e sorte. O problema não estava, de jeito nenhum, nas habilidades sociais de Derrick. Se havia algo atrapalhando era sua ansiedade, que o impedia de acessar suas habilidades.

Aproximadamente um ano depois da inauguração da academia, certo domingo de manhã, Derrick fez uma avaliação de como iam as coisas. O local, que não era mais uma novidade, estava lotado. Clientes com bermudas de ginástica treinavam nos sacos de pancada. Duas mulheres loiras, uma com luvas cor-de-rosa, treinavam boxe no ringue. Umas dez, doze pessoas estavam no ringue principal para o início de uma aula sobre o básico desse esporte. A turma de crianças que Derrick havia aberto estava indo bem. O programa infantil era o orgulho e a alegria dele: "Crianças tímidas aprendem a ter confiança. Crianças briguentas aprendem a ir mais devagar. A turma já tem lista de espera".

Nesse momento, um interessado em se inscrever na academia vem até a recepção, e Derrick se aproxima dele para cumprimentá-lo. Não estava tentando ser o pai, nem ter as habilidades de mais ninguém. Como Derrick constatou, ele já sabia como socializar.

15

O Mito da Esperança Dentro de uma Garrafa

Muitas pessoas descobrem outro modo de se sentirem menos inseguras e menos inibidas. Alguém conseguiu efetivamente engarrafar isso e, de fato, está ganhando rios de dinheiro. Estamos falando da coragem líquida, do suco da sobrevivência, da água milagrosa. É verdade que, para pessoas socialmente ansiosas, o álcool tem muitos apelidos e, surpresa, surpresa!, cumpre várias funções. Não é só uma maneira de diminuir a inibição ("Olha só! O uísque diz que sei dançar!") ou de deixar a pessoa se sentindo menos deslocada ("Coragem. Vá lá. Pegue uma cerveja. Sua vida depende disso!"). Enquanto o conhecimento científico sobre o complexo relacionamento entre ansiedade social e álcool ainda está sendo construído, encontrei pelo menos quatro tipos de consumidores de álcool socialmente ansiosos.

Vamos chamar o primeiro tipo de "Antes do Evento". Tenho uma paciente chamada Nia, que é assistente administrativa e tem um sorriso largo. Ela dá conta de praticamente tudo como "gerente Nia", mas se tiver de comparecer a qualquer outra situação como "apenas Nia", seja uma festa ou um evento para arrecadar fundos, precisa de um ou dois drinques para acalmar os nervos. Como ela mesma diz, revirando os olhos, "é puro clichê, mas realmente deixa a situação menos tensa". Nem morta que alguém flagraria Nia dando um golinho em algum cantil próprio para bebidas alcoólicas, mas ela já foi vista enchendo uma garrafinha de água vazia com algumas doses de vodca e guardando na bolsa. Quando chega ao local do evento, ela para o carro, dá um bom gole na vodca, espera um minutinho e depois entra. Como Nia diz: "Funciona bem na hora em que preciso, que é chegar e me sentar em uma cadeira".

E também temos Mateo, um corretor de barcos que, mais que tudo, ama navegar. Vamos chamá-lo de "Depois do Evento". Ele detesta ir a feiras náuticas e a eventos para fazer contatos de negócio, mas essas são situações inescapáveis em sua área de atuação. Mateo sempre se sente deslocado em eventos e, como diz, faz o melhor possível "para agir como um ser humano normal"; mas, depois dos eventos, fica preso nas malhas do processamento mental daquilo que se passou. Não consegue se impedir de ficar repetindo na cabeça as cenas de suas interações, revendo as piadinhas sem graça que contou ou as coisas que queria ter dito ou feito de outro jeito. Mateo diz simplesmente que "se demora nisso". Não é de beber muito nos eventos, mas quando chega em casa bebe uma cerveja atrás da outra, tentando calar as ruminações mentais: "Basicamente, bebo quando estou me martirizando demais".

Agora, temos David, o "Gigante dos Drinques Sociais", que gerencia um armazém de serviços de alimentação. Ele não costuma beber muito, exceto nas raras ocasiões em que os amigos conseguem arrastá-lo para sair. Então, é inevitável que termine bebendo bem além do que sabe que é bom. Ele explica: "Meus amigos dizem que sou um unicórnio. Em geral, sou 'café com leite', mas nas festas me transformo. Fico muito, mas muito sociável mesmo. Confesso que é divertido, exceto pela ressaca. Provavelmente, nem teria vida social se não fosse pelo uísque com Coca-Cola.

Sei que é lamentável, mas se não tiver álcool na festa eu não vou. Se não puder beber, não consigo socializar".

Todavia, nem todas as pessoas com ansiedade social usam o álcool para lidar com a angústia de ser julgado. Às vezes, nossa ansiedade social nos traz tanto medo de sermos criticados que não confiamos em nós mesmos se bebermos. É o caso de Karla, estudante de mestrado em educação. Podemos chamá-la de "Quase Abstêmia". Normalmente, não consome nada alcoólico, alegando que não quer fazer "papelão": "Tenho medo de me comportar como uma completa idiota. Tenho medo de sair pelo lugar cambaleando". Em festas e casamentos, ela diz que circula com um drinque na mão, mas é puro fingimento. Quando se sente realmente a salvo e ousada: "Até dou um golinho, mas consigo fazer um drinque render horas. Antes, eu não bebia de jeito nenhum. Não tomei uma gota de álcool até os 22 anos e, na faculdade, praticamente nada". E agora? Ela diz: "Continuo bebendo só coisas leves, como vinho com água com gás, esse tipo de coisa. Não gosto da ideia de perder o controle e dizer ou fazer alguma coisa de que me arrependa".

Em conclusão, se a ansiedade social e o álcool atualizassem seu *status* de relacionamento, certamente diriam que "é complicado".

De fato, um estudo comprovou que pessoas com ansiedade social mais elevada consomem *menos* álcool que pessoas não ansiosas, mas apresentam níveis *mais* altos de embriaguez esporádica. Como assim? Também temos mais daquilo que os pesquisadores chamam de consequências negativas do álcool, como faltar no trabalho, se machucar e passar por experiências sexuais indesejadas. Parece ilógico, mas funciona assim: pessoas socialmente ansiosas costumam evitar situações sociais como festas e reuniões. Mas, quando são forçadas a ir, como David, podem beber relativamente mais na tentativa de se "automedicar", porém sua tolerância é mais baixa e têm menos prática em controlar o próprio ritmo de ingestão.

Se você está no grupo dos sete entre dez estadunidenses que tomou bebida alcoólica no último ano (o que significa que três em cada dez não tomaram, ou seja, milhões de pessoas estão do seu lado, se você resolver não beber), parafraseando o grande filósofo Homer Simpson, o álcool pode ser não só a solução, mas também a causa de seus problemas de ansiedade social. Por que as duas coisas? Por um lado, o álcool "funciona", pelo menos no curto prazo. Um estudo descobriu que, a cada drinque, a ansiedade social cai 4%. É um jeito mágico de se sentir mais espetacular. Duas taças de *pinot* para reduzir em 8% a sensação de ser um idiota? Muita gente se convence a tentar.

Já no longo prazo, a história é diferente. Em primeiro lugar, embora beber possa neutralizar a ansiedade social, com o tempo muitas pessoas começam a beber *como resposta* à ansiedade social. Outro estudo constatou que, em pessoas com ansiedade social e também problema de alcoolismo, a ansiedade social quase sempre vem antes. Em segundo lugar, pessoas que sofrem de ansiedade social são propensas a beber sozinhas para afogar emoções negativas, como Mateo e suas ruminações mentais à base de cerveja enquanto se recrimina. Por fim, podemos associar álcool e confiança, como Nia e seus goles no carro, no estacionamento. Damos ouvido à vodca quando nos promete que *só ela pode nos tornar uma ótima pessoa com quem conversar*. Seja pelo ângulo que for, quando você analisa a Ansiedade Social Severa, verifica que esse transtorno mais que quadruplica o risco de desenvolver um problema de abuso de álcool.

Por que continuamos buscando esperança em uma garrafa? Lembre-se da defasagem percebida entre os padrões e as habilidades: ao mesmo tempo, pensamos que as expectativas sociais são altíssimas ("Sempre tenho de ter algo interessante para dizer", "Tenho de me dar bem com essa pessoa imediatamente") e que também somos um caso perdido de falta de tato, estranheza e incapacidade de corresponder a esses padrões. O álcool, então, encurta artificialmente essa distância. E aí se assenta o mito final da ansiedade social: *Preciso de álcool para me sentir à vontade*. Sem dúvida, o álcool nos deixa menos inibidos, mas se apossa do crédito de nos proporcionar habilidades sociais. Não nos damos conta de que o tempo todo tivemos essas habilidades e estivemos inibidos demais para usá-las. O álcool se torna a pena mágica do Dumbo: é só não ter esse recurso e pensamos que não conseguimos voar.

Por isso, traga seus padrões elevadíssimos para a realidade, agradeça ao Crítico Interno os esforços para mantê-lo a salvo; mas, agora, você pode desafiá-lo a ser mais generoso. Concentre a atenção de dentro para fora e sintonize as antenas na conversa que está em andamento em vez de se deixar dominar pela falação interior. Tenha coragem e escale a montanha. Em suma, em vez de atribuir todo o crédito à coragem líquida, cultive a coragem pessoal. Erga um brinde porque você *quer*, não porque *precisa*. Isso é muito melhor que qualquer água milagrosa.

PARTE 5

Tudo de Que Você Precisa é Ser Gentil

16

Os Elementos Básicos de Lindas Amizades (Não São o Que Você Pensa)

Ser compreendido é um luxo.

– Ralph Waldo Emerson

Maddy girou a chave e abriu a porta do apartamento onde iria passar mais uma noite longa e solitária. Sentia-se desanimada. Fazia um ano que estava morando em San Jose, para onde tinha se mudado depois de deixar sua cidade natal, Sierra Nevada, ambas na Califórnia. Havia poucas ofertas de trabalho na região, de modo que, ao receber uma proposta para cuidar da folha de pagamento de uma empresa de envio de mercadorias em San Jose, ela decidiu aceitar, embora não conhecesse ninguém por lá. Em geral, a mudança fora boa, e o único problema, segundo Maddy, era que ainda não tinha amigos.

Ela me disse que já fazia um ano, e todo mundo em casa dissera a ela que esperasse um ano, porque leva tempo para conhecer gente, mas ela não imaginava que fosse demorar *tanto*: "Sei que tenho certos maus hábitos. Depois do trabalho, basicamente fico só em casa, entro na internet, assisto à TV. Tenho medo de sair. Todos disseram que fui corajosa de me mudar para cá, mas agora estou achando mais que fui idiota". Piscando para conter as lágrimas, ela continuou: "Por que não consigo achar pessoas com quem me conectar? É uma vergonha, mas cheguei a procurar no Google 'como fazer amigos', e todas as sugestões são para simplesmente ir a reuniões ou entrar em um clube do livro. Fazer trabalho voluntário. O *tempo todo* falam para fazer trabalho voluntário. Não sou idiota. Sei como essas coisas funcionam. E não é por aí. Posso achar um clube do livro. O difícil é entrar na reunião e tentar achar alguma coisa para dizer por uma hora. O que vou *falar* para essas pessoas? Fico sem assunto depois de dizer 'Olá, sou a Maddy'".

Já Nora conhece muitas pessoas. Essa dona de casa com dois filhos pequenos sabe o nome de todas as outras mães da escola, do grupo de escoteiros e da escolinha de futebol. Ela acena e diz "olá", troca palavras rápidas com as pessoas e, embora as outras mães sejam amigáveis, Nora percebe que são um pouco formais com ela, sem saberem como responder. Segundo Nora: "Ninguém me conhece. Sempre sou aquela pessoa que é a última a ser apresentada. As pessoas estão sempre dizendo 'Oh, não sabia que vocês não se conheciam'". Conheço muita gente por alto, superficialmente, e tenho umas duas amigas mais próximas, mas gostaria de aumentar meu círculo. Tenho muitos amigos no Facebook, mas sei que isso não é real. A única pessoa a quem realmente poderia confidenciar alguma coisa é o meu marido. Sempre sou a forasteira e não sei bem ao certo como isso acontece. Vejo as pessoas conversando com facilidade sobre qualquer coisa, e isso, para mim, é um mistério. Não tenho ideia de como chegar a esse ponto".

Mesmo sem ansiedade social, fazer amigos na idade adulta é difícil. Uma meta-análise abrangendo 177 mil participantes, publicada no prestigioso periódico *Psychological Bulletin*, descobriu que os círculos sociais se expandem até o início da idade adulta e, daí em diante, começam a encolher. Em 2006, um levantamento em larga escala constatou que mais da metade (53%) dos estadunidenses não tinha confidentes fora da família. Um quarto dos adultos estadunidenses — um em cada quatro — não tinha nenhum confidente. Dez anos mais tarde, aposto que essa porcentagem aumentou ainda mais.

Junte a ansiedade social a outros desafios, como Maddy mudar de cidade, o afastamento da turma da faculdade depois da formatura, deixar as drogas e o álcool, passar pelo tumulto de um divórcio, simplesmente perceber que ficou com o nariz enfiado no trabalho por tempo demais e por isso todo mundo se afastou, e a sensação pode ser a de ter de começar do zero, mas você não tem a menor ideia de como fazer isso.

Talvez pense que, com tantas pessoas se sentindo isoladas, como Maddy e Nora, todo mundo esteja falando disso, mas, não. Existe um estigma em admitir que você não tem amigos. Ou que é uma pessoa solitária. Para piorar ainda mais as coisas, se você buscar conselhos sobre como fazer amigos, a exemplo de Maddy, geralmente acabará recebendo uma lista de lugares onde conhecer gente. Mas você não está atrás disso. "Conhecer pessoas" é muito diferente de "fazer amigos". O primeiro caso é um evento, e o segundo, um processo. Quando Maddy busca "como fazer amigos", a resposta que está querendo não é "trabalho voluntário em um abrigo para animais". Ela está em busca de uma resposta para "o que faço depois que trocamos um aperto de mão e dizemos nosso nome. O que vem agora?".

Maddy e Nora têm, respectivamente, dois problemas comuns na ansiedade social: ou sentimos que não conhecemos ninguém, ou conhecemos muitas pessoas, mas não nos sentimos próximos delas. Seja como for, costumamos pensar que deve ter alguma coisa errada conosco. Não existe nada errado em nós, mas a ansiedade social magicamente fornece filtros que estão atrapalhando nossa vida.

Às vezes, são nossas suposições: inconscientemente, criamos filtros muito exigentes e excluímos um grande número de pessoas. Pode ser uma questão demográfica: *Ah, essa pessoa é casada/solteira. Não vai dar certo.* Pode ser uma percepção: *Oh, essa pessoa é tão ocupada. Não vai dar certo.* Ou pode ser nossa baixa tolerância a ambiguidades: se a pessoa não for 100% não ambígua na simpatia, a excluímos: *isso não vai dar certo.*

Às vezes, são nossas expectativas. Lembra-se do capítulo sobre perfeccionismo? Pessoas propensas à ansiedade social tendem a buscar um Amigo Instantâneo. Sem nem perceber, estamos buscando um Melhor Amigo para Sempre, pronto para entrar em ação e com quem nos sentiremos conectados desde o primeiro instante em que nos conhecermos. Desejamos chegar a um evento e sair de lá de braço dado com um novo melhor amigo (ou dois!), mas, neste planeta, isso raramente acontece.

A ansiedade social nos diz que deveríamos achar amigos instantaneamente. A semântica é sutil, mas reveladora. A ansiedade social nos diz para *achar* um amigo — conquistar uma pessoa no primeiro instante —, mas amizades reais devem ser *construídas*. A amizade é um processo, não uma descoberta feita de um momento para outro. Todavia, essa é, de fato, uma boa notícia. Em vez de buscar um diamante em estado bruto, é em estado bruto que existe grande quantidade de amigos potenciais. A matéria-prima, o pó de estrelas que se transforma em amigo, está por toda parte. Praticamente toda pessoa é um candidato. Estranhamente, para fazer um amigo, não é preciso a pessoa "certa". *Em vez disso, a pessoa se torna certa com o tempo.*

Então, como isso funciona? Se os amigos não são encontrados no modo caçador-coletor, mas, em vez disso, cultivados, à semelhança das culturas agrícolas mais avançadas, como fazer isso?

É possível começar assim: você conheceu uma pessoa que se mostrou amigável? Ótimo, você já conseguiu, porque esse é o único obstáculo. Vocês ainda não são amigos, mas são amigáveis um com o outro. Alguns candidatos a amigo permanecerão nesse patamar, mas há três elementos que levarão outras pessoas na direção da amizade.

Repetição

O primeiro é simplesmente ver a pessoa repetidas vezes. Isso pode parecer óbvio, mas no fim dos anos 1940, o que não é tão longe assim, pensava-se que as pessoas se tornavam amigas de um jeito freudiano, quer dizer, sendo atraídas por uma mescla mística de lembranças subconscientes da infância. Porém, três professores do MIT, entre os quais se distinguia Leon Festinger, pioneiro da psicologia social, mudaram essa concepção de maneira radical. Em 1946, uma verdadeira maré de veteranos da Segunda Guerra Mundial matriculou-se no Instituto de Tecnologia de Massachusetts. Aparentemente da noite para o dia, cerca de três mil dos cinco mil alunos da universidade eram veteranos de guerra. Muitos deles, depois de terem interrompido sua educação para servir ao país, estavam em um momento de vida diferente do dos demais colegas. Havia grande número de casados, alguns tinham filhos, e o MIT fez o que pôde para acomodar o novo contingente de estudantes em alojamentos construídos às pressas, no local chamado Westgate West, na ponta oeste do fim do *campus*. No total, usando sobras de barracões do exército, foram montados 180 apartamentos temporários: eram estruturas de dois andares com a porta da frente dando para uma espécie de caminho, como um motel da rede Motel 6 estadunidense. Os caminhos em torno das construções não eram pavimentados, e as acomodações eram precárias. Mas ali era o MIT, e as pessoas usaram a criatividade para melhorar as moradias. Houve um pai, estudante de engenharia mecânica, que criou um dispositivo com partes de antigas máquinas de lavar roupa para montar um bercinho de balançar para seu bebê, para desespero dos vizinhos de alojamento, dado o funcionamento ruidoso do berço a noite inteira.

Porém, além de criativas, as pessoas também eram amigáveis. E foi nesse ambiente que Festinger e seus colegas entraram em cena com uma pergunta de pesquisa: quem era amigo de quem? Foi pedido aos ocupantes dos apartamentos que citassem três amigos mais próximos, com a intenção de saber que ideias tinham em comum, além de interesses, atitudes e experiências de infância. O time de pesquisadores encontrou uma resposta bem pouco glamorosa. Em vez de compartilhar coisas fundamentais na vida, os amigos, em geral, não tinham nada em comum além de um mesmo corredor. A proximidade física era o maior fator de previsão de uma amizade: vizinhos de porta tinham mais probabilidade de se tornar amigos. As pessoas que moravam em cada ponta do primeiro andar, no pé da escada, eram, sem dúvida, populares, talvez porque todo mundo do segundo andar tinha de passar na frente do apartamento delas várias vezes por dia. No início, Festinger e equipe pensaram que a chave estava na proximidade; mas, como constataram, a proximidade representava outra coisa: a repetição. Nossa tendência é nos tornar amigos das pessoas que vemos com mais frequência. Contatos repetidos, como ver os vizinhos que chegam de volta em casa com as crianças, vão às compras, estão indo para as aulas de engenharia mecânica, são a base da amizade.

Em 1957, um pouco mais de dez anos depois de construído, o Westgate West foi sendo sistematicamente esvaziado e demolido para dar lugar a residências permanentes, mas a descoberta feita no complexo habitacional original continua viva. Outros estudos confirmaram o mesmo efeito, a exemplo do que envolveu 44 estagiários da polícia estadual que declararam que os melhores amigos que tinham eram os que, por ordem alfabética, se sentavam mais perto deles na classe. Podemos fazer amizade com praticamente qualquer pessoa. Desde que nosso possível amigo não seja um espírito de porco, com o tempo e repetidos encontros, podemos nos tornar — e nos tornamos — amigos de qualquer pessoa à nossa volta.

Então, como isso funciona no caso de Maddy? Para ter chance de fazer um amigo, a atividade específica quase não vem ao caso. É menos uma questão do que ou de onde e mais de *com quem* e *com que frequência*. Para ter sua melhor chance de fazer amigos, ela precisa ver um grupo constante, com os mesmos rostos — *as mesmas pessoas, regularmente*. Isso exclui a maioria das situações de entra e sai, como uma academia, mas inclui treinos específicos na academia, onde um mesmo grupo de pessoas se reúne toda semana. Exclui eventos que só ocorrem uma vez ou reuniões casuais com pessoas que mudam toda hora, mas inclui, por exemplo, idas ao parque com o cachorro em horas do dia que se mantêm regulares. Aulas também podem dar certo, mas somente se forem interativas, como aulas de dança ou oficinas de redação criativa, não situações de palestra. Esqueça as redes sociais, bem como bares e clubes, porque nesses lugares as pessoas vão com os amigos que já têm e ficam com eles o tempo todo, e o grupo está fechado, a menos que você esteja tentando dar carona a alguém. Quando está no começo, a melhor estratégia para você é entrar em uma comunidade já criada e aberta a novas pessoas: jogadores de futevôlei, grupos de corrida, equipes de ciclismo, coral, teatro comunitário, grupo da igreja e, sim, clube do livro. No meu caso, a cooperativa da pré-escola dos meus filhos fez minha vida social pegar no tranco duas vezes depois de me mudar para longe.

E depois? Continue frequentando. Dê-se pelo menos uma temporada a qualquer nova inciativa de socialização, algo em torno de três a quatro meses, mas mais tempo é melhor. Reza a lenda que leva de seis a oito conversas (não só um “oi”) para as pessoas se considerarem amigas.

Para começar, no entanto, lembre-se de seu único critério: essa pessoa me trata bem? Se ela fica resmungando e olhando para o próprio celular quando você diz "oi", então não. Mas e se ela sorri e fala alguma coisa cordial? Essa pessoa é candidata a amiga. Ela não vai convidar você para jantar na casa dela... ainda, mas não deixe de dizer "oi" simplesmente porque uma conversa não levou a uma maratona de algum seriado no sofá da sua sala. Lembre-se de que a amizade é cultivada, não vem pronta para entrega.

Assim, continue comparecendo. Pode ser que você não seja levado a sério antes que tenha retornado algumas vezes, especialmente se é o caso de um grupo público, onde é comum pessoas que só aparecem uma vez e nunca mais. Seja notado, voltando ao grupo repetida vezes.

Depois, quando já tiver firmado sua presença, um segredo bem guardado é assumir papel de liderança. Você se lembra do Capítulo 8? Desempenhar um papel é uma bênção para quem é tímido, porque pede menos improvisação social. Vai haver um conjunto de regras e uma razão para se conectar com todo mundo, mesmo que seja só para lembrar a todos do churrasco no feriado ou incentivá-los a fazer uma doação para a arrecadação de fundos para a cozinha solidária.

Depois de termos conversado sobre isso, Maddy ficou, ao mesmo tempo, entusiasmada e assustada. Aceitou o que eu dizia sobre repetições, mas ficou receosa. Então, lembrou-se de que três colegas costumavam almoçar juntas na copa do escritório. Normalmente, Maddy comia no carro ou na própria mesa. A situação era boa demais para deixar passar: as mesmas pessoas, basicamente, todo dia. Elas já eram simpáticas com Maddy, o que, de novo, era o único critério.

A questão era como se aproximar desse grupo. Maddy detestava a ideia de chegar do nada com um "Olá, pessoal", quando as três já estivessem juntas. Com isso, achamos que seria melhor ela chegar para almoçar antes e esperar o trio se juntar a ela. No começo, Maddy ficou sem graça, sem saber o contexto de qualquer coisa que estivessem falando, mas ficou firme ali, do mesmo jeito, só ouvindo, concordando discretamente e, para sua surpresa, rindo com elas umas duas vezes. Ficou repetindo mentalmente que elas eram *pessoas amigáveis*. Antes de efetivamente estar sentada à mesa com elas, Maddy percebeu que as tinha excluído da lista de possíveis amigas porque duas eram mais velhas e uma era estagiária. Pensava que precisava ter mais coisas em comum com uma amiga, como serem da mesma idade ou terem o mesmo histórico profissional. Em retrospecto, também se deu conta de que morria de vontade de que alguma delas iniciasse o contato, mas todas tinham pensado que ela só queria ficar em paz. Basicamente, uma grande e silenciosa falha de comunicação de ambas as partes.

Maddy não estava segura de que terem almoçado juntas naquela primeira vez tivesse ido bem, mas naquela noite recebeu pelo Facebook uma solicitação de amizade enviada por uma delas. Maddy me disse: "Ainda há um longo caminho pela frente, e não tenho certeza de que nos tornaremos Melhores Amigas, mas não foi um mau começo".

Lembre-se: se a pessoa for simpática, ela está a fim de ser sua amiga. Pense em todas as pessoas com as quais você é simpática ou poderia ser. Pronto: aposto que já ampliou substancialmente sua vida social.

Dê ao outro alguma informação sobre você

O próximo passo é se expor. Para Maddy, é o segundo passo, mas para pessoas como Nora é o primeiro, dado que estão presas no limbo entre ter conhecidos e ter amigos. Assim como Nora, temos uma coleção de amizades meia-boca e pessoas com as quais somos simpáticas, mas a sensação é de não conseguirmos passar disso.

Às vezes, isso é causado por um novo ataque do perfeccionismo. Para Nora: "Nenhuma delas parece interessada. Estão todas muito ocupadas com a própria vida, os filhos, essas coisas". Sem ao menos perceber, Nora está esperando que alguém demonstre "interesse", ou seja, uma pessoa que, sem sombra de dúvida, se aproxime dela. Nora quer certezas.

Sem se dar conta, quer que a possível amiga inicie uma conversa interessante e a convide para fazer alguma coisa. Mas, como está esperando que uma amizade se materialize claramente diante de seus olhos, ela, sem querer, exclui todas as demais pessoas. Apesar de estar rodeada de gente a meio caminho de se tornar suas amigas, Nora acha que tem de começar do zero absoluto.

Como chegar ao próximo nível? Para usar o jargão da área, na psicologia dizemos *nos expor*, o que simplesmente significa que falamos para outras pessoas o que pensamos, fazemos e sentimos. Isso parece muito fácil, mas não é algo instintivo. Pessoas propensas à ansiedade social não costumam falar de si mesmas. Somos educados e agradáveis, mas, em geral, o outro fica com a impressão de que somos distantes, formais ou, de alguma maneira, colocamos uma barreira entre nós e o mundo.

Expor-se foi algo que ganhou muita atenção na imprensa quando o fenômeno das "36 perguntas para se apaixonar" se alastrou pela internet. Essa relação de perguntas foi alvo de muito escrutínio e gerou artigos *on-line* com títulos como "Fiz as 36 perguntas a um desconhecido para ver se nos apaixonaríamos e, sim, nos apaixonamos", além de um ensaio no *The New York Times* intitulado "Para se apaixonar por alguém, faça isto". Parecia a salvação dos solitários.

Mas a história real é, de fato, bastante clínica, o que a torna ainda mais notável. Há mais de vinte anos, em 1997, os psicólogos Arthur e Elaine Aron e mais alguns colegas de todo o país publicaram um artigo com um título inócuo e conciso: "Geração Experimental de Proximidade Interpessoal: Procedimento e Dados Preliminares" [no original, *The Experimental Generation of Interpersonal Closeness: A Procedure and Some Preliminary Findings*]. O procedimento consistia em levar desconhecidos a se tornarem íntimos no laboratório, fazendo com que cada um perguntasse ao outro três conjuntos de doze questões. Cada conjunto era mais pessoal e aprofundado que o anterior. O Conjunto Um incluía perguntas como "O que na sua vida lhe desperta mais gratidão?" e "Você tem alguma suspeita secreta de como vai morrer?". O Conjunto Dois ia um pouco mais fundo: "Existe alguma coisa que você sonha em fazer há muito tempo? Por que não fez?" e "Sua família é próxima e afetuosa? Você acha que sua infância foi mais feliz que a dos outros?". O Conjunto Três aumentava a intensidade novamente, com questões como "Diga ao parceiro de que gosta nele. Seja honesto desta vez, dizendo coisas que talvez você não diria a alguém que acaba de conhecer" e "Fale de um problema pessoal e peça conselho ao seu parceiro para saber como ele enfrentaria essa situação. Também peça a ele que lhe diga como acha que você está se sentindo a respeito do problema que escolheu revelar".

No entanto, esse protocolo não tinha a intenção de fazer as pessoas se apaixonarem. Em vez disso, as 36 perguntas eram simplesmente voltadas a induzir proximidade e intimidade em um ambiente de laboratório, sem as complicações dos relacionamentos que ocorrem naturalmente nos ambientes naturais da humanidade. As questões eram voltadas a eliminar a variabilidade experimental, não a resultar em marcha nupcial, embora a equipe tivesse certa suspeita do poder dessas 36 perguntas quando dois participantes do estudo piloto acabaram se casando.

Vinte anos depois, quando a mídia se inteirou dessas perguntas, o questionário passou a ser tratado como a receita secreta para o amor. Mas as perguntas específicas não são mágicas; em vez disso, de acordo com os pesquisadores, é o ato de se expor "de modo constante, gradativo, recíproco e pessoal" que estimula gostar de outra pessoa e, igualmente, faz com que gostem de nós. As 36 perguntas levam à proximidade por meio de uma exposição em modo acelerado.

Normalmente, o que fazemos quando conhecemos uma pessoa nova é conversar sobre amenidades. É importante esse nível leve de bate-papo — o tipo mais simpático de conversa para uma sondagem social básica —, mas, por definição, não sai da superfície. Não diz nada sobre você; é só sobre outras coisas: o trânsito, o tempo, a ausência do colega de trabalho por doença. Já se expor diz respeito a *você*. De novo, trata-se de compartilhar algo do que você pensa, faz e sente. Qualquer tópico serve. Até o bate-papo mais banal pode ser transformado em uma maneira de se expor. Por exemplo, falar do tempo pode servir como exposição: você está contente que o tempo está refrescando porque o outono é sua estação predileta. Ou, quando pequeno, você adorava o verão, mas agora não aguenta mais tão bem o calor. Ou, quando era criança, sempre que chovia, você e sua irmã "salvavam" todas as minhocas que apareciam na calçada e guardavam-nas em um pote que traziam para casa, e sua mãe ficava toda aflita. Pronto. Você ainda está falando do tempo, mas também está contando um pouco da sua vida, e isso pode servir como ponto de partida para uma boa conversa.

Quando trabalho com pessoas como Maddy e Nora a questão de se exporem, a próxima pergunta é, inevitavelmente, "Mas falar do quê?". Só que a dúvida não é realmente essa. Assim como Maddy não quer que lhe mandem fazer trabalho voluntário, também não precisa de uma lista de possíveis assuntos. A verdadeira pergunta é: "Como consigo continuar pensando, mesmo com essa ansiedade paralisante, e dizer alguma coisa que não seja uma idiotice completa?".

Mais uma vez, a resposta é diminuir as expectativas. Pensamos que é preciso ser interessante, divertido, natural. Mas isso é pressão demais. Inclusive, se ficar dizendo a si mesmo que não tem permissão para dizer uma coisa totalmente idiota, não vai falar nada. Então, comece com o que está fazendo ou pensando. Diga "olá" e pergunte para a pessoa "como vai?". Em seguida, comente alguma coisa sobre o que você está fazendo, o que acabou de fazer, o que está planejando ou em que andou pensando ultimamente. Não tem de ser nada erudito, perspicaz ou muito bem expresso; só precisa ser alguma coisa sobre você.

Pense da seguinte forma: lembra-se de quando o Facebook era novidade? Por volta de 2007, a plataforma incentivava os usuários a atualizarem seu *status* perguntando o que estavam fazendo naquele mesmo minuto. Por volta de 2009, a pergunta mudou para "No que você está pensando agora?". Comece por aí: "Estou bem, obrigada. Vamos visitar meus sogros neste final de semana". Ou "Estou bem, obrigada. Tenho pensado em começar a fazer aulas de piano para adultos". Ou "Estou bem, obrigada. Já faz uns dias que estou com vontade de comer uma boa carne. Você recomenda algum lugar aqui por perto?". O que você disser não precisa abalar os alicerces do planeta; o único critério é que deve revelar um pouquinho sobre você. "Vim de bicicleta e foi muito mais rápido chegar aqui" ou "Caramba, a música que estava tocando no posto de gasolina agora não sai da minha cabeça".

No começo, vai dar a sensação de que não está funcionando, de que você está falando demais, sendo egoísta, ocupando muito espaços ou querendo ser o centro das atenções. Mas isso é só porque está comparando com se manter reticente. Experimente e veja o que acontece. Pode ser que lhe deem uma resposta sem graça, como "Sei, pode crer" ou "É mesmo?" e depois mais nada. O silêncio reinará, mas está tudo bem. Muitas conversas são sem graça, mas está tudo bem: uma conversa sem graça não quer dizer que *você* é sem graça. Em outros momentos, você receberá uma resposta interessante, e, então, é só partir paras as boas conversas.

Muitas pessoas dizem que somos "calados demais" ou que temos de falar mais. Já ouvimos isso muitas vezes, e sempre parece que estamos sendo criticados, como se houvesse algo errado conosco. Felizmente, o movimento introvertido tem validado e fortalecido todos nós do tipo calado. Mas amplie seus horizontes. Se alguém puxar conversa com você, incentive-se gentilmente a falar de si um pouco mais que de costume. É uma tentação responder a alguém que pergunta se temos irmãos dizendo apenas "Sim, um irmão caçula", mas alongue a resposta dizendo "Sim, um irmão caçula; ele é cinco anos mais novo, então, quando fui para a faculdade, ele ainda estava no ensino médio, e toda vez que eu visitava a família tinha a sensação de que precisava conhecê-lo de novo. Agora somos ambos adultos e bons amigos. Ele é médico de pronto-socorro em Minneapolis". No mesmo sentido, responder de onde você vem pode evoluir para além de dar apenas o nome da cidade — "Houston" — para "Houston, mas faz vinte anos que saí de lá. Até voltei umas duas vezes para assistir a rodeios". E agora? Faça aquilo que já faz bem: ouça. Vire a atenção de dentro para fora.

Em última análise, o objetivo de uma conversa é a intimidade. A palavra "intimidade" tem viés sexual, como "apelo íntimo" ou, pior ainda, "ressecamento íntimo", mas não é obrigatoriamente assim. Esse termo deriva do latim e significa "o que há de mais interior"; por exemplo, compartilhar com os outros o que está no âmago de si: o que você pensa, faz e sente.

A única palavra de cautela é que *se expor* é diferente de *confessar*. No artigo sobre as 36 perguntas, os pesquisadores definem "expor-se" como algo "gradativo e recíproco", querendo dizer que contar algo sobre si a alguém deve ser um dar e receber progressivo. Certa vez, em uma despedida de solteira, conheci uma amiga da noiva. Eu disse meu nome, estendi a mão para cumprimentá-la, e, antes que pudesse dizer mais nada, ela disse que estava grávida de um doador de sêmen e, como preparação para o parto, a doula lhe havia dito que umedecesse uma calcinha com óleo de vitamina E e a inserisse na vagina para evitar que o períneo se rompesse. Fiquei sem saber o que dizer a ela o restante do tempo em que fiquei ali. Me dava agonia só de visualizar essa calcinha oleosa. Não sou puritana, mas, para uma primeira conversa, essa revelação me pareceu um tanto além da conta.

Falando sério de novo, certa vez tive uma paciente que, ainda na nossa primeira conversa, revelou que fora abusada quando criança, além de duas vezes estuprada. Era pesado demais, cedo demais — e ela se sentia arrasada quando as pessoas se afastavam e se mantinham distantes. Ela pensava que estava dizendo a verdade, mas, como as decisões ocorrem em grupo, as outras pessoas não conseguiam lidar com a totalidade da verdade sobre ela desde o primeiro momento. Havia outras verdades que a haviam feito ser quem era, e ela poderia ter mencionado isso antes, deixando as mais pesadas para um momento posterior.

Quanto a Maddy, ela percebeu que os clubes do livro poderiam ser mais fáceis se dissesse às pessoas algo além de "Olá, sou a Maddy". Ela se lembrou de que, na primeira reunião, depois que se apresentou na rodada de abertura em que todas as pessoas diziam seu nome, ficara em silêncio, basicamente olhando para o chão, esperando que alguém falasse com ela e, ao mesmo tempo, desejando que todo mundo ali a deixasse em paz. Só que aconteceu de uma mulher se aproximar dela, depois do grupo, para perguntar se Maddy tinha gostado, e ela respondeu que havia sido "ótimo, obrigada", com um sorriso, mas sem dizer mais nada. A mulher aproveitou a deixa e disse "Ótimo, espero que venha de novo" e depois se afastou.

A ansiedade social nos torna mestres em encerrar conversas. É fácil: falar com tom de finalização, dizer "oi" e não parar para conversar ou simplesmente não dizer nada são todas atitudes que transmitem a mensagem de que você não quer falar. Encerrar uma conversa é outro comportamento de segurança: estamos tentando nos salvar da ansiedade. Porém, trocamos a ansiedade do momento pela solidão no longo prazo.

Maddy regressou ao clube do livro decidida a tentar algo novo. Sabia que a vitória não estava em como se sentia, mas, em vez disso, em como agia: olhar para as pessoas, falar abertamente de si, ouvir e responder. A mesma mulher se aproximou novamente e perguntou se ela tinha gostado do livro, então Maddy respirou fundo e disse algo que ajudasse a manter a conversa: "Foi ótimo, obrigada, e foi uma surpresa eu ter gostado tanto. Normalmente, não sou fã de livros de ficção. Prefiro mais sagas que envolvem diversas gerações". Seguiu-se uma conversa rápida e uma troca de recomendações de leitura. Não foi nada muito profundo, e a Terra não tremeu (embora os joelhos de Maddy, sim); mas, para ela, foi a abertura para um novo mundo. Não há dúvida de que uma conversa é uma gota no balde, mas com tempo e treino uma conversa por vez, uma confidência por vez, o balde fica cheio.

E o que se passou com Nora? Ela decidiu combinar duas coisas: aparecer nos lugares e falar de si. No dia seguinte, surpreendeu a filha ao sugerir que ficassem um pouco no parquinho depois da aula, em vez de irem direto para casa, e essa mudança na rotina fez Nora ficar sem fôlego por um momento. Viu de longe algumas mulheres que conhecia, mas sentiu que seria demais para ela tentar entrar nesse grupinho. Nora quase fingiu se lembrar de uma tarefa, buscando uma desculpa para ir embora, mas a filha lhe pediu que a empurrasse no balanço e já havia outra mãe ali fazendo isso. Nora a cumprimentou e, de improviso, comentou que estava pensando na idade em que as crianças aprendem a se balançar sozinhas. Uma conversa sobre etapas do desenvolvimento deixou Nora suando frio e, em seu nervosismo, acabou empurrando a filha exultante mais alto que de costume, mas a conversa durou bastante. Na próxima sessão que tive com Nora, ela disse que as palavras de Neil Armstrong ao pousar na Lua tinham ficado na sua cabeça pelo resto da tarde.

Quando estiver no princípio desse processo, espere alguns tropeços iniciais. Todos nós nos sentimos um pouco estranhos e aflitos quando estamos sós. Se você está fora de forma, tem cada vez menos confiança de sequer saber como falar, muito menos formular sentenças completas às quais outro ser humano consiga responder. O pior é que também começamos a interpretar tudo como ameaça: todo sorriso é zombaria, toda interação é rejeição. E ainda deixamos tudo pior quando agimos como se o mundo estivesse contra nós, uma espécie de profecia autorrealizada chamada *confirmação comportamental*. Se Maddy espera que ninguém fale com ela, ela não dirá "olá". Se Nora espera que as mães sejam críticas em vez de simpáticas, ela vai direto para casa e evita o parquinho.

Porém, não avalie seu sucesso pela reação da outra pessoa. Não baseie seu sucesso em quão nervoso ficou. *Baseie seu sucesso somente no que você faz*. Conseguiu falar um pouco de você? Ótimo. As primeiras vezes são as mais difíceis. Tente de novo e tente de novo logo em seguida, não semanas depois. Alimente o ímpeto. Ficará mais fácil, garanto.

Mostre para as pessoas que você gosta delas

A terceira parte de construir uma amizade, além da repetição e de se expor, é *mostrar aos outros que você gosta deles*. As pessoas gostam de quem gosta delas. E também gostam de quem toma a iniciativa. Em termos acadêmicos, estamos falando de *comportamento pró-social*; mais simplesmente, trata-se de mostrar a alguém que você fica feliz de estar com aquela pessoa.

Na versão mais simples, mostrar que você gosta de alguém é ser o primeiro a saudar ou a abrir um sorriso quando a pessoa lhe diz "olá". Um passo um pouco mais avançado é manter uma conversa não necessária. Certa vez, conheci uma pessoa que parava na mesa de cada um dos colegas, pela manhã, apenas para dizer "oi!". Ela sempre falava que era só um "oi" e só estava "conferindo". Essa pessoa chamava isso de "fazer a ronda". Esse era um gesto atencioso, que me fez gostar dela.

A etapa seguinte é socializar em outro contexto além do habitual. Por exemplo, os pais da turma da filha de Nora, depois de se encontrarem no parquinho, podem organizar um dia para os filhos brincarem juntos na casa de um deles, o que é uma mudança de cenário, do pátio da escola para uma residência. Depois de acumular a experiência de ter de seis a oito momentos de troca com membros do clube do livro após a reunião, Maddy conseguiu convidar uma dessas pessoas para um café, mudando o contexto de estar em grupo para estar só com mais alguém. Se você for convidado para uma reunião, como o aniversário de uma pessoa da turma de *tai chi*, ou da aula de *hip-hop*, a comemoração de alguém que está festejando a vitória do seu time, vá nem que seja para entrar e sair. As pessoas ficam contentes quando você aparece no evento que estão promovendo, e, o que é ainda mais importante, esse gesto leva a amizade de um contexto para outro e, portanto, para outro nível.

Assim, aproxime-se. Seja o primeiro a dizer "oi". Depois que a amizade estiver consolidada no contexto original, convide a pessoa para uma caminhada, para a sessão de leitura de um livro, para experimentar o novo restaurante japonês que acabou de abrir. Todas essas coisas são difíceis. A preocupação narcisista vem à tona. Começamos a nos afligir com os detalhes. E se o percurso da caminhada for puxado para a outra pessoa? E se não tiver onde estacionar perto da livraria e a pessoa ficar furiosa comigo? Talvez o restaurante não tenha boa aparência. Realmente, tomar a iniciativa é difícil, mas um recurso útil é ver o outro lado do jogo. Como você se sentiria se fosse convidada? Provavelmente, iria adorar. E como se sentiria se alguma coisa desse errado? Provavelmente, compreenderia. Presuma que os outros também terão uma reação semelhante.

Agora, seja específico. Em vez de perguntar se a pessoa gostaria de fazer alguma coisa um dia desses, tente isto: "As crianças estão me pedindo o tempo todo para ir naquele novo lugar de escalada em parede. Vocês podem neste fim de semana?". Ou: "Que tal um café na segunda-feira? Depois do almoço, estou livre". Convites específicos mostram que você está sendo sincera.

Por fim, embora praticamente todo mundo tenha habilidades sociais adequadas, o mais provável é usarmos nossa capacidade de socialização e buscar as pessoas quando já temos conexão com elas, o que não é exatamente útil se você está se sentindo só. Então, inverta o jogo: para combater uma eventual onda de solidão, como um fim de semana sem planos, ou um momento de risco de FOMO com o Instagram, use seu sentimento como incentivo para agir. Quando se sentir só, faça planos: mande um e-mail a um amigo convidando-o para ver um filme no próximo fim de semana ou veja qual é a programação daquele grupo de sinuca e cerveja no qual que você estava cogitando entrar. A companhia não vai aparecer no mesmo instante, mas você terá criado uma situação social para aguardar.

Resumindo tudo, fazer amigos consiste, principalmente, em superar a inércia, a sua e a alheia. Suponha que a outra pessoa é amigável, para início de conversa, e depois pratique a repetição; exponha-se e tome a iniciativa para construir uma amizade que resista ao teste do tempo.

Esqueça tudo que sabe sobre ser popular

Estamos em Illinois, em meados dos anos 1990. A dra. Jennifer Parkhurst, psicóloga da Universidade de Illinois em Urbana-Champaign, estava em pé diante de uma plateia que a maioria das pessoas não ousaria encarar. Não, não eram mafiosos, nem uma torcida organizada briguenta. Era uma sala repleta de alunos dos últimos anos do ensino fundamental. Naquele dia, turma por turma, a dra. Parkhurst e sua assistente, a então graduanda Andrea Hopmeyer, estavam relatando os resultados de sua coleta de dados para um estudo sobre popularidade aos alunos do sétimo e oitavo anos, que tinham participado da pesquisa e transmitiam as informações no mesmo estilo de um deputado falando a seus eleitores. Enquanto a dra. Parkhurst se dirigia à turma, aparelhos ortodônticos faiscavam no sorriso que os alunos lhe devolviam. Rostos cobertos de espinhas denunciavam a ferocidade dos hormônios. Uma mistura de falta de jeito, aflição e aspirações idealizadas emanava das fileiras de calças jeans e tênis Reebok.

A pesquisadora agradeceu a participação à classe inteira e deu início ao relato:

— Então, o que descobrimos foi isto. Nesta classe, os alunos mais populares são gentis, cooperam e são confiáveis, e não provocam brigas.

Um murmúrio se propagou pela sala. Uma garota com camiseta cor-de-rosa levantou a mão e disse:

— Isso não é verdade! Os alunos populares não são amigáveis nem legais. São malvados e metidos a besta!

Encorajados, outros alunos também levantaram a mão e disseram que os alunos populares provocavam brigas.

— Não são gentis nem cooperam.

— São malvados!

Parkhurst ficou espantada:

— Mas o que eu disse se baseou nas respostas que vocês nos deram.

A menina de camiseta cor-de-rosa cruzou os braços e insistiu:

— Então, todo mundo que fez a pesquisa deve ter mentido.

— Sim! — a classe toda concordou.

Parkhurst pensou por um momento e, para ter certeza de que havia entendido, perguntou:

— Vocês gostam desses alunos?

A resposta que veio em alto e bom som foi inequívoca:

— Não! A gente não suporta esses alunos!

Aquela garotada não teria como saber disso, mas naquele momento estava subvertendo décadas de metodologia de pesquisa.

De volta ao *campus*, Parkhurst e Hopmeyer (que agora é pesquisadora do Occidental College em Los Angeles, na Califórnia) refletiram sobre o que aqueles alunos tinham dito. As pesquisadoras tinham usado um método consagrado de mensuração da popularidade, em que cada jovem recebia uma lista de colegas de sua classe. Os alunos deveriam marcar os nomes dos três colegas de que gostavam mais e dos três de que gostavam menos. Depois, deveriam fazer o mesmo para quem era "gentil", "confiável", "capaz de cooperar", "provoca brigas", "fácil de manipular" e "não aguenta provocações". Era um levantamento simples. O aluno era popular se recebia bastante votos como "mais querido" e poucos votos como "menos querido". O aluno não era popular se recebia muitos "menos querido" e poucos "mais querido". Simples assim.

Porém, diante dos comentários dos alunos participantes, Parkhurst e Hopmeyer repensaram como mensurar a popularidade, porque talvez não fosse somente uma soma das vezes em que diziam que alguém é querido ou não. A dupla efetuou outro estudo, com uma pequena variação: acrescentaram o termo "popular" à lista e, então, foram novamente aos números. E o que descobriram mudou completamente o cenário.

Com o novo método, ser escolhido como "popular" não queria realmente dizer que o aluno fosse querido, mas, sim, *dominante*. Os jovens rotulados como "populares" receberam muitos "gosto", mas também muitos "não gosto". O macho alfa e a abelha-rainha eram queridos por alguns, mas, sobretudo, por outros alunos que também tinham *status* elevado. Os demais reviravam os olhos para eles.

É fácil confundir ser dominante com ser querido porque os jovens dominantes recebem muita atenção. Têm alta visibilidade. Os tímidos entram em desespero pensando que nunca serão capazes de *conquistar isso* ou que *não são assim*. Mas você não tem de ser quem não é. Você não precisa dominar a sala para ser querido. Não precisa ser o maioral, o alfa, nem se dar toda essa importância.

A popularidade verdadeira, honesta, estatística, como Parkhurst e seus colegas descobriram, não vinha de chamar atenção ou ser tratado com deferência, nem de se sentir o mais confiante de todos. Em vez disso, os jovens que receberam mais votos de "mais querido" e menos votos de "menos querido" também foram classificados com um misto de gentis, capazes de cooperar e confiáveis. Ficou evidente que a dominância era equivalente a uma popularidade *percebida*. Cordialidade era equivalente a popularidade *real*.

Esse fenômeno se mantém na idade adulta. Um estudo frequentemente citado constatou que, na primeira impressão que temos de alguém, damos prioridade à *cordialidade* em comparação a tudo mais, um traço definido — como você já deve ter percebido — por gentileza e confiabilidade.

Portanto, é espantoso perceber que os gritos e sussurros do Crítico Interno são principalmente sobre competência e confiança. Ficamos preocupados em fazer algo idiota, parecer estranhos e incompetentes. Esforçamo-nos para aumentar nossa competência e nossa confiança, mas estamos nos equivocando. Os outros não estão buscando competência e autoconfiança em um amigo, mas, sim, cordialidade.

O dr. David Moscovitch diz que, "se você tenta ser cordial, amigável e curioso, então tudo mais — peculiaridades, manias e atitudes estranhas que todos temos somente porque somos seres humanos — torna-se muito menos importante para a outra pessoa, porque estamos nos conectando com ela". E é isso que importa: a conexão construída pela cordialidade e pela confiança. Portanto, continue indo aos lugares. Diga o que pensa, sente e faz. Mostre aos outros que você gosta deles. Esses são os elementos que constroem lindas amizades.

Epílogo

Em 1938, alguns pesquisadores de Harvard se perguntaram o que faz uma vida ser boa.

Para dizer o mínimo, nessa época era improvável que alguém refletisse sobre qualidade de vida. Em 1938, a Grande Depressão já estava causando estragos havia mais de uma década. A psicologia positiva e os conhecimentos sobre a felicidade eram desenvolvimentos que nem despontavam no horizonte. Sentir-se realizado não era problema da ciência. Era da alçada de poetas e sacerdotes, de filósofos e especialistas em ética. Inclusive, estudar o que fazia uma vida ser boa era totalmente impraticável, uma ambição cega e radicalmente revolucionária. Em 1938, isso nunca deveria ter feito parte de nenhum programa de estudos, mas felizmente fez.

O que resultou disso foi o Estudo do Desenvolvimento Adulto, também conhecido como Estudo Grant, em homenagem ao seu patrocinador, William T. Grant. O estudo é o mais incomum do gênero. É uma joia rara, em primeiro lugar, pela longevidade, com mais de 75 anos de duração e suas quatro gerações de pesquisadores. Esse estudo enfrentou a guerra, tumultos sociais e conheceu avanços médicos e tecnológicos inimagináveis. E continua em andamento em um mundo inconcebível em 1938.

No total, inscreveram-se 724 rapazes. Uma vez que estamos no fim dos anos 1930, a diversidade como a conhecemos hoje não era sequer um conceito, muito menos um valor, o que explica por que o grupo tinha apenas homens e apenas brancos. No entanto, o estudo cobriu as duas pontas do espectro socioeconômico. Os mais privilegiados e poderosos dos jovens estadunidenses se inscreveram, incluindo um membro do time de natação de Harvard, chamado John F. Kennedy, assim como rapazes que viviam nos bairros mais pobres de Boston, a maioria deles morando em imóveis sem água encanada.

Durante setenta e cinco anos, esses homens revelaram detalhes sobre sua vida aos pesquisadores. Falaram da saúde física e de enfermidades, de êxitos e de desafios. Tudo foi mensurado: corpo, personalidade, inteligência, ideias políticas, rotina de exercícios físicos, consumo de álcool e muito mais. Os pesquisadores indagaram sobre a infância dos rapazes, o relacionamento com a mãe (aliás, quando o estudo teve início, Freud ainda era presença viva relevante) e, conforme o tempo foi passando, também fizeram perguntas sobre o trabalho que faziam, os amigos, as esposas e a comunidade que tinham construído ao longo de décadas.

O atual diretor do estudo, o dr. Robert Waldinger, é um psiquiatra que transmite tanta tranquilidade que não é nenhuma surpresa descobrir que também é mestre zen. Em uma palestra em um TED Talk que viralizou, ele falou sobre o que décadas de dados de estudo revelaram sobre o que torna a vida feliz, saudável e significativa: “A mensagem mais clara que obtivemos com esse estudo de setenta e cinco anos de duração é que bons relacionamentos nos mantêm mais felizes e mais saudáveis. Ponto”. Depois, acrescentou: “As pessoas com mais conexões sociais, familiares, amigos e comunidade são mais felizes, mais saudáveis fisicamente e vivem mais tempo que pessoas menos conectadas”.

Para deixar bem claro o ponto que estava salientando, Waldinger revelou que os homens do estudo que se diziam mais satisfeitos com seus relacionamentos aos 50 anos eram os mais saudáveis aos 80. Mas ele também ressalta que as conexões sociais não são somente questão de número. Não é tanto a quantidade, mas, sim, a qualidade. Ainda mais importante, entretanto, não é a categoria da conexão social que faz diferença: não tem de ser um casamento ou um relacionamento estável. Em vez disso, o melhor fator de previsão de uma vida feliz e saudável é a *cordialidade* dos relacionamentos. Dos últimos anos do ensino fundamental à meia-idade e mais além, a cordialidade, definida como ser uma pessoa gentil e confiável, é que promove conexões sociais. E, como nos diz o Estudo Grant, as conexões, por sua vez, promovem não só a felicidade como também a saúde e a longevidade. Você não precisa ser extrovertido, expansivo, confiante, popular. Como dissemos no Capítulo 16, você só precisa ser gentil. E isso é algo que você já traz em si.

Outra coisa que você já tem são todos os outros traços naturais que vêm no pacote da ansiedade social: empatia, capacidade de ouvir, padrões elevados, consciência. Combine todos esses traços com as habilidades e as informações que obteve neste livro e você poderá passar a contar com as pessoas à sua volta, indo ao encontro delas. Vá ao encontro de novos amigos, dos amigos que já tem, dos familiares, de colegas e até de desconhecidos. Vá ao encontro de idosos e jovens, de pessoas que são como você e daquelas totalmente diferentes. Seja gentil e cordial. Isso pode mudar sua vida.

Mas não precisa acreditar só no que eu digo. Ouça o que tem a dizer alguém que já viveu isso: Jim.

Depois que Jim se recuperou da pneumonia, enfrentou ruas cobertas com dois metros e meio de neve para chegar ao estúdio das aulas semanais de dança de salão. O tempo deixara a maioria dos alunos presa em casa, então a turma, naquele dia, estava reduzida. Depois da aula, Mayumi foi falar com Jim e foi uma surpresa quando contou de uma apresentação regional de dança em junho próximo. Após quatro anos de aulas, Mayumi achava que Jim estava mais que pronto para subir ao palco.

Jim já tinha assistido a essa apresentação anteriormente, mas nunca nem havia sonhado em participar. Estava feliz em fazer as aulas e participar dos encontros de treino aos domingos à noite. A mera ideia de se apresentar diante de uma plateia trouxe a antiga ansiedade de volta. Esse era um sentimento que havia se tornado cada vez mais raro e sutil com o passar dos anos, mas em situações como aquela ainda dava as caras.

No programa havia números no estilo da Broadway, com grandes grupos de bailarinos amadores, além de números com pares de dançarinos, cinco ou seis duplas, dançando ao mesmo tempo, e algumas apresentações especiais com um casal só no palco. A plateia deveria ter mais ou menos cem pessoas, além de um jurado de verdade que fazia uma avaliação por escrito de cada apresentação. Jim imaginou que Mayumi fosse recomendar que ele entrasse no grupo que se apresentaria no estilo da Broadway, mas ela não lhe deixou escolha: "Seremos você e eu, Jim". Ele arregalou os olhos e perguntou, meio brincando, se ela estava querendo que ele tivesse um ataque do coração depois de vencer a pneumonia.

Porém, a neve foi derretendo, e Jim, ensaiando. Muito. Nem percebeu o tempo passar, e, de repente, já era junho. Ele se viu na coxia do teatro, vestido a rigor, o coração quase saindo pela boca. Tentou afrouxar o colarinho. Estava abafado ali, atrás do palco, e ele sentia falta de ar. Mas quando deu uma olhada rápida por uma fresta na cortina, sem querer, viu o jurado olhando friamente para onde ele estava. Jim recuou a cabeça depressa, como se tivesse avistado um atirador de elite. Talvez fosse mesmo ter um ataque cardíaco. Daí não precisaria fazer aquilo.

Enfim, chegou o momento. Anunciaram seu nome. Como se estivesse em transe, Jim foi andando na direção do palco, esquecido de que deveria entrar com Mayumi, saindo de trás da cortina. Mayumi se adiantou com passos rápidos para alcançá-lo; depois de trabalhar com centenas de alunos, era capaz de improvisar qualquer ajuste necessário. E, após quatro anos ensinando Jim, ela o conhecia bem. Ele já havia lhe falado de sua luta com a ansiedade social, de seus fins de semana enfiado em casa, de como tinha levado meia hora até decidir ligar para o estúdio e marcar a primeira aula, do tanto que suas mãos tremiam. Ela sabia que ele estava nervoso por causa da apresentação, mas também tinha certeza de que ele conseguiria fazer aquilo, e fazer bem. Tinham ensaiado meses a fio. Já não era mais questão de coreografia. Era sobre estar no palco, ser visto, estar preparado para ficar, literalmente, sob os holofotes. Ela sabia que ele estava pronto.

O mestre de cerimônias anunciou: "Senhoras e senhores, esta é a primeira apresentação de Jim". Os aplausos foram calorosos e prolongados. Jim depois disse que a única coisa que podia ouvir eram os aplausos e se lembrava de ter pensado: "Será que isso está mesmo acontecendo?".

Então, a música começou. Era uma valsa, como em sua festa surpresa de aniversário. De repente, ele se sentiu focado. Sua ansiedade sumiu. O corpo estava ativo e alerta. Seus pés sabiam os passos, ele não precisava pensar nisso. O que teve de pensar, para sua grande surpresa, foi que o pânico que sentiu antes de entrar no palco tinha, quase sem que ele percebesse, se tornado uma emoção muito diferente: empolgação.

Quando a música terminou e os pés descansaram, Jim e Mayumi agradeceram ao público e foram para a coxia. Mayumi lhe deu um abraço e disse: "Tenho de voltar agora para dançar com outro aluno, mas como você está se sentindo? Gostaria de voltar no ano que vem e repetir a dose?".

Jim olhou bem para ela e respondeu: "Com certeza".

Ela sorriu: "Se você tivesse dito 'sem chance', eu não teria feito meu trabalho direito. Meu trabalho é fazer você ter uma boa experiência". Ela lhe um leve aperto na mão e foi em busca do próximo aluno.

Jim encostou na parede. Tinha conseguido. Mais uma vez, estava vivendo o Momento. Pensando no que tinha acontecido, então, ele disse: "Foi um dos maiores acontecimentos da minha vida".

Alguns dias depois, Mayumi lhe entregou um envelope enviado pelo jurado.

"Ele disse que fui horrível? Se pudesse enxergar o que eu estava pensando, veria que eu estava descompensado".

Mayumi olhou para ele e disse: "Você sempre imagina que é o único que está ansioso e mais ninguém está".

Jim protestou: "Mas eles todos parecem tão calmos".

"Você também". Ela abriu o envelope e entregou a folha de papel para ele. No alto da página, em maiúsculas, estava escrito "MUITO SOLTO".

Jim nunca teria imaginado que, aos 52 anos, estaria basicamente começando a viver uma nova vida. Pensava que era tarde demais, que as lições de Dorchester e décadas de evitação tinham causado danos irreversíveis. Mas nunca é tarde demais para seguir em frente. Você pode ter 13 ou 88 anos, não importa: cachorro velho pode, sim, aprender truques novos.

A história de Jim não termina aí. Ele mantém contato com Deena, fortalecendo a conexão entre eles e o respeito mútuo, depois de quarenta anos. Não está claro o que o futuro lhes reserva, mas, por ora, Jim está satisfeito com o rumo que sua vida tomou. De Dorchester até o estúdio de dança, a jornada de Jim para vencer a montanha da ansiedade social e chegar ao outro lado é uma capacidade que ele nunca pensou que tivesse.

Assim como Jim, você também tem a coragem de encarar seus medos. Pode encurtar o tempo que passa sentindo ansiedade social. Agora, já sabe como desafiar suas preocupações perguntando-se "quanto isso realmente pode ser ruim?", "quais são as chances de isso realmente acontecer?", "como posso lidar com isso?". Você sabe como falar consigo mesmo com compaixão e compreensão, criando um sentimento de apoio e, com base nisso, realizar coisas difíceis. Sabe que, se der o passo antes de se sentir confiante, a confiança aparecerá. Sabe que, se escolher um papel, um objetivo ou criar alguma outra forma de estrutura para si, sentirá mais segurança e se perceberá mais focado. Sabe que, cada vez que escala a montanha da ansiedade, ela fica menor. Sabe como deixar de lado aqueles comportamentos de segurança, aqueles salva-vidas que só servem para segurá-lo debaixo d'água; dessa maneira, você alcançará a autenticidade que resulta dessas atitudes. Você sabe como direcionar a atenção para a tarefa à sua frente, para a pessoa diante de você e, conscientemente, para a respiração. Você pode se ver do jeito que os outros o veem, em vez de enxergar a imagem distorcida da Sala dos Espelhos Distorcidos. Você pode ousar ser mediano. Pode confiar que suas falhas e seus equívocos o tornam mais simpático. Sabe como continuar indo aos lugares, falar um pouco de si e mostrar às pessoas que gosta delas. E, sobretudo, sabe como ser gentil e confiável.

Tudo isso está em sua caixa de ferramentas, esse conjunto de recursos novos em folha. Além disso, todas essas habilidades foram repetidamente comprovadas por algumas das figuras mais brilhantes do mundo da pesquisa científica. Mas, assim como foi preciso tempo e prática para aprender a andar de bicicleta e dirigir um carro, você precisará de tempo e prática para dominar o uso desses recursos, mas não precisa se sobressair em todos (lembre-se de que está buscando ser menos perfeccionista). Escolha dois ou três que sejam seus favoritos e faça deles suas ferramentas usuais. Para mim, as prediletas são me perguntar "quanto realmente isso é ruim?", direcionar minha atenção de dentro para fora e mostrar para as pessoas que gosto delas. Com isso, resolvo 90% dos meus momentos de ansiedade. E os outros 10%? Bem, ou viram uma boa história para contar depois, ou, sim, às vezes, dou meia-volta e tento de novo em outra oportunidade.

Melhor ainda é que você pode perder a ansiedade social sem perder as coisas boas que ela traz. As coisas boas? Sim, é só lembrar que a propensão para ansiedade social é, de fato, um pacote completo. Temos empatia, ou seja, a capacidade de compreender os sentimentos dos outros e compartilhá-los. Somos escrupulosos: fazemos as coisas do princípio ao fim e com capricho. Nossos padrões elevados promovem nosso sucesso no que fazemos. E, por fim, valorizamos os bons relacionamentos. Em um mundo cada vez mais fragmentado, a capacidade de conviver — de ser gentil, confiável — é, em última análise, o que vai atrair outras pessoas.

O mais importante de tudo, porém, é o fato de que se importar com o que as pessoas pensam nada mais é que se importar com as pessoas. Pense no bordão da empresa Hallmark de cartões comemorativos: "Quando você se importa o suficiente para enviar seu melhor". Quando se importa o suficiente, você oferece ao mundo uma força e um valor incríveis. Por isso, embora seja importante diminuir a intensidade da ansiedade social a ponto de não se apavorar mais, nem permitir que esse sentimento atrapalhe mais sua vida, você não deixa de se importar com os outros nem de estar atento a eles. Nós nos importamos com as pessoas. Somos amigos e parceiros maravilhosos para quem tem a sorte de nos conhecer.

Ironicamente, as pessoas com quem trabalho e sofrem de ansiedade social — as mesmas que acham que são inadequadas, estranhas e verdadeiros fracassos — são, em muitos casos, as mais interessantes, lindas e gentis que poderíamos conhecer. Adoro trabalhar com pessoas que têm ansiedade social porque, invariavelmente, são corajosas e notáveis, e tenho o privilégio de poder ajudá-las a descobrir exatamente isso.

Para nós que somos introvertidos, nossa verdadeira natureza pode ser silenciosa e contemplativa. Já a dos extrovertidos pode ser falante e gregária. Sou da opinião que, quando não está com medo, você mostra seu verdadeiro eu. Lembra-se das palavras de Gandhi sobre ansiedade social? "Ela permitiu que eu crescesse. Ajudou-me a discernir a verdade." Vá em frente e aja. Alargue os horizontes. Cresça. Fazendo isso, você descobrirá sua verdade, seu eu autêntico.

Nota da Autora

Ao longo destas páginas, contei com as experiências dos pacientes com os quais tive a boa sorte de trabalhar diretamente, além das de outros cujos tratamentos supervisionei. Como os conheci e interagi com eles em ambiente de atendimento médico, onde a confidencialidade é prometida e mantida, todos os detalhes e relatos identificadores, de acordo com a Lei de 1996 da Health Insurance Portability and Accountability (Lei de Responsabilidade e de Portabilidade do Seguro de Saúde), foram modificados, a fim de tornar irreconhecíveis as informações sobre cada pessoa e os dados de sua saúde. Em alguns casos, criei personagens compostos com as histórias de vários clientes.

A única exceção foi a história de "Jim", que pediu especificamente que sua experiência fosse compartilhada na íntegra com o intuito de inspirar outras pessoas. Como a família de Jim e o grupo de dança de salão não esperavam se tornar personagens coadjuvantes neste livro, os nomes dessas pessoas foram modificados, mas os lugares e outros detalhes são verídicos e foram extraídos da narrativa do próprio Jim.

A história de Diego é uma adaptação autorizada de um caso relatado pela dra. Susan Bögels, da Universidade de Amsterdã. Jennifer, a garota de 1 ano e 9 meses, citada no Capítulo 2, foi baseada em conversas que tive com a dra. Cynthia Garcia Coll e no estudo de seu protocolo.

Para finalizar, se você quiser ter acesso a mais recursos de base científica para lidar com a ansiedade social, visite EllenHendriksen.com/free-resources.

Agradecimentos

Nos últimos anos, em que fui me afastando da carreira acadêmica tradicional e embarquei na aventura repleta de surpresas de lançar um *podcast* e escrever um livro, meu mantra tem sido "não sei aonde estou indo, mas sei que estou no caminho certo". Sei que o caminho está certo por causa das pessoas generosas e incríveis que tenho conhecido desde então.

É com profunda gratidão que agradeço pelo tempo, pela disposição e pela experiência para tornar este livro uma realidade a Lynn Alden, David Barlow, Courtney Beard, Susan Bögels, Cara Brookins, David Burns, David Clark, Sophia Dembling, Tiffany Dufu, John Gabrieli, Cynthia García Coll, Philippe Goldin, Richard Heimberg, Stefan Hofmann, Andrea Hopmeyer, Lewis Howes, Jia Jiang, Rachel Lambright, David Langer, David Moscovitch, Kristin Neff, Harris O'Malley, Jennifer Parkhurst, Ron Rapee, Mike Rinck, Peter Shalek, Brandon Stanton, Ty Tashiro, Charlie Taylor, Emma Warnock-Parkes e Jade Wu.

Gratidão eterna a toda a esquipe da St. Martin's Press. A editora executiva Jennifer Weis acreditou neste projeto desde o princípio e aumentou minhas certezas quanto a ele. A assistente editorial Sylvan Creekmore foi fonte de força e de clareza durante todo o processo. Laura Clark, Leah Johanson e Kim Lew abriram portas que eu nem sabia que existiam. Brad Wood foi um verdadeiro sopro de esperança quando falou no lançamento do livro. Barbara Wild transformou o manuscrito em livro de verdade, o que não foi fácil. A editora sênior Alyssa Martino é uma pessoa extraordinária que merece agradecimentos infinitos por administrar milhões de coisas em movimento, oferecendo todo dia (às vezes, mais do que todo dia) palavras de encorajamento, tranquilidade, orientação e empolgação e — oh, sim — conselhos editoriais. Alyssa, você é espetacular.

Obrigada a toda a equipe da QDT. Um agradecimento especial a Mary Beth Roche, Kathy Doyle, Joe Muscolino, Kelly Dickinson, Morgan Ratner e Steve Riekeberg. Beata Santora deu o pontapé inicial em toda essa história, quando recebeu há mais ou menos cinco anos, um e-mail inesperado com uma proposta de uma marinheira de primeira viagem, vinda da academia, com ganas de escrever. Obrigada, Beata, por ter corrido esse risco comigo.

O primeiro grupo de leitores, com Doron Gan, Robbert Langwerden, Denitza Raitcheva, Juan Sanabria e Sarah Smith Parmeshwar, forneceu comentários e apoio inestimáveis. Emily Jones manteve tudo em ordem e aguentou minhas falhas. As orientações de Tim Grahl para o marketing do livro foram um presente dos céus. Susan Cain, Nidhi Berry e Colleen Quinn da Quiet Revolution mostraram-se fonte interminável de apoio. Lori Richmond, Matthew Guillory e Claudia Scott criaram uma casa linda para mim na internet. Lisa Smith, David Barlow e todo pessoal da CARD colaboraram com o universo paralelo da minha vida como escritora. Mignon Fogarty e todos os apresentadores da QDT, especialmente

Monica Reinagel, foram absolutamente generosos ao compartilhar seu vasto conhecimento.

Como legítima *nerd* da pesquisa, quero agradecer às equipes da Biblioteca Pública de Cambridge, das Bibliotecas da Universidade de Boston e das Bibliotecas da Universidade Stanford. A todos os ouvintes de Savvy Psychologist, não tenho como agradecer o suficiente. Obrigada por ouvirem todas as semanas e enviarem ideias sensacionais ao programa, além de comentários de incentivo para mim e para todos. Sem vocês, este livro nem existiria.

Meus mais sinceros agradecimentos a todos os clientes com quem trabalhei nestes anos todos. É um privilégio testemunhar seus receios diminuírem e a vida de cada um de vocês crescer.

E, naturalmente, agradeço a todos os meus familiares, próximos e distantes. À aldeia inteira que apoiou este livro, compartilhou seu coração, seu tempo e seu lar, em particular Sharon e Dan Hendriksen e Suzanne Park. Nicolas Currier mostrou fé inabalável em mim, mesmo nos momentos em que duvidei da validade desse projeto todo. Ele é fonte interminável de forças, amor e da quietude necessária.

Referências

Prólogo

as 25 situações a seguir, extraídas de dois questionários de ansiedade social, amplamente utilizados.

Liebowitz, M. R. "Liebowitz social anxiety scale for social phobia." *Modern Problems of Pharmacopsychiatry*, 22, 1987, pp. 141-73.

Mattick, R. P. e Clarke, J. C. "Development and validation of measures of social phobia scrutiny fear and social interaction anxiety." *Behavior Research and Therapy*, 36, 1998, pp. 455-70.

Estudo realizado na Universidade de Pittsburgh

Primack, B. A., Shensa, A., Escobar Viera, C. G., Barrett, E. L., Sidani, J. E., Colditz, J. B. e James, A. E. "Use of multiple social media platforms and symptoms of depression and anxiety: A nationally representative study among U.S. young adults." *Computers in Human Behavior*, 69, 2017, pp. 1-9.

Ilustração. Cortesia de Gemma Correll.

http://www.agoodson.com/illustrator/gemma-correll/.

em algum momento entre 8 e 15 anos de idade,
American Psychiatric Association. *Diagnostic and Statistical Manual of Mental Disorders* (5ª ed.). Arlington, VA: American Psychiatric Publishing, 2013.

em algum momento da vida, 13% dos estadunidenses
Kessler, R. C., McGonagle, K. A., Zhao, S., Nelson, C. B., Hughes, M., Eshleman, S.,... Kendler, K. S. "Lifetime and twelve-month prevalence of DSM-III-R psychiatric disorders in the United States. Resultados do Levantamento Nacional de Comorbidades." *Archives of General Psychiatry*, 51, 1994, pp. 8-19.

o terceiro transtorno psicológico mais comum,
Kessler *et al.* (1994).

21% de pessoas com Ansiedade Social Severa nas quais esse sentimento se manifesta como raiva ou irritabilidade,
Kashdan, T. B., McKnight, P. E., Richey, J. A. e Hofmann, S. G. "When social anxiety disorder coexists with risk prone, approach behavior: Investigating a neglected, meaningful subset of people in the National Comorbidity Survey-Replication." *Behavior Research and Therapy*, 47, 2009, pp. 559-68.

De 15% a 30% da população se sente cronicamente isolada.
Heinrich, L. M. e Gallon, E. "The clinical significance of loneliness: A Literature Review." *Clinical Psychology Review*, 26, 2009, pp. 695-718.
Theeke, L. A. "Predictors of loneliness in U.S. adults over age sixty-five." *Archives of Psychiatric Nursing*, 23, 2009, pp. 387-96.

Acaba com a qualidade do nosso sono, do nosso humor, do nosso otimismo e da nossa autoestima.
Hawley, L. C. e Cacioppo, J. T. "Loneliness matters: A theoretical and empirical review of consequences and mechanisms." *Annals of Behavioral Medicine*, 40, 2010, pp. 218-27.

A solidão crônica tem sido associada a um risco mais elevado de cardiopatias, mal de Alzheimer e até de mortalidade.
Hawkley, L. C., Masi, C. M., Berry, J. D. e Cacioppo, J. T. "Loneliness is a unique predictor of age-related differences in systolic blood pressure." *Psychology and Aging*, 21, 2006, pp. 152-64.

Penninx, B. W., van Tilburg, T., Kriegsman, D. M., Deeg, D. J., Boeke, A. J. e Van Eijk, J. T. “Effects of social support and personal coping resources on mortality in older age: The Longitudinal Aging International Study Amsterdam.” *American Journal of Epidemiology*, 146, 1997, pp. 510-19.

Shiovitz-Ezra, S. e Ayalon, L. “Situational versus chronic loneliness as risk factors for all cause mortality.” *International Psychogeriatrics*, 22, 2010, pp. 455-62.

Thurston, R. C. e Kubzansky, L. D. “Women, loneliness, and incident coronary heart disease.” *Psychosomatic Medicine*, 71, 2009, pp. 836-42.

Wilson, R. S., Krueger, K. R., Arnold, S. E., Schneider, J. A., Kelly, J. F., Barnes, L. L.... Bennett, D. A. “Loneliness and risk of Alzheimer disease.” *Archives of General Psychiatry*, 64, 2007, pp. 234-40.

escrupulosas, com princípios morais firmes

http://www.nytimes.com/2011/06/26/opinion/sunday/26shyness.html.

Kochanska, G. e Aksan, N. “Children’s conscience and self-regulation.” *Journal of Personality*, 74, 2006, pp. 1587-1618.

com facilidade para lembrar fisionomias;

Foa, E. B., Gilboa Schechtman, E., Amir, N. e Freshman, M. “Memory bias in generalized social phobia: Remembering negative emotional expressions.” *Journal of Anxiety Disorders*, 14, 2000, pp. 501-19.

Observação: não se deixe enganar pelo título do artigo; ele constata que quem sofre de ansiedade social se lembra de *todos* os rostos melhor que quem não sofre.

profundamente empáticas;

Auyeung, K. e Alden, L. “Social anxiety and empathy for social pain.” *Cognitive Therapy and Research*, 40, 2016, pp. 38-45.

Tibi-Elhanany, Y. e Shamay-Tsoory, S. G. “Social cognition in social anxiety: First evidence for increased empathic abilities.” *Israel Journal of Psychiatry and Related Sciences*, 48, 2011, pp. 98-106.

pró-sociabilidade, quer dizer, positivas com os outros, prestativas e altruístas;

Culotta, C. M. e Goldstein, S. E. Adolescents’ aggressive and pro-social behavior: Associations with jealousy and social anxiety. *Journal of Genetic Psychology*, 169, 2008, pp. 21-33.

Observação: a respeito dessas características, a literatura científica não é unânime, o que me surpreendeu de início, quando estava fazendo a pesquisa para este livro. Além dos artigos citados anteriormente, você também encontrará material dizendo que a ansiedade social está associada a baixo nível de consciência, pouca empatia e outras características negativas. Em minha experiência de trabalho com pessoas tímidas e socialmente ansiosas, assim como em entrevistas com pesquisadores e profissionais de saúde mental que trabalham com a ansiedade social, descobri que os traços positivos da lista são verdadeiros para a maioria dos tímidos e socialmente ansiosos. Então, de onde vinha tanta negatividade? Algumas hipóteses: a literatura prioriza quase exclusivamente pessoas com Ansiedade Social Severa, o que, por definição, significa que a amostra de estudo é de sujeitos angustiados e incapacitados. A Ansiedade Social Severa interfere no estilo de vida dessas pessoas e não ajuda em nada. Por exemplo, embora a maioria dos tímidos e socialmente ansiosos queira se dar bem com as pessoas, o que está relacionado à sociabilidade, quem sofre de Ansiedade Social Severa debilitante pode estar tão aflito com a possibilidade de ser julgado ou de fazer algo errado que fica apavorado para fazer qualquer coisa. Nesse mesmo sentido, a maioria das pessoas socialmente ansiosas com as quais trabalhei contam com forte ética profissional e são altamente conscientes, mas também conheci algumas gravemente incapacitadas, com o chamado *lócus externo de controle*, o que significa que acreditam que fatores externos são os responsáveis por determinar seu futuro em vez das próprias decisões e atitudes. Com isso, o processo de definir as próprias metas fica prejudicado, assim como se responsabilizar efetivamente pela própria vida. Em suma, toda essa diversidade faz sentido: como 40% da população se considera tímida, é esperado que haja heterogeneidade.

Cerca de 40% da população se considera tímida... Além disso, temos a espantosa porcentagem de 99% das pessoas afirmando que se sentem socialmente ansiosas em situações específicas.
Zimbardo, P., Pilkonis, P. e Norwood, R. The silent prison of shyness. (Technical Report Z-17.) Stanford, CA: Office of Naval Research, Stanford University, 1974.

Gandhi liderou uma marcha de protesto contra o monopólio exercido pelo governo imperialista britânico sobre o sal,
http://www.history.com/news/gandhis-salt-march-85-years-ago.
http://www.history.com/topics/salt-march.

Não muitos anos depois, Martin Luther King Jr. escreveria

King, M. L. *Stride Toward Freedom: The Montgomery Story*. Nova York: Harper and Brothers, 1958.

Em sua autobiografia, Gandhi dedica um capítulo inteiro à sua ansiedade social;

Gandhi, M. K. *Gandhi's Autobiography: The Story of My Experiments with truth*. Washington, DC: Public Affairs Press, 1960. [*Autobiografia: Minha Vida e Minhas Experiências com a Verdade*. São Paulo: Palas Athena, 2021.]

A mesma pessoa que não conseguia sequer fazer um brinde discursou, em 1947, diante de mais de vinte mil pessoas.

http://www.gandhi-manibhavan.org/gfezandhicomesalive/speech7.htm.

Refletindo sobre sua vida, Gandhi escreveu

Gandhi, M. K. *Gandhi's Autobiography: The Story of My Experiments with truth*. Washington, DC: Public Affairs Press, 1960. [*Autobiografia: Minha Vida e Minhas Experiências com a Verdade*. São Paulo: Palas Athena, 2021.]

Referências Adicionais

Carducci, B. *Shyness*. Nova York: HarperCollins, 1999.

Crozier, W. R. (org.). *Shyness and embarrassment: Perspectives from Social Psychology*. Cambridge: Cambridge University Press, 1990.

Heimberg, R. G., Hofmann, S. G., Liebowitz, M. R., Schneier, F. R., Smits, J. A., Stein, M. B.,... Craske, M. G. Social anxiety disorder in DSM-5. *Depression and Anxiety*, 31, 2014, pp. 472-79.

Capítulo 1: A Origem de Tudo: Como a Ansiedade Social se Instala

A história de "Jim Nolan" vem de nosso trabalho juntos e de seu relato pessoal. 24 de fevereiro de 2016.

de quatro a seis vezes mais chance de ter o mesmo distúrbio.

Smoller, J. W., Gardner-Schuster, E. e Misiaszek, M. "Genetics of anxiety: Would the genome recognize the DSM?" *Depression and Anxiety*, 25, 2008, pp. 368-77.

A ansiedade não é controlada por um único gene... grandes efeitos de poucos genes ou de pequenos efeitos de muitos... complexidade fenotípica,
Smoller, J. W., Block, S. R. e Young, M. M. "Genetics of anxiety disorders: The complex road from DSM to DNA." *Depression and Anxiety*, 26, 2009, pp. 965-95.

Descrito pela primeira vez na literatura em 1966
Marks, I. M. e Gelder, M. G. Different ages of onset in varieties of phobias. *American Journal of Psychiatry*, 123, 1966, pp. 218-21.

e só ganhou definição própria como transtorno em 1980.
American Psychiatric Association. *Diagnostic and Statistical Manual of Mental Disorders* (3ª ed.). Washington, DC: American Psychiatric Association, 1980.

a Revelação pode se referir a uma de quatro categorias:
Moscovitch, D. A. "What is the core fear in social phobia? A new model to facilitate individualized case conceptualization and treatment." *Cognitive and Behavioral Practice*, 16, 2009, pp. 123-34.

Outra noite, Jim estava assistindo ao programa de TV *Modern Family*.
http://abc.go.com/shows/modern-family/video/pl5520993/VDKA0 _mp8w14dk.

Referências Adicionais

Leitenberg, H. (org.). *Handbook of Social and Evaluation Anxiety*. Nova York: Plenum Press, 1990.

Capítulo 2: A ansiedade Social é como uma Macieira (Por Que a Ansiedade Social Existe Há Milênios?)

Lembre-se de que 40% das pessoas se consideram "tímidas" e 13% sofrerão de Ansiedade Social Severa em algum momento da vida
Kendler, K. S. Lifetime and twelve-month prevalence of DSM-III-R psychiatric disorders in the United States. Resultados do Levantamento Nacional de Comorbidades. *Archives of General Psychiatry*, 51, 1994, pp. 8-19.
Kessler, R. C. *et al.* (1994), Zimbardo, P. *et al.* (1974). *The silent prision of shyness*. (Relatório técnico Z-17.) Stanford, CA: Office of Naval Research, Stanford University.

Mas, se a consciência social crescer à solta e sem controle... e se torna Ansiedade Social Severa.

Knowles, M. L., Lucas, G. M., Baumeister, R. F. e Gardner, W. L. Choking under social pressure: Social monitoring among the lonely. *Personality and Social Psychology Bulletin*, 41, 2015, pp. 805-21.

Washburn, D., Wilson, G., Roes, M., Rnic, K. e Harkness, K. L. "Theory of mind in social anxiety disorder, depression, and comorbid conditions." *Journal of Anxiety Disorders*, 37, 2016, pp. 71-77.

No primeiro ano do ensino médio, Cynthia cursou uma disciplina de psicologia e, imediatamente, soube que tinha encontrado o trabalho que queria fazer na vida.

http://www.psychologicalscience.org/index.php/publications/observer/2010/march—10/champions-of-psychology-cynthia-garcia-coll.html.

Em 1984, quando publicou sua pesquisa com as 117 crianças no prestigioso periódico *Child Development*, deu-se a estreia acadêmica do termo *inibição comportamental*,

Garcia Coll, C., Kagan, J. e Reznick, J. S. "Behavioral inhibition in young children." *Child Development*, 55, 1984, pp. 1005-019.

Espécies similares (estou olhando para você, os chimpanzés, os leões e os lobos).

Nishida, T., Hosaka, K., Nakamura, M. e Hamai, M. "A within-group gang attack on a young adult male chimpanzee: Ostracism of an ill-mannered member?" *Primates*, 36, 1995, p. 207.

A Bíblia, por exemplo, está repleta de histórias de punição por exílio e de pecadores sendo "expulsos de seu povo".

https://en.wikipedia.org/wiki/Banishment_in_the_Bible.

Os Amish, por exemplo, chamam de evitação.

Hostetler, J. A. *Amish Society* (4ª ed.). Baltimore e Londres: Johns Hopkins University Press, 1993.

Como um líder Amish resumiu com clareza no documentário da PBS intitulado *Shunned* [Isolados, em tradução livre], "se perdemos a obediência, perdemos a Igreja".

http://www.pbs.org/wgbh/americanexperience/films/shunned/.

No início dos anos 1990, quando as crianças chegaram aos 13 anos de idade,
Schwartz, C. E., Snidman, N., e Kagan, J. Adolescent social anxiety as an outcome of inhibited temperament in childhood. *Journal of the American Academy of Child and Adolescent Psychiatry*, 38, 1999, pp. 1008-015.

Pessoalmente, lembro-me de que, quando li o *best-seller* de Susan Cain, publicado em 2012, sob o título *Quiet*,
Cain, S. *Quiet: The Power of Introverts in a World that Can't Stop Talking*. Nova York: Crown, 2012. [O *Poder dos Quietos*. Rio de Janeiro: Agir, 2017.]

Existem pessoas que não conseguem levantar a mão nem falar livremente quando estão em grupo.
Cynthia Garcia Coll, Ph.D., relato pessoal, 26 de abril de 2016.

Pense nos 40% das pessoas, inclusive eu, que se dizem "ex-tímidas".
Zimbardo, P. *et al. The silent prison of shyness* (Relatório técnico Z-17). Stanford, CA: Office of Naval Research, Stanford University, 1974.

Como escreveu o próprio dr. Jerome Kagan, orientador da tese da dra. Garcia Coll, "os genes, a cultura, o tempo e a sorte nos fazem ser quem somos".
Kagan, J. *The Temperamental Thread: How Genes, Culture, Time, and Luck Make Us Who We Are*. Nova York: Dana Foundation, 2010.
De fato, na interação constante entre os genes e o meio ambiente,
http://developingchild.harvard.edu/science/deep-dives/gene-environment-interaction/

Referências Adicionais

Gazelle, H. e Rubin, K. H. "Social anxiety in childhood: Bridging developmental and clinical perspectives." *New Directions for Child and Adolescent Development*, 2010, pp. 1-16.

Gilbert, P. "Evolution and social anxiety: The role of attraction, social competition, and social hierarchies." *Psychiatric Clinics of North America*, 24, 2001, pp. 723-51.

Gilbert, P. e Trower, P. "The evolution and manifestation of social anxiety." *In* Crozier, W. R. (org.), *Shyness and Embarrassment: Perspectives from Social Psychology* (pp. 144-80). Cambridge: Cambridge University Press, 1990.

Maner, J. K. e Kenrick, D. T. "When adaptations go awry: Functional and dysfunctional aspects of social anxiety." *Social Issues and Policy Review*, 4, 2010, pp. 111-42.

Price, J. S. "Evolutionary aspects of anxiety disorders." *Dialogues in Clinical Neuroscience*, 5, 2003, pp. 223-36.

Tomasello, M., Melis, A. P., Tennie, C., Wyman, E. e Herrmann, E. "Two key steps in the evolution of human cooperation: The interdependence hypothesis." *Current Anthropology*, 53, 2012, pp. 673-92.

Trower, P., Gilbert, P. e Sherling, G. "Social anxiety, evolution, and self presentation: An interdisciplinary perspective." *In* Leitenberg, H. (org.), *Handbook of Social and Evaluation Anxiety* (pp. 11-45). Nova York: Springer, 1990.

Wakefield, J. C., Horwitz, A. V. e Schmitz, M. F. "Are we over-pathologizing the socially anxious? Social phobia from a harmful dysfunction perspective." *Canadian Journal of Psychiatry*, 50, 2005, pp. 317-19.

Capítulo3: Seu Cérebro com Ansiedade Social

Já está comprovado que qualquer coisa que você faça com frequência pode mudar o cérebro, de dirigir um táxi a tocar violino ou assistir a um conteúdo pornô,

Hyde, K. L., Lerch, J., Norton, A., Forgeard, M., Winner, E., Evans, A. C. e Schlaug, G. "Musical training shapes structural brain development." *Journal of Neuroscience*, 29, 2009, pp. 3019-025.

Kühn, S. e Gallinat, J. "Brain structure and functional connectivity associated with pornography consumption: The brain on porn." *JAMA Psychiatry*, 71, 2014, pp. 827-34.

Maguire, E. A., Woollett, K. e Spiers, H. J. "London taxi drivers and bus drivers: A structural MRI and neuropsychological analysis." *Hippocampus*, 16, 2006, pp. 1091-101.

Münte, T. F., Altenmüller, E. e Jäncke, L. "The musician's brain as a model of neuroplasticity." *Nature Reviews: Neuroscience*, 3, 2002, pp. 473-78.

uma série de estudos da Universidade Stanford, de alguns anos atrás, que descobriu que a terapia cognitiva-comportamental para a Ansiedade Social Severa muda de maneira fundamental algumas conexões entre áreas distintas do cérebro,

Goldin, P. R., Ziv, M., Jazaieri, H., Hahn, K., Heimberg, R. e Gross, J. J. "Impact of cognitive behavioral therapy for social anxiety disorder on the neural dynamics of cognitive reappraisal of negative self beliefs: Randomized clinical trial." *JAMA Psychiatry*, 70, 2013, pp. 1048-056.

Goldin, P. R., Ziv, M., Jazaieri, H., Weeks, J., Heimberg, R. e Gross, J. J. "Impact of cognitive behavioral therapy for social anxiety disorder on the neural bases of

emotional reactivity to and regulation of social evaluation." *Behavior Research and Therapy*, 62, 2014, pp. 97-106.
Philippe Goldin, Ph.D., relato pessoal, 1º de abril de 2017.

chamadas coletivamente de amígdala.

http:// bigthink.com/videos/the-amygdala-in -5-minutes.
https://www.psychologytoday.com/blog/i-got-mind-tell-you/201508/the-amygdala--is-not-the-brains-fear-center.
Etkin, A. e Wager, T. D. "Functional neuroimaging of anxiety: A meta-analysis of emotional processing in PTSD, social anxiety disorder, and specific phobia." *American Journal of Psychiatry*, 164, 2007, pp. 1476-488.
Stein, M. B., Simmons, A. N., Feinstein, J. S. e Paulus, M. P. "Increased amygdala and insula activation during emotion processing in anxiety-prone subjects." *American Journal of Psychiatry*, 164, 2007, pp. 318-27.

Mude o cão rosnando para um desconhecido esbravejando

Amaral, D. G. "The primate amygdala and the neurobiology of social behavior: Implications for understanding social anxiety." *Biological Psychiatry*, 51, 2002, pp. 11-7.
Phan, K. L., Fitzgerald, D. A., Nathan, P. J. e Tancer, M. E. "Association between amygdala hyperactivity to harsh faces and severity of social anxiety in generalized social phobia." *Biological Psychiatry*, 59, 2006, pp. 424-29.

na última vez que o laboratório de Kagan fez o acompanhamento de Jennifer

Schwartz, C. E., Wright, C. I., Shin, L. M., Kagan, J. e Rauch, S. L. "Inhibited and uninhibited infants 'grown up': Adult amygdalar response to novelty." *Science*, 300, 2003, pp. 1952-953.

o córtex pré-frontal, que é a região do cérebro responsável, bem, pela responsabilidade

Miller, E. K. e Cohen, J. D. "An integrative theory of prefrontal cortex function." *Annual Review of Neuroscience*, 24, 2001, pp. 167-202.

Além disso, áreas específicas dessa estrutura podem acalmar a amígdala para que não continue surtando.

Etkin, A., e Wager, T. D. "Functional neuroimaging of anxiety: A meta analysis of emotional processing in PTSD, social anxiety disorder, and specific phobia." *American Journal of Psychiatry*, 164, 2007, pp. 1476-488.

Observação: um bom artigo e vídeo, de formato acessível ao usuário, explicando o cérebro socialmente ansioso pode ser visto em https://joyable.com/blog/this-is-your-brain-on-social-anxiety/.

o córtex pré-frontal não tem tanta facilidade quanto o de nossos amigos não ansiosos para desligar o alarme.
Goldin, P. R. *et al.* "Impact of cognitive behavioral therapy for social anxiety disorder on the neural dynamics of cognitive reappraisal of negative self-beliefs: Randomized clinical trial." *JAMA Psychiatry*, 70, 2013, pp. 1048-056.
Philippe Goldin, Ph.D., relato pessoal, 1º de abril de 2017.

Além disso, outros estudos concluíram que a TCC leva a mudanças visíveis no cérebro, ou seja, os resultados de Goldin não foram puro golpe de sorte.
Furmark, T., Tillers, M., Marteinsdottir, I., Fischer, H., Pissiota, A., Angstrom, B. e Fredrikson, M. "Common changes in cerebral blood flow in patients with social phobia treated with citalopram or cognitive-behavioral therapy." *Archives of General Psychiatry*, 59, 2002, pp. 425-33.
Månsson, K. N. T., Frick, A., Boraxbekk, C-J., Marquand, A. F., Williams, S. C., Carlbring, P., Andersson, G e Furmark, T. "Predicting long-term outcome of internet-delivered cognitive behavior therapy for social anxiety disorder using fMRI and support vector machine learning." *Translational Psychiatry*, 5, 2015, e530.
Månsson, K. N. T., Salami, A., Frick, A., Carlbring, P., Andersson, G., Furmark, T. e Boraxbekk, C-J. "Neuroplasticity in response to cognitive behavior therapy for social anxiety disorder." *Translational Psychiatry*, 6, 2016, e727.

o índice de cerca de 1% da população, que é de psicopatas.
Werner, K. B., Few, L. R. e Bucholz, K. K. "Epidemiology, comorbidity, and behavioral genetics of Antisocial Personality Disorder and psychopathy." *Psychiatry Annals*, 45, 2015, pp. 195-99.

Porém, assim como a tendência à ansiedade social é um pacote completo, a psicopatia também é.
Hare, R. D e Neumann, C. N. "The PCL-R Assessment of Psychopathy: Development, Structural Properties, and New Directions." *In* Patrick, C. (org.), *Handbook of Psychopathy* (58-88). Nova York: Guilford, 2006.

Neumann, C. S. e Hare, R. D. "Psychopathic traits in a large community sample: Links to violence, alcohol use, and intelligence." *Journal of Consulting and Clinical Psychology*, 76, 2008, pp. 893-99.

(o chili feito dos pais de Scott Tenorman, alguém se lembra?),
http://www.therobotsvoice.com/2011/09/cartmans_7_most_heinous_acts_of_ evil _ on _south_park.php.

Um estudo do dr. Niels Birbaumer e equipe da Universidade de Tübingen, na Alemanha
Viet, R., Flor, H., Erb, M., Hermann, C., Lotze, M., Grodd, W. e Birbaumer, N. "Brain circuits involved in emotional learning in antisocial behavior and social phobia in humans." *Neuroscience Letters*, 328, 2002, pp. 233-36.

Ao lado de outras pesquisas,
Damasio, A. R., Tranel, D. e Damasio, H. "Individuals with sociopathic behavior caused by frontal damage fail to respond autonomically to social stimuli." *Behavioural Brain Research*, 41, 1990, pp. 81-94.

Derefinko, K. J. "Psychopathy and low anxiety: Meta-analytic evidence for the absence of inhibition, not affect." *Journal of Personality*, 83, 2014, pp. 693-709.

Hofmann, S. G., Korte, K. J e Suvak, M. K. "The upside of being socially anxious: Psychopathic attributes and social anxiety are negatively associated." *Journal of Social and Clinical Psychology*, 28, 2009, pp. 714-27.

Talati, A., Pantazatos, S. P., Schneier, F. R., Weissman, M. M. e Hirsch, J. "Gray matter abnormalities in Social Anxiety Disorder: Primary, replication, and specificity studies." *Biological Psychiatry*, 73, 2013, pp. 75-84.

Referências Adicionais

Cremers, H. R. e Roelofs, K. "Social anxiety disorder: A critical overview of neurocognitive research." *Wiley Interdisciplinary Reviews: Cognitive Science*, 7, 2016, pp. 218-32.

Doehrmann, O., Ghosh, S. S., Polli, F. E., Reynolds, G. O., Horn, F., Kesha van, A., Gabrieli, J. D. "Predicting treatment response in social anxiety disorder from functional magnetic resonance imaging." *JAMA Psychiatry*, 70, 2013, pp. 87-97.

Furmark, T., Tillers, M., Marteinsdottir, I., Fischer, H., Pissiota, A., Angstrom, B. e Fredrikson, M. "Common changes in cerebral blood flow in patients with social

phobia treated with citalopram or cognitive behavioral therapy." *Archives of General Psychiatry*, 59, 2002, pp. 425-33.
John Gabrieli, Ph.D., relato pessoal, 2 de maio de 2016.
Goldin, P. R., Manber-Ball, T., Werner, K., Heimberg, R. e Gross, J. J. "Neural mechanisms of cognitive reappraisal of negative self-beliefs in Social Anxiety Disorder." *Biological Psychiatry*, 66, 2009, pp. 1091-099.
Izuma, K., Saito, D. N. e Sadato, N. "Processing of social and monetary rewards in the human striatum." *Neuron*, 58, 2008, pp. 284-94.
Krach, S., Paulus, F. M., Bodden, M. e Kircher, T. "The rewarding nature of social interactions." *Frontiers in Behavioral Neuroscience*, 4, 2010, p. 22.
Tsukiura, T. e Cabeza, R. "Orbitofrontal and hippocampal contributions to memory for face-name associations: The rewarding power of a smile." *Neuropsychologia*, 46, 2008, pp. 2310-319.

Capítulo 4: Como Nosso Crítico Interno Nos Enfraquece

o que realmente nos dá medo é a Revelação.

Moscovitch, D. A. "What is the core fear in social phobia? A new model to facilitate individualized case conceptualization and treatment." *Cognitive and Behavioral Practice*, 16, 2009, pp. 123-34.

É menos uma questão de medo e mais de vergonha. A palavra "ocultação" se origina do termo indo-europeu *skam*, que significa "cobrir".

Gilbert e Trower. "The evolution and manifestation of social anxiety." *In* Crozier, W. R. (org.), *Shyness and Embarrassment: Perspectives from Social Psychology*. Cambridge: Cambridge University Press, 2011, pp. 144-77.
Hedman, E., Ström, P., Stünkel, A e Mörtberg, E. "Shame and social anxiety disorder: Effects of cognitive behavior therapy and association with social anxiety and depressive symptoms." *PLoS One*, 8: 2013, e61713.
http://www.etymonline.com/index.php?term=shame.

nossa ansiedade, nossa aparência, nosso caráter, nossas habilidades sociais

Moscovitch (2009).
David A. Moscovitch, Ph.D., relato pessoal, 22 de setembro de 2016.

Em 1999, o dr. David Clark, pioneiro da psicologia

Mansell, W. e Clark, D. M. "How do I appear to others? Social anxiety and processing of the observable self." *Behavior Research & Therapy*, 37, 1999, pp. 419-34.

Quando se trata de ansiedade social, o ruim é mais forte que o bom;
Nesse, R. M. "Natural selection and the regulation of defenses: A signal detection analysis of the smoke detector principle." *Evolution and Human Behavior*, 26, 2005, pp. 88-105.

Usando um exemplo do dr. David Moscovitch,
David A. Moscovitch, Ph.D., relato pessoal, 22 de setembro de 2016.

Pense em um cenário social que lhe dá calafrios.
Moscovitch, D. A. e Huyder, V. "Negative self-portrayal scale (NSPS)." *Measurement Instrument Database for the Social Science*, 2012. Extraído de www.midss.ie em 1º de junho de 2016.

Está presente tanto na antecipação como no pós-fato.
Penney, E. S. e Abbott, M. J. "Anticipatory and post-event rumination in Social Anxiety Disorder: A review of the theoretical and empirical literature." *Behaviour Change*, 31, 2014, pp. 79-101.
Wong, Q. J. J. "Anticipatory processing and post-event processing in Social Anxiety Disorder: An update on the literature." *Australian Psychologist*, 51, 2016, pp. 105-13.

"arrancar a derrota das garras da vitória".
Richard Heimberg, Ph.D., relato pessoal, 23 de setembro de 2016.

Em 2003, David Clark, cujo experimento com adjetivos positivos e negativos lemos antes,
Hinrichsen, H. e Clark, D. M. "Anticipatory processing in social anxiety: Two pilot studies." *Journal of Behavior Therapy and Experimental Psychiatry*, 34, 2003, pp. 205-18.
Observação: editei ligeiramente as instruções para melhorar a compreensão, mas o conteúdo continua fiel ao estudo.

Em 2006, os drs. Judith Wilson e Ronald Rapee,
Wilson, J. K. e Rapee, R. M. "Self-concept certainty in social phobia." *Behaviour Research and Therapy*, 44, 2006, pp. 113-36.

Vez ou outra, trabalho com um paciente que reluta em renunciar ao Crítico Interno.
Vassilopoulos, S., Brouzos, A. e Moberly, N. "The relationships between metacognition, anticipatory processing, and social anxiety." *Behaviour Change*, 32, 2015, pp. 114-26.

Referências Adicionais

Abbott, M. J. e Rapee, R. M. "Post-event rumination and negative self-appraisal in social phobia before and after treatment." *Journal of Abnormal Psychology*, 13, 2004, pp. 13644.
Brozovich, F. A., Goldin, P., Lee, I., Jazaieri, H., Heimberg, R. G. e Gross, J. J. "The effect of rumination and reappraisal on social anxiety symptoms during cognitive--behavioral therapy for social anxiety disorder." *Journal of Clinical Psychology*, 71, 2015, pp. 208-18.
Brozovich, F. e Heimberg, R. G. "An analysis of post-event processing in social anxiety disorder." *Clinical Psychology Review*, 28, 2008, pp. 891-903.
Clark, D. M. e Wells, A. "A cognitive model of social phobia." *In* Heimberg, R. G., Liebowitz, M. R., Hope, D. A. e Schneier, F. R. (orgs.). *Social Phobia: Diagnosis, Assessment, and Treatment* (69-93). Nova York: Guilford Press, 1995.
Heimberg, R. G., Brozovich, F. A. e Rapee, R. M. "A cognitive behavioral model of social anxiety disorder: Update and extension." *In* Hofmann, S. G. e DiBartolo, P. M. (orgs.). *Social Anxiety: Clinical, Developmental, and Social Perspectives* (2ª ed., 2010, pp. 395-422). Nova York: Academic Press.
Hofmann, S. G. "Recent advances in the psychosocial treatment of social anxiety disorder." *Depression & Anxiety*, 27, 2010, pp. 1073-076.
Hofmann, S. G. "Cognitive factors that maintain social anxiety disorder: A comprehensive model and its treatment implications." *Cognitive Behaviour Therapy*, 36, 2007, pp. 193-209.
Rachman, S., Grüter-Andrew, J. e Shafran, R. "Post-event processing in social anxiety." *Behaviour Research and Therapy*, 38, 2000, pp. 611-17.
Wong, Q. J. J. e Rapee, R. M. "The aethiology and maintenance of social anxiety disorder: A synthesis of complimentary theoretical models and formulation of a new integrated model." *Journal of Affective Disorders*, 203, 2016, pp. 84-100.

Capítulo 5: Pense Diferente: Substitua

Antony, M. M. e Swinson, R. P. *The Shyness & Social Anxiety Workbook* (2ª ed.). Oakland, CA: New Harbinger, 2008.

Hope, D. A., Heimberg, R. G. e Turk, C. L. *Managing Social Anxiety: A Cognitive--Behavioral Therapy Approach*. Oxford: Oxford University Press, 2006.

Capítulo 6: Pense Diferente: Aceite

Isso é autocompaixão.

Neff, K. (2011). *Self-Compassion: The Proven Power of Being Kind to Yourself*. Nova York: William Morrow, 2011. [*Autocompaixão: Pare de se Torturar e Deixe a Insegurança para Trás*. Rio de Janeiro: Lúcida Letra, 2017.]

"O primeiro passo é contextualizar", ela sugeriu. "A mãe compassiva deixaria o filho comer todos os doces de uma vez?".

Kristin Neff, Ph.D., relato pessoal, 29 de setembro de 2016.

***Mindfulness* significa prestar atenção ao momento presente, deliberadamente, e sem julgamento.**

Kabat-Zinn, J. *Full Catastrophe Living: Using the Wisdom of Your Body and Mind to Face Stress, Pain, and Illness*. Nova York: Dell, 1990.

Para demonstrar o poder do *mindfullness* para nos ajudar a lidar com a ansiedade social, um estudo de 2011

Cassin, S. E. e Rector, N. A. "Mindfulness and the attenuation of post-event processing in social phobia: An experimental investigation." *Cognitive Behaviour Therapy*, 40, 2011, pp. 267-78.

Aliás, um estudo de 2015 demonstrou que, em pessoas que praticam a autocompaixão,

Marshall, S. L., Parker, P. D., Ciarrochi, J., Sahdra, B., Jackson, C. J. e Heaven, P. C. L. "Self compassion protects against the negative effects of low self-esteem: A longitudinal study in a large adolescent sample." *Personality and Individual Differences*, 74, 2015, pp. 116-21.

Referências Adicionais

Arimitsu, K. e Hofmann, S. G. "Effects of compassionate thinking on negative emotions." *Cognition & Emotion*, 31, 2017, pp. 160-67.

Cassin, S. E. e Rector, N. A. "Mindfulness and the attenuation of post event processing in social phobia: An experimental investigation." *Cognitive Behaviour Therapy*, 40, 2011, pp. 267-78.

Goldin, P. R., Morrison, A., Jazaieri, H., Brozovich, F., Heimberg, R. e Gross, J. J. "Group CBT versus MBSR for social anxiety disorder: A randomized controlled trial." *Journal of Consulting and Clinical Psychology*, 84, 2016, pp. 427-37.

Otto, M. W. "Stories and metaphors in cognitive behavior therapy." *Cognitive and Behavioral Practice*, 7, 2000, pp. 166-72.

Observação: a história sobre os técnicos de natação foi baseada no trabalho do doutor Michael Otto, da Universidade de Boston, intitulado "Coach A, Coach B", exercício que se tornou metáfora clássica da TCC, em que é constantemente aplicada.

Shikatani, B., Antony, M. M., Kuo, J. R. e Cassin, S. E. "The impact of cognitive restructuring and mindfulness strategies on post-event processing and affect in social anxiety disorder." *Journal of Anxiety Disorders*, 28, 2014, pp. 570-79.

Capítulo 7: Comece, e a Confiança Aparecerá

Brandon Stanton está percorrendo as ruas do bairro Chelsea

Kaplan, M. "The Man Behind Humans of New York: Brandon Stanton." *American Photo*. Acesso em 29 jul. 2013. http://www.americanphotomag.com/man-behind--humans-new-york-brandon-stanton.

Como ele mesmo descreveu quando conversei com ele:

Brandon Stanton, relato pessoal 2 de novembro de 2015.

Mas nem sempre foi assim tão fácil.

Stanton, B. "Humans of New York: Behind the lens." *Huffington Post*. Acesso: 3 maio 2013. http://www.huffingtonpost.com/brandon-stanton/humans-of-new-york--behind_b_3210673.html.

Ilustrações por cortesia de Diana Howard. Dianahoward.com

Capítulo 8: Sem Fachadas Falsas Aqui: Cumpra seu Papel na Construção do seu Eu Verdadeiro

Em um episódio memorável do programa de entrevistas *The Tonight Show*,

http://www.pbs.org/wnet/americanmasters/johnny-carson-king-of-late-night-watch-the-full-documentary/2093/.

Jones, P. (autoria) e Catalena, M. A. (direção). *Johnny Carson: King of Late Night* em Jones, P. e Lacy, S. (produção), *American Masters*. EUA: Public Broadcasting Service, 2012.

Inclusive, um estudo clássico de dois pesquisadores australianos, os drs. Simon Thompson e Ron Rapee,
Thompson, S. e Rapee, R. M. "The effect of situational structure on the social performance of socially anxious and non-anxious participants." *Journal of Behavior Therapy and Experimental Psychiatry*, 33, 2002, pp. 91-102.

Quando criança, Johnny era fascinado por mágica.
Leamer, L. *King of the Night: The Life of Johnny Carson*. Nova York: Avon, 2005.

Em outro antigo segmento do *The Tonight Show*,
Jones e Catalena, 2012.

Como disse Laurence Leamer, biógrafo de Johnny, no documentário *Johnny Carson: King of Late Night* [Jonny Carson: O Rei das Madrugadas, em tradução livre],
Jones e Catalena, 2012.

Até mesmo Ed McMahon, fiel assistente de Johnny por trinta anos, disse que ele era "ótimo com dez milhões de pessoas, mas péssimo com dez".
Corliss, R. "Whoooooooo's Johnny?" *Time*. Acesso: 25 jan. 2005.
http://content.time.com/time/arts/article/0,8599,1020765,00.html.

No caso de Johnny Carson, os biógrafos aventam a hipótese de que seu personagem de apresentador foi criado para ganhar a aprovação de uma pessoa em especial.
Jones e Catalena, 2012.

O fenômeno da postura de poder, trabalho pioneiro do dr. Amy Cuddy,
Cuddy, A. *Presence: Bringing Your Boldest Self to Your Biggest Challenges*. Nova York: Little, Brown, 2015. [*O Poder da Presença: Como a Linguagem Corporal Pode Ajudar Você a Aumentar sua Autoconfiança*. Rio de Janeiro: Sextante, 2016.]
https://www.ted.com/talks/amy_cuddy_your_body_language_shapes_who _you_are.

Enquanto os pesquisadores ainda estão engatinhando para descobrir se adotar postura de poder "funciona" do ponto de vista biológico, mudando os níveis de cortisol e testosterona,
Carney, D., Cuddy, A. e Yap, A. J. "Review and summary of research on the embodied efects of expansive (vs. contractive) non-verbal displays." *Psychological Science*, 26, 2015, pp. 657-63.

http://faculty.haas.berkeley.edu/dana_carney/pdf_my%20position%20on%20power%20poses.pdf.
Ranehill, E., Dreber, A., Johannesson, M., Leiberg, S., Sul, S. e Weber, R. A. "Assessing the robustness of power posing: No effect on hormones and risk tolerance in a large sample of men and women." *Psychological Science*, 26, 2015, pp. 653-56.
http://ideas.ted.com/inside-the-debate-about-power-posing-a-q-a-with-amy-cuddy/.

Nosso cérebro prefere coordenar a postura, a expressão facial, o tom de voz e as emoções como um traje bem ajustado, e esse fenômeno se chama *congruência*.
Meeren, H. K., van Heijnsbergen, C. C. e de Gelder, B. "Rapid perceptual integration of facial expression and emotional body language." *Proceedings of the National Academy of Sciences*, 102, 2005, pp. 16518-23.
Stienen, B. M. C., Tanaka, A. e de Gelder, B. "Emotional voice and emotional body postures influence each other independently of visual awareness." *PLoS ONE*, 6, 2011, e25517.

Uma pesquisa criativa realizada em 2014 na Universidade de Chicago
Epley, N. e Schroeder, J. "Mistakenly seeking solitude." *Journal of Experimental Psychology: General*, 143, 2014, pp. 1980-999.

Capítulo 9: De Montanhas a Montículos de Terra: Fica Cada Vez Mais Fácil

Um jovem magricelo, de 19 anos, chamado Albert
http://www.npr.org/templates/story/story.php?storyId=1921765.
Speigel, A. *Cognitive behavior therapy's controversial founder* [caso narrado no rádio]. Washington, DC: National Public Radio, 3 de junho de 2004.

Com o passar dos anos, a TCC tem demonstrado repetidamente que é o tratamento
Butler, A. C., Chapman, J. E., Forman, E. M. e Beck, A. T. "The empirical status of cognitive-behavioral therapy: A review of meta-analyses." *Clinical Psychology Review*, 26, 2006, pp. 17-31.
Mayo Wilson, E., Dias, S., Mavranezouli, I., Kew, K., Clark, D. M., Ades, A. E. e Pilling, S. "Psychological and pharmacological interventions for social anxiety disorder in adults: A systematic review and network meta-analysis." *Lancet Psychiatry*, 1, 2014, pp. 368-76.
Rapee, R. M., Gaston, J. E. e Abbott, M. J. "Testing the efficacy of theoretically derived improvements in the treatment of social phobia." *Journal of Consulting and Clinical Psychology*, 77, 2009, pp. 317-27.
Tolin, D. F. "Is cognitive-behavioral therapy more effective than other therapies?: A meta-analytic review." *Clinical Psychology Review*, 30, 2010, pp. 710-20.

Albert Ellis, de 19 anos, não sabia que psicólogos clínicos contemporâneos, quando solicitados a citar os psicoterapeutas mais influentes da história, iriam situá-lo acima de Freud.
http://www.nytimes.com/2006/12/10/ nyregion/10ellis.html?_r=0.
Ramirez, A. "Despite illness and lawsuits, a famed psychotherapist is temporarily back in session." *The New York Times*, acesso: 10 dez. 2006.

Se recusava a participar das peças da escola, "suando e tremendo de ansiedade" toda vez que tinha de declamar um poema ou receber um prêmio.
Ellis, A. "My life in clinical psychology." *In* Walker, C. E. (org.). *The History of Clinical Psychology in Autobiography*, vol. 1 (pp. 1-37). Pacific Grove, CA: Brooks/Cole, 1991.

Em uma entrevista de 2004 para a Rádio Pública Nacional (NPR),
Speigel, 2004.

Gráficos por cortesia de Diana Howard.
Dianahoward.com.

Referência Adicional

Yankura, J. e Dryden, W. *Albert Ellis*. Thousand Oaks, CA: SAGE, 1994.

Capítulo10: Reunindo Tudo: Listando seus Desafios

Aos 16 anos, Jia veio da China para os Estados Unidos
Jiang, J. *Rejection Proof: How I Beat Fear and Became Invincible Through 100 Days of Rejection*. Nova York: Harmony Books, 2015. [*Sem Medo da Rejeição: Como Superei o Medo de Ouvir um Não e Me Tornei Mais Confiante*. 2ª ed. São Paulo: Benvirá, 2021.

Todos os dias, fazia pedidos absurdos a pessoas completamente desconhecidas, por exemplo, "Topa um concurso para ver quem pisca primeiro?", "Posso tirar um cochilo nesta loja de colchões?", "Você poderia enviar esta encomenda ao Papai Noel?", "Posso descer pelo poste desta estação de bombeiros?", "Posso ser manequim vivo nesta loja de roupas?". http://rejectiontherapy.com/100-days--of-rejection-therapy./

Em termos técnicos, encarar os próprios medos se chama *expor-se*,
Fang, A., Sawyer, A. T., Asnaani, A. e Hofmann, S. G. "Social mishap exposures for social anxiety disorder: An important treatment ingredient." *Cognitive and Behavioral Practice*, 20, 2013, pp. 213-20.

Entra em cena a dra. Lynn Alden, da Universidade da Columbia Britânica,
Lynn Alden, Ph.D., relato pessoal, 20 de outubro de 2016.

Como resolver isso? Nas palavras do dr. Taylor
Charles Taylor, Ph.D., relato pessoal, 20 de outubro de 2016.

No decorrer da década passada, Alden e Taylor realizaram uma série de estudos inovadores nos quais pediam a pessoas que fizessem exatamente isso.
Alden, L. E. e Taylor, C. T. "Interpersonal processes in social phobia." *Clinical Psychology Review*, 24, 2004, pp. 857-82.
Plasencia, M. L., Taylor, C. T. e Alden, L. E. "Unmasking one's true self facilitates positive relational outcomes: Authenticity promotes social approach processes in social anxiety disorder." *Clinical Psychological Science*, 4, 2016, pp. 1002-014.
Taylor, C. T. e Alden, L. E. "To see ourselves as others see us: An experimental integration of the intra- and interpersonal consequences of self-protection in social anxiety disorder." *Journal of Abnormal Psychology*, 120, 2011, pp. 129-41.
Taylor, C. T. e Alden, L. E. "Safety behaviors and judgmental biases in social anxiety disorder." *Behavior Research and Therapy*, 48, 2010, pp. 226-37.

E, nesses estudos, como me disseram, 92% das pessoas puderam identificar imediatamente os comportamentos de segurança que estavam usando.
Lynn Alden, Ph.D., relato pessoal, 11 de dezembro de 2016.

Em vários estudos, Alden e Taylor pediram a participantes com ansiedade social
Taylor e Alden, 2011.
Taylor e Alden, 2010.
Plasencia, Taylor e Alden, 2016.

Jia filmou a ação no celular e, no vídeo,
http://rejectiontherapy.com/2012/11/15/the-100-days-rejection-/.

Jia se aproxima rapidamente, formula sua pergunta e sai andando, como ele mesmo descreve, "parecendo um bicho pequeno fugindo de um predador".
Jiang, 2015.

No vídeo do seu celular, um atendente jovem, de óculos, avental vermelho e o braço coberto de tatuagens se aproxima e pergunta em que pode ajudá-lo.
http://rejectiontherapy.com/2012/11/16/day-2-of-rejection-therapy-request-a-burger-refil/.

Quando conversei com Jia sobre sua descoberta:
Jia Jiang, relato pessoal, 20 de setembro de 2016.

Depois, como me disse o dr. Richard Heimberg, o já citado pai da pesquisa sobre ansiedade social, quando lhe perguntei qual era o segredo para superar a ansiedade social, "Vá em frente e faça".
Richard Heimberg, Ph.D., relato pessoal, 23 de setembro de 2016.

A internet faz pouco caso de delas:
http://chainletters.net/chainletters/funny-daily-affirmations/.
http:// therumpus.net/2012/05/funny-women-78-ambivalent-affirmations/.

Em vez disso, experimente esta opção: use afirmações com valores a respeito dos quais você tem 100% de certeza,
Creswell, J. D., Welch, W. T., Taylor, S. E., Sherman, D. K., Gruenewald, T. L. e Mann, T. "Affirmation of personal values buffers neuroendocrine and psychological stress responses." *Psychological Science*, 16, 2005, pp. 846-51.

Nesse mesmo sentido, você pode ganhar forças com afirmações sobre seus próprios atos de coragem. Uma pesquisa de 2017 sobre rastreamento visual,
Van Dillen, L. F., Enter, D., Peters, L. P. M., van Dijk, W. W. e Rotteveel, M. "Moral fixations: The role of moral integrity and social anxiety in the selective avoidance of social threat." *Biological Psychology*, 122, 2017, pp. 51-8.

Como tão bem resumiu o dr. Richard Heimberg, falando do processo quando conversei com ele, "boas exposições desencadeiam uma espiral de sucesso".
Richard Heimberg, Ph.D., relato pessoal, 23 de setembro de 2016.

Mas não precisa acreditar em mim. Acredite em Jia, que me disse:
Jia Jiang, relato pessoal, 20 de setembro de 2016.

Capítulo 11: Como (e Por Que) Direcionar a Atenção de Dentro para Fora

Para Diego, a residente parecia a professora de Charlie Brown falando.
Observação: Diego é uma adaptação de um cliente da dra. Susan Bögelss, da Universidade de Amsterdã. Ela discute o caso neste artigo:
Bögels, S. M., Mulkens, S. e De Jong, P. J. "Task concentration training and fear of blushing." *Clinical Psychology and Psychotherapy*, 4, 1997, pp. 251-58.

Um fenômeno acertadamente chamado de *atenção autocentrada*.
Spurr, J. M. e Stopa, L. "Self-focused attention in social phobia and social anxiety." *Clinical Psychology Review*, 22, 2002, pp. 947-75.
Wells, A. e Papageorgiou, C. "Social phobia: effects of external attention on anxiety, negative beliefs, and perspective taking." *Behavior Therapy*, 29, 1998, pp. 357-70.

Pesquisadores da Universidade Wilfrid Laurier, em Ontário, no Canadá,
Gaydukevych, D. e Kocovski, N. L. "Effect of self-focused attention on post-event processing in social anxiety." *Behaviour Research and Therapy*, 50, 2012, pp. 47-55.

Para nos ajudar nessa questão, temos a dra. Susan Bögels, da Universidade de Amsterdã, na Holanda,
Susan Bögels, Ph.D., relato pessoal, 20 de julho de 2016.
Bögels, S. M. "Task concentration training versus applied relaxation, in combination with cognitive therapy, for social phobia patients with fear of blushing, trembling, and sweating." *Behaviour Research and Therapy*, 44, 2006, pp. 1199-210.
Bögels, S. M., Mulkens, S. e de Jong, P. J. "Task concentration training and fear of blushing." *Journal of Clinical Psychology and Psychotherapy*, 4, 1997, pp. 251-58.
Bögels, S. M., Sijbers, G. F. V. M. e Voncken, M. "Mindfulness and task concentration training for social phobia: A pilot study." *Journal of Cognitive Psychotherapy: An International Quarterly*, 20, 2006, pp. 33-44.

tente este experimento sugerido pelo dr. David Clark, de Oxford.
David Clark, DPhil, FMedSci, relato pessoal, 14 de novembro de 2016.

Isto se chama *atenção à ameaça*.
Hirsch, C. R. e Matthews, A. "Impaired positive inferential bias in social phobia." *Journal of Abnormal Psychology*, 109, 2000, pp. 705-12.
Perowne, S. e Mansell, W. "Social anxiety, self-focused attention, and the discrimination of negative, neutral and positive audience members by their non-verbal behaviours." *Behavioural and Cognitive Psychotherapy*, 30, 2002, pp. 11-23.

Imagens de rostos enfurecidos e enojados têm sido usadas em incontáveis estudos sobre ansiedade social
Amir, N., Klumpp, H., Elias, J. Bedwell, J. S., Yanasak, N. e Miller, L. S. "Increased activation of the anterior cingulate cortex during processing of disgust faces in individuals with social phobia." *Biological Psychiatry*, 57, 2005, pp. 975-81.

Buckner, J. D., Maner, J. K. e Schmidt, N. B. "Difficulty disengaging attention from social threat in social anxiety." *Cognitive Therapy and Research*, 34, 2010, pp. 99-105.
Horley, K., Williams, L. M., Gonsalvez, C. e Gordon, E. "Social phobics do not see eye to eye: A visual scanpath study of emotional expression processing." *Journal of Anxiety Disorders*, 17, 2003, pp. 33-44.

Mas um grupo de pesquisadores na Holanda, liderado pelo dr. Mike Rinck, da Universidade Radboud de Nimega, nos Países Baixos, criou um método engenhoso
Rinck, M., Telli, S., Kampmann, I. L., Woud, M. L., Kerstholt, M., Te Velthuis, S., Wittkowski, M. e Becker, E. S. "Training approach-avoidance of smiling faces affects emotional vulnerability in socially anxious individuals." *Frontiers in Human Neuroscience*, 7, 2013, p. 481.
Mike Rinck, Ph.D., relato pessoal, 8 de dezembro de 2016.

Capítulo 12: Ver para Crer: Como Você se Sente Não é o Que Aparenta Ser

Para explicar melhor, vamos dar uma rápida olhada na fisiologia da ansiedade.
Barlow, D. H. e Craske, M. G. *Mastery of your anxiety and panic* (4ª ed.). Livro de Atividades. Oxford: Oxford University Press, 2017.

Não surpreende que a consciência interoceptiva seja mais sensível em pessoas com algum tipo de ansiedade.
Reiss, S., Peterson, R. A., Gursky, D. M. e McNally, R. J. "Anxiety sensitivity, anxiety frequency, and the prediction of fearfulness." *Behavior Research and Therapy*, 24, 1986, pp. 1-8.
Taylor, S., Zvolensky, M. J., Cox, B. J., Deacon, B., Heimberg, R. G., Ledley, D. R.,... Cardenas, S. J. "Robust dimensions of anxiety sensitivity: Development and initial validation of the Anxiety Sensitivity Index-3." *Psychological Assessment*, 19, 2007, pp. 176-88.

Isso acontece devido a uma peculiaridade do pensamento chamada *ilusão da transparência*,
Gilovich, T., Medvec, V. H. e Savitsky, K. "The illusion of transparency: Biased assessments of others' ability to read one's own emotional states." *Journal of Personality and Social Psychology*, 75, 1998, pp. 332-46.
Gilovich, T. e Savitsky, K. "The spotlight effect and the illusion of transparency: Egocentric assessments of how we are seen by others." *Current Directions in Psychological Science*, 8, 1999, pp. 165-68.

Van Boven, L., Gilovich, T. e Medvec, V. "The illusion of transparency in negotiations." *Negotiation Journal*, 19, 2003, pp. 117-31.

Um estudo, inclusive, constatou que simplesmente dizer aos participantes
Savitsky, K. e Gilovich, T. "The illusion of transparency and the alleviation of speech anxiety." *Journal of Experimental Social Psychology*, 39, 2003, pp. 618-25.

Em vez disso, vemos nossa imagem como se estivéssemos na Sala dos Espelhos Distorcidos da Casa da Ansiedade Social.
Rapee, R. M. e Abbott, M. J. "Mental representation of observable attributes in people with social phobia." *Journal of Behavior Therapy and Experimental Psychiatry*, 37, 2006, pp. 113-26.

que, de modo interessante, é uma imagem que realmente nunca vi.
Coles, M. E., Turk, C. L., Heimberg, R. G. e Fresco, D. M. "Effects of varying levels of anxiety within social situations: Relationship to memory perspective and attributions in social phobia." *Behaviour Research and Therapy*, 39, 2001, 651-65.
Hackmann, A., Surawy, C. e Clark, D. M. "Seeing yourself through others' eyes: A study of spontaneously occurring images in social phobia." *Behavioral and Cognitive Psychotherapy*, 26, 1998, pp. 3-12.

Um método de fato eficiente para substituir o filme imaginário que passa na sua cabeça é fazer um filme de verdade.
Harvey, A. G., Clark, D. M., Ehlers, A. e Rapee, R. M. "Social anxiety and self-impression: Cognitive preparation enhances the beneficial effects of video feedback following a stressful social task." *Behavior Research and Therapy*, 38, 2000, pp. 1183-192.

Aprendi esta técnica (assim como obtive as fotos a seguir) com uma equipe do King's College em Londres e da Universidade de Oxford.
Warnock-Parkes, E., Wild, J., Stott, R., Grey, N., Ehlers, A. e Clark, D. M. "Seeing is believing: Using video feedback in cognitive therapy for social anxiety disorder." *Cognitive and Behavioral Practice*, 24, 2017, pp. 245-55.

No entanto, as pessoas às vezes assistem aos vídeos e reparam que parecem esquisitas.
Warnock-Parkes *et al.*, 2017.

O mito do julgamento inevitável ganha impulso com o *efeito do holofote*.

Brown, M. A. e Stopa, L. "The spotlight effect and the illusion of transparency in social anxiety." *Journal of Anxiety Disorders*, 21, 2007, pp. 804-19.

Gilovich, T., Medvec, V. H. e Savitsky, K. "The spotlight effect in social judgment: An egocentric bias in estimates of the salience of one's own actions and appearance." *Journal of Personality and Social Psychology*, 78, 2000, pp. 211-22.

Alguns estudos mostram que sempre que nosso cabelo não está nos melhores dias, que a camiseta que usamos é muito chamativa, que jogamos mal a partida de vôlei ou nos atrapalhamos com um Nintendo antigo

Gilovich, T., Kruger, J. e Medvec, V. H. "The spotlight effect revisited: Overestimating the manifest variability of our actions and appearance." *Journal of Experimental Social Psychology*, 38, 2002, pp. 93-9.

Em seu trabalho clássico *How to Win Friends and Influence People*,

Carnegie, D. *How to Win Friends and Influence People*. Nova York: Simon and Schuster. [*Como Fazer Amigos e Influenciar Pessoas*. São Paulo: Companhia Editora Nacional, 2012.]

O processo por meio do qual nosso cérebro processa a ambiguidade contribui com os toques finais para o mito "os outros vão me julgar".

Courtney Beard, Ph.D., relato pessoal, 12 de setembro de 2016.

Beard, C. e Amir, N. "Interpretation in social anxiety: When meaning precedes ambiguity." *Cognitive Therapy and Research*, 33, 2009, pp. 406-15.

Observação: os exemplos de sentenças ambíguas — *O chefe pediu que você vá à sala dele; As pessoas riem de uma coisa que você disse; A amiga não respondeu à sua mensagem de texto; Um amigo das antigas diz que você parece diferente* — são deste estudo ou inspirados nele. Com muitos agradecimentos à dra. Courtney Beard pelo envio de seu material de pesquisa.

Fazer exercícios físicos provoca muitas das mesmas sensações desagradáveis da ansiedade:

Broman-Fulks, J. J., Berman, M. E., Rabian, B. e Webster, M. J. "Effects of aerobic exercise on anxiety sensitivity." *Behaviour Research and Therapy*, 42, 2004, pp. 125-36.

Dixon, L. J., Kemp, J. J., Farrell, N. R., Blakey, S. M. e Deacon, B. J. "Interoceptive exposure exercises for social anxiety." *Journal of Anxiety Disorders*, 33, 2015, pp. 25-34.

Reparar geralmente cessa quando reparamos.

McEwan, K. L. e Devins, G. M. "Is increased arousal in social anxiety noticed by others?" *Journal of Abnormal Psychology*, 92, 1983, pp. 417-21.

Referências Adicionais

Amir, N. e Taylor, C. T. "Interpretation training in individuals with generalized social anxiety disorder: A randomized controlled trial." *Journal of Consulting and Clinical Psychology*, 80, 2012, pp. 497-511.

George, L. e Stopa, L. "Private and public self-awareness in social anxiety." *Journal of Behavior Therapy and Experimental Psychiatry*, 39, 2008, pp. 57-72.

Gerlach, A.L., Wilhelm, F. H., Gruber, K. e Roth, W. T. "Blushing and physiological arousability in social phobia." *Journal of Abnormal Psychology*, 110, 2001, pp. 247-58.

Capítulo 13: "Preciso Parecer Inteligente/Divertido/Interessante": Como o Perfeccionismo é um Atraso de Vida

Bem-vindo à estratosfera do perfeccionismo.

Frost, R. O., Heimberg, C. S., Holt, C. S., Mattia, J. I. e Neubauer, A. L. "A comparison of two measures of perfectionism." *Personality and Individual Differences*, 14, 1993, pp. 119-26.

Hewitt, P. L. e Flett, G. L. "Perfectionism in the self and social contexts: Conceptualization, assessment and association with psychopathology." *Journal of Personality and Social Psychology*, 60, 1991, pp. 456-70.

Shafran, R. e Mansell, W. "Perfectionism and psychopathology: A review of research and treatment." *Clinical Psychology Review*, 21, 2001, pp. 879-906.

Stoeber, J. "How other-oriented perfectionism differs from self-oriented and socially prescribed perfectionism: Further findings." *Journal of Psychopathology and Behavioral Assessment*, 37, 2015, p. 611.

Em um estudo ilustrativo, o pesquisador líder na área de ansiedade social, dr. Stefan Hofmann, da Universidade de Boston.

Stefan Hofmann, Ph.D., relato pessoal, 12 de abril de 2016.

Moscovitch, D. A. e Hofmann, S. G. "When ambiguity hurts: Social standards moderate self-appraisals in generalized social phobia." *Behaviour Research and Therapy*, 45, 2007, pp. 1039-052.

mas um estudo da Universidade de Washington fez justamente isso.
Rodebaugh, T. L., Lim, M. H., Fernandez, K. C., Langer, J. K., Weisman, J. S., Tonge, N., Levinson, C. A. e Shumaker, E. A. "Self and friend's differing views of social anxiety disorder's effects on friendships." *Journal of Abnormal Psychology*, 123, 2014, pp. 715-24.

Era do grupo das cerca de uma em cada cinco pessoas socialmente ansiosas cuja ansiedade se manifestava como irritabilidade e raiva.
Kashdan, T. B., McKnight, P. E., Richey, J. A. e Hofmann, S. G. "When social anxiety disorder co-exists with risk prone, approach behavior: Investigating a neglected, meaningful subset of people in the National Comorbidity Survey-Replication." *Behavior Research and Therapy*, 47, 2009, pp. 559-68.

Contudo, apesar das frequentes *experiências de raiva*, as pessoas propensas à ansiedade social têm menos *manifestações de raiva* que as não ansiosas.
Moscovitch, D. A., McCabe, R. E., Antony, M. M., Rocca, L. e Swinson, R. P. "Anger experience and expression across the anxiety disorders." *Depression and Anxiety*, 25, 2008, pp. 107-13.

Mas algumas crenças não são benéficas, especialmente quando servem como a fagulha perfeita para desencadear outro ataque de ansiedade social.
De Graaf, L. E., Roelofs, J. e Huibers, M. J. H. "Measuring dysfunctional attitudes in the general population: The Dysfunctional Attitude Scale (form A), Revised." *Cognitive Therapy and Research*, 33, 2009, p. 345.

Os *sites* que ensinam a fazer isso advertem:
https://later.com/blog/how-to-curate-instagram-feed/.

FOMO — *fear of missing out* (o medo de ficar de fora).
Observação: a seção sobre FOMO foi adaptada de um episódio de "Savvy Psychologist" que escrevi e publiquei anteriormente em quickanddirtytips.com.
5 Ways to Fight FOMO. 4 de dezembro de 2015.
http://www.quickanddirtytips.com/health-fitness/mental-health/5-ways-to-fight-fomo.

Inclusive, um estudo de 2013 revelou que os participantes que sentiram níveis mais altos de FOMO também relataram níveis mais baixos de satisfação com a vida em geral.

Przybylski, A. K., Murayama, K., DeHaan, C. R. e Gladwell, V. "Motivational, emotional, and behavioral correlates of fear of missing out." *Computers in Human Behavior*, 29, 2013, pp. 1841-48.

O outro remédio é JOMO — a alegria (*joy*) de ficar de fora.
http://anildash.com/2012/07/jomo.html.

Em 1980, o dr. David Burns, hoje professor emérito de Stanford, publicou seu primeiro livro de autoajuda para depressão,
Burns, D. D. *Feeling Good: The New Mood Therapy*. Nova York: Harper. [*Antidepressão: A Revolucionária Terapia do Bem-Estar*. Porto Alegre: Edipro, 2017.]
David Burns, M.D., relato pessoal, 7 de fevereiro de 2016.

Em meados dos anos 1960, o psicólogo Elliot Aronson testou a mesma noção em um dos meus estudos prediletos.
Aronson, E., Willerman, B. J. e Floyd, J. "The effect of a pratfall on increasing interpersonal attractiveness." *Psychonomic Science*, 4, 1966, pp. 227-28.

O constrangimento é entendido como um pedido não verbal de desculpas e de apaziguamento que evoluiu para, de fato, promover a confiança.
Feinberg, M., Willer, R. e Keltner, D. "Flustered and faithful: Embarrassment as a signal of prosociality." *Journal of Personality and Social Psychology*, 102, 2012, pp. 81-97.

Referências Adicionais

Alkis, Y., Kadirhan, Z. e Sat, M. "Development and validation of social anxiety scale for social media users." *Computers in Human Behavior*, 72, 2017, pp. 296-303.

Ansari, A. e Klinenberg, E. *Modern Romance*. Nova York: Penguin Books, 2016.

Hawkins, K. e Cougle, J. "Anger problems across the anxiety disorders: Findings from a population-based study." *Depression & Anxiety*, 28, 2011, pp. 145-52.

Kashdan, T. B. e McKnight, P. E. "The darker side of social anxiety: When aggressive impulsivity prevails over shy inhibition." *Current Directions in Psychological Science*, 19, 2010, pp. 47-50.

Kashdan, T. B. e Collins, L. "Social anxiety and the experience of positive emotion and anger in everyday life: An ecological momentary assessment approach." *Anxiety, Stress, and Coping*, 23, 2009, pp. 259-72.

Kashdan, T. B. e Hofmann, S. G. "The high novelty seeking, impulsive subtype of generalized social anxiety disorder." *Depression and Anxiety*, 25, 2008, pp. 535-41.

Marder, B., Joinson, A., Shankar, A. e Thirlaway, K. "Strength matters: Self-presentation to the strongest audience rather than lowest common denominator when faced with multiple audiences in social network sites." *Computers in Human Behavior*, 61, 2016, pp. 56-62.
Pierce, T. "Social anxiety and technology: Face-to-face communication versus technological communication among teens." *Computers in Human Behavior*, 25, 2009, pp. 1367-372.
Sales, N. J. *American Girls: Social Media and the Secret Lives of Teenagers*. Nova York: Knopf. Turkle, S. (2012). Alone Together: Why We Expect More from Technology and Less from Each Other. Nova York: Basic Books, 2016.
http://www.espn.com/espn/feature/story/_/id/12833146/instagram-account-university-pennsylvania-runner-showed-only-part-story.
https://www.theatlantic.com/education/archive/2015/01/the-socially-anxious-generation/384458/.

Capítulo 14: Você Não Tem Problemas Para Socializar (e, Não, Você Não Leu Errado)

Mas a sensação de que não temos habilidades sociais resulta da ansiedade, não o contrário.
Ron Rapee, Ph.D., relato pessoal, 21 de novembro de 2016.
Tashiro, Ty. *Awkward: The Science of Why We're Socially Awkward and Why That's Awesome*. Nova York: HarperCollins, 2017.

Comportamo-nos de maneira que os pesquisadores chamam de *socialmente inócua*.
Leary, M. e Kowalski, R. *Social Anxiety*. Nova York: Guilford Press, 1995.

Usamos o que os linguistas rotularam de *respostas de eco*:
Natale, M., Entin, E. e Jafe, J. "Vocal interruptions in dyadic communication as a function of speech and social anxiety." *Journal of Personality and Social Psychology*, 37, 1979, pp. 865-78.

De fato, um estudo de 2012, realizado em Berkeley, na Universidade da Califórnia, descobriu que, embora seja incômodo se sentir envergonhado, isso desempenha função social fundamental ao atuar como gesto pró-social.
Feinberg, M., Willer, R. e Keltner, D. "Flustered and faithful: Embarrassment as a signal of prosociality." *Journal of Personality and Social Psychology*, 102, 2012, pp. 81-97.

não temos déficit de socialização, muito pelo contrário.
Juster, H. R., Heimberg, R. e Holt, C. S. "Social phobia: Diagnostic issues and review of cognitive-behavioral treatment strategies." *In* Hersen, M., Eisler, R. e Miller, P. (orgs.), *Progress in Behavior Modification*. Pacific Grove, CA: Brooks/Cole, 1996. pp. 74-98.

No papel do dr. NerdLove, Harris diz que "os *geeks* têm o pior superpoder do mundo":
Harris O'Malley, relato pessoal, 29 de fevereiro de 2016.

É um fenômeno tão comum que tem até nome: *déficit de desempenho induzido pela ansiedade*.
Hofmann, S. G. "Cognitive factors that maintain social anxiety disorder: A comprehensive model and its treatment implications." *Cognitive Behaviour Therapy*, 36, 2007, pp. 193-209.

No papel do dr. NerdLove, Harris recomenda a "Regra dos três segundos":
http:// www.doctornerdlove.com/2011/12/dont-be a-creeper/2/.

Harris aponta algo importante: às vezes, homens *realmente* inconvenientes se aproveitam do rótulo de "socialmente ineptos" como desculpa para desrespeitar os limites de uma mulher.
http://www.doctornerdlove.com/socially-awkward-isnt-an-excuse/.

Um estudo da Universidade de Liverpool, na Inglaterra, descobriu que usar um aerossol perfumado,
Craig Roberts, S., Little, A. C., Lyndon, A., Roberts, J., Havlicek, J. e Wright, R. L. "Manipulation of body odour alters men's self-confidence and judgements of their visual attractiveness by women." *International Journal of Cosmetic Science*, 31, 2009, pp. 47-54.

Em um estudo antigo, de 1976, os pesquisadores pediram a quarenta universitários com ansiedade social que enfrentassem situações nas quais precisariam ser assertivos,
Nietzel, M. T. e Bern Stein, D. A. "Effects of instructionally mediated demand on the behavioral assessment of assertiveness." *Journal of Consulting and Clinical Psychology*, 44, 1976, p. 500.

De fato, um estudo comprovou que pessoas com ansiedade social mais elevada consomem menos álcool que pessoas não ansiosas, mas apresentam níveis mais altos de embriaguez esporádica.
Schry, A. R. e White, S. W. "Understanding the relationship between social anxiety and alcohol use in college students: A meta-analysis." *Addictive Behaviors*, 38, 2013, pp. 2690-706.

Se você está no grupo dos sete entre dez estadunidenses que tomou bebida alcoólica no último ano
https://www.niaaa.nih.gov/alcohol-health/overview-alcohol-consumption/alcohol-facts-and-statistics.

Um estudo descobriu que, a cada drinque, a ansiedade social cai 4%:
Battista, S. R., MacKinnon, S. P., Sherry, S. B. e Stewart, S. H. "Does alcohol reduce social anxiety in daily life? A 22-day experience sampling study." *Journal of Social and Clinical Psychology*, 34, 2015, pp. 508-28.

De fato, outro estudo constatou que, em pessoas com ansiedade social e também problema de alcoolismo, a ansiedade social quase sempre vem antes.
Buckner, J. D., Timpano, K. R., Zvolensky, M. J., Sachs-Ericsson, N. e Schmidt, N. B. "Implications of comorbid alcohol dependence among individuals with social anxiety disorder." *Depression and Anxiety*, 25, 2008, pp. 1028-037.

Seja pelo ângulo que for, quando você analisa a Ansiedade Social Severa, verifica que esse transtorno mais que quadruplica o risco de desenvolver um problema de abuso de álcool.
Buckner, J. D., Schmidt, N. B., Lang, A. R., Small, J. W., Schlauch, R. C. e Lewinsohn, P. M. "Specificity of Social Anxiety Disorder as a risk factor for alcohol and cannabis dependence." *Journal of Psychiatric Research*, 42, 2008, pp. 230-39.
Observação: este capítulo foi adaptado de um artigo anteriormente publicado em *Quiet Revolution*: quietrev.com/hope-in-a-bottle-the-link-between-alcohol-and-social-anxiety.

Capítulo 16: Os Elementos Básicos de Lindas Amizades (Não São o Que Você Pensa)

Uma meta-análise abrangendo 177 mil participantes, publicada no prestigioso periódico *Psychological Bulletin*,
Wrzus, C., Hanel, M., Wagner, J. e Neyer, F. J. "Social network changes and life events across the life span: A meta-analysis." *Psychological Bulletin*, 139, 2013, pp. 53-80.

Em 2006, um levantamento em larga escala constatou que mais da metade (53%) dos estadunidenses não tinha confidentes fora da família.
McPherson, M., Smith-Lovin, L. e Brashears, M. E. "Social isolation in America: Changes in core discussion networks over two decades." *American Sociological Review*, 71, 2006, pp. 353-75.

Porém, três professores do MIT, entre os quais se distinguia Leon Festinger, pioneiro da psicologia social,
Festinger, L., Schachter, S. e Back, K. "The spatial ecology of group formation." *In* Festinger, L., Schachter, S. e Back, K. (orgs.), *Social Pressure in Informal Groups: A Study of Human Factors in Housing*. Stanford, CA: Stanford University Press, 1950. pp. 141-61.

Em 1946, uma verdadeira maré de veteranos da Segunda Guerra Mundial matriculou-se no Instituto de Tecnologia de Massachusetts.
https://slice.mit.edu/2012/08/02/westgate-history/.

Outros estudos confirmaram o mesmo efeito, a exemplo do que envolveu 44 estagiários da polícia estadual que declararam que os melhores amigos que tinham eram os que, por ordem alfabética, se sentavam mais perto deles na classe.
Segal, M. W. "Alphabet and attraction: An unobtrusive measure of the effect of propinquity in a field setting." *Journal of Personality and Social Psychology*, 30, 1974, pp. 654-57.

"Fiz as 36 perguntas a um desconhecido para ver se nos apaixonaríamos"
http://www.theplaidzebra.com/i-asked-a-stranger-these-36-questions-to-see-if--wed-fall-in-love-and-we-did/.

um ensaio no *The New York Times* intitulado "Para se apaixonar por alguém, faça isto".
https://www.nytimes.com/2015/01/11/fashion/modern-love-to-fall-in-love-with--anyone-do-this.html.

um artigo com título inócuo e conciso: "Geração Experimental de Proximidade Interpessoal: Procedimento e Alguns Dados Preliminares"
Aron, A., Melinat, E., Aron, E., Vallon, R. D. e Bator, R. J. "The experimental generation of interpersonal closeness: A procedure and some preliminary findings." *Personality and Social Psychology Bulletin*, 23, 1997, pp. 363-77.

em vez disso, as 36 perguntas eram simplesmente voltadas a induzir proximidade e intimidade em um ambiente de laboratório,
http://www.huffingtonpost.com/elaine-aron-phd/36-questions-for-intimacy_b_6472282.html.

de acordo com os pesquisadores, é o ato de se expor "de modo constante, gradativo, recíproco e pessoal"
Aron *et al.*, 1997.

Deriva do latim e significa "o que há de mais interior"; por exemplo, compartilhar com os outros o que está no âmago de si: o que você pensa, faz e sente.
McAdams, D. P. "Personal needs and personal relationships." *In* Duck, S. W. (org.). *Handbook of personal relationships: Theory, research, and interventions*. Nova York: Wiley, 1988. pp. 7-22.

O pior é que também começamos a interpretar tudo como ameaça:
Bangee, M., Harris, R. A., Bridges, N., Rotenberg, K. J. e Qualter, P. "Loneliness and attention to social threat in young adults: Findings from an eye tracker study." *Personality and Individual Differences*, 63, 2014, pp. 16-23.
Jones, W. H., Freemon, J. E. e Goswich, R. A. "The persistence of loneliness: Self and other determinants." *Journal of Personality*, 49, 1981, pp. 27-48.
https://www.theatlantic.com/health/archive/2017/04/how-loneliness-begets-loneliness/521841/.

E ainda deixamos tudo pior quando agimos como se o mundo estivesse contra nós, uma espécie de profecia autorrealizada chamada *confirmação comportamental*.
Snyder, M, e Swann, W. B. "Behavioral confirmation in social interaction: From social perception to social reality." *Journal of Experimental Social Psychology*, 14, 1978, pp. 148-62.

A dra. Jennifer Parkhurst, psicóloga da Universidade de Illinois, em Urbana--Champaign,
Andrea Hopmeyer, Ph.D., relato pessoal, 3 de março de 2016.
Jennifer T. Parkhurst, Ph.D., relato pessoal, 27 de março de 2017.

Com o novo método, ser escolhido como "popular" não queria realmente dizer que o aluno fosse querido, mas, sim, era *dominante*.
Parkhurst, J. T. e Hopmeyer, A. "Sociometric popularity and peer-perceived popularity: Two distinct dimensions of peer status." *Journal of Early Adolescence*, 18, 1998, pp. 125-44.

Um estudo frequentemente citado constatou que, na primeira impressão que temos de alguém, damos prioridade à *cordialidade* em comparação a tudo mais,
Fisk, S. T., Cuddy, A. J. C. e Glick, P. "Universal dimensions of social cognition: Warmth and competence." *Trends in Cognitive Sciences*, 11, 2007, pp. 77-83.
https://hbr.org/2013/07/connect-then-lead.

O dr. David Moscovitch diz que,
David A. Moscovitch, Ph.D., relato pessoal, 22 de setembro de 2016.

Referência Adicional

Cacioppo, J. T., Hawkley, L.C., Ernst, J. M., Burleson, M., Berntson, G. G., Nouriani, B. e Spiegel, D. "Loneliness within a nomological net: An evolutionary perspective." *Journal of Research in Personality*, 40, 2006, pp. 1054-85.

Epílogo

O que resultou disso foi o Estudo do Desenvolvimento Adulto,
http://www.adultdevelopmentstudy.org/andglueckstudy.
https://www.theatlantic.com/magazine/archive/2013/05/thanks-mom/309287/.
https://www.theatlantic.com/magazine/archive/2009/06/what-makes-us-happy/307439/.

Valiant, G. E. *Triumphs of Experience: The Men of the Harvard Study*. Cambridge: Harvard University Press, 2015.

O atual diretor do estudo, o dr. Robert Waldinger, é um psiquiatra que transmite tanta tranquilidade que não é nenhuma surpresa descobrir que também é mestre zen.
http://www.ted.com/speakers/robert_waldinger.

Em um TED Talk que viralizou ele falou sobre o que décadas de dados do estudo revelaram
https://www.youtube.com/watch?v=8KkKuTCFvzI.

Mas não precisa acreditar só no que eu digo. Ouça o que tem a dizer alguém que já viveu isso: Jim.
"Jim Nolan", relato pessoal, 24 de fevereiro de 2016.